Kohlhammer

Der Autor

Prof. i. R. Dr. Klaus Sarimski hat bis 2021 an der Pädagogischen Hochschule Heidelberg mit den Schwerpunkten sonderpädagogische Frühförderung und allgemeine Elementarpädagogik gelehrt.

Klaus Sarimski

Kinder mit Behinderungen in inklusiven Kindertagesstätten

2., überarbeitete Auflage

Verlag W. Kohlhammer

Dieses Werk einschließlich aller seiner Teile ist urheberrechtlich geschützt. Jede Verwendung außerhalb der engen Grenzen des Urheberrechts ist ohne Zustimmung des Verlags unzulässig und strafbar. Das gilt insbesondere für Vervielfältigungen, Übersetzungen, Mikroverfilmungen und für die Einspeicherung und Verarbeitung in elektronischen Systemen.

Die Wiedergabe von Warenbezeichnungen, Handelsnamen und sonstigen Kennzeichen in diesem Buch berechtigt nicht zu der Annahme, dass diese von jedermann frei benutzt werden dürfen. Vielmehr kann es sich auch dann um eingetragene Warenzeichen oder sonstige geschützte Kennzeichen handeln, wenn sie nicht eigens als solche gekennzeichnet sind.

Es konnten nicht alle Rechtsinhaber von Abbildungen ermittelt werden. Sollte dem Verlag gegenüber der Nachweis der Rechtsinhaberschaft geführt werden, wird das branchenübliche Honorar nachträglich gezahlt.

Dieses Werk enthält Hinweise/Links zu externen Websites Dritter, auf deren Inhalt der Verlag keinen Einfluss hat und die der Haftung der jeweiligen Seitenanbieter oder -betreiber unterliegen. Zum Zeitpunkt der Verlinkung wurden die externen Websites auf mögliche Rechtsverstöße überprüft und dabei keine Rechtsverletzung festgestellt. Ohne konkrete Hinweise auf eine solche Rechtsverletzung ist eine permanente inhaltliche Kontrolle der verlinkten Seiten nicht zumutbar. Sollten jedoch Rechtsverletzungen bekannt werden, werden die betroffenen externen Links soweit möglich unverzüglich entfernt.

1. Auflage (2012) ist unter dem Titel »Behinderte Kinder in inklusiven Kindertagesstätten« erschienen.

2. Auflage 2021

Alle Rechte vorbehalten
© W. Kohlhammer GmbH, Stuttgart
Gesamtherstellung: W. Kohlhammer GmbH, Stuttgart

Print:
ISBN 978-3-17-039826-9

E-Book-Formate:
pdf: ISBN 978-3-17-039827-9
epub: ISBN 978-3-17-039828-9

Vorwort der Herausgeberin und der Herausgeber

Die Lehrbuchreihe »Entwicklung und Bildung in der Frühen Kindheit« will Studierenden und Fachkräften das notwendige Grundlagenwissen vermitteln, wie die Bildungsarbeit im Krippenund Elementarbereich gestaltet werden kann. Die Lehrbücher schlagen eine Brücke zwischen dem aktuellen Stand der einschlägigen wissenschaftlichen Forschungen zu diesem Bereich und ihrer Anwendung in der pädagogischen Arbeit mit Kindern.

Die einzelnen Bände legen zum einen ihren Fokus auf einen ausgewählten Bildungsbereich, z. B. darauf, wie Kinder ihre sozio-emotionalen, sprachlichen, kognitiven, mathematischen oder motorischen Kompetenzen entwickeln. Hierbei ist der Leitgedanke darzustellen, wie die einzelnen Entwicklungsniveaus der Kinder und Bildungsimpulse der pädagogischen Einrichtungen ineinandergreifen und welche Bedeutung dabei den pädagogischen Fachkräften zukommt. Die Reihe enthält zum anderen Bände, die zentrale bereichsübergreifende Probleme der Bildungsarbeit behandeln, deren angemessene Bewältigung maßgeblich zum Gelingen beiträgt. Dazu zählen Fragen, wie pädagogische Fachkräfte ihre professionelle Responsivität den Kindern gegenüber entwickeln, wie sie Gruppen von Kindern stressfrei managen oder mit Multikulturalität, Integration und Inklusion umgehen können. Die einzelnen Bände bündeln fachübergreifend aktuelle Erkenntnisse aus den Bildungswissenschaften wie der Entwicklungspsychologie, Diagnostik sowie Früh- und Sonderpädagogik und bereiten für den Einsatz in der Aus- und Weiterbildung, aber ebenso für die pädagogische Arbeit vor Ort vor. Die Lehrbuchreihe richtet sich sowohl an Studierende, die sich in ihrem Studium mit der Entwicklung und institutionellen Erziehung von Kindern befassen, als auch an die pädagogischen Fachkräfte des Elementar- und Krippenbereichs.

Im vorliegenden Band »Behinderte Kinder in inklusiven Kindertagesstätten« zeigt der anerkannte Experte für Frühförderung und Psychologe Klaus Sarimski ermutigende praktische Wege auf, wie die soziale Partizipation dieser Kinder in Kinderkrippen und Kindertageseinrichtungen kompetent unterstützt werden kann. Dabei geht es um Kinder, die durch körperliche Behinderung, kognitive Behinderung oder eingeschränkte Hör-, Seh- oder Sprachfähigkeiten in ihrer Mobilität und Kommunikation sowie in der Verarbeitung von Sinneseindrücken aus ihrer Umwelt und in ihrer sozialen Beteiligung am Gruppengeschehen eingeschränkt sind. Klaus Sarimski trägt die verfügbaren empirischen Kenntnisse über die Probleme der sozial-emotionalen Entwicklung bei Kindern mit Sehschädigung, Hörschädigung, eingeschränkter Mobilität, schweren sprachlichen und kognitiven Behinderungen (mit und ohne autistischen Verhaltensmerkmalen) übersichtlich und verständlich zusammen und beschreibt in pointierter Weise die besonderen Hilfebedürfnisse der

Kinder und praktische Möglichkeiten zu ihrer Unterstützung. Der Autor vermittelt umfassende und anregende Informationen für ein systematisches Vorgehen zur Planung pädagogischen Handelns, das auf die Bedürfnisse des einzelnen Kindes abgestimmt ist.

Münster, Freiburg und Heidelberg im Frühjahr 2020
Manfred Holodynski, Dorothee Gutknecht und Hermann Schöler

Inhalt

Vorwort der Herausgeberin und der Herausgeber 5

Vorwort zur zweiten Auflage 9

1 **Soziale Integration und Inklusion im Elementarbereich** 11
 1.1 Integrationsbegriffe und ihre Relevanz für die Praxis 12
 1.2 Regionale Entwicklung der Integration in Deutschland 17
 1.3 Einstellungen von Erziehern, Eltern und Kindern 24

2 **Bedingungen und Wirkungen sozialer Integration** 33
 2.1 Soziale Kompetenz von Kindern im Kindergarten 33
 2.2 Spielangebot, Verhalten der pädagogischen Fachkraft und Gruppenzusammensetzung 36
 2.3 Soziale Kontakte in integrativen Gruppen 38
 2.4 Entwicklungsverläufe bei integrativer Förderung 44
 2.5 Zusammenfassung 46
 2.6 Empfohlene Literatur zur Vertiefung 46

3 **Praxis der Förderung sozialer Partizipation und Kompetenz** 48
 3.1 Planung pädagogischer Hilfen zur Förderung der sozialen Beteiligung 48
 3.2 Interventionen zur Förderung sozialer Kompetenzen 51
 3.3 Vorbereitung der Aufnahme eines neuen Kindes 57
 3.4 Spezifische Aspekte bei der Integration im Krippenalter 62
 3.5 Zusammenfassung 67
 3.6 Empfohlene Literatur zur Vertiefung 67

4 **Behinderungsspezifische Hilfen zur sozialen Integration** 69
 4.1 Sehgeschädigte Kinder 69
 4.2 Hörgeschädigte Kinder 77
 4.3 Kinder mit schweren Spracherwerbsproblemen 87
 4.4 Kinder mit Mobilitätseinschränkungen und/oder besonderem Pflegebedarf 95
 4.5 Kinder mit geistiger Behinderung 106
 4.6 Kinder mit autistischen Verhaltensmerkmalen 115
 4.7 Kinder mit kritischem Sozialverhalten 120
 4.8 Zusammenfassung 130

	4.9	Empfohlene Literatur zur Vertiefung	131
5	**Zusammenarbeit mit sonderpädagogischen und therapeutischen Fachkräften**		**133**
	5.1	Allgemeine Elementarpädagogik und Sonderpädagogik	133
	5.2	Sonderpädagogische und therapeutische Fachberatung	136
	5.3	Teamteaching	146
	5.4	Konfliktlösung im Umgang mit kritischen Sozialverhaltensweisen	148
	5.5	Zusammenfassung	151
	5.6	Empfohlene Literatur zur Vertiefung	151
6	**Qualitätssicherung in integrativen Einrichtungen**		**152**
	6.1	Qualitätsstandards aus Sicht der Eltern	152
	6.2	Qualitätsstandards aus Sicht der pädagogischen Fachkräfte	153
	6.3	Fortbildung von pädagogischen Fachkräften	154
	6.4	Evaluation der Strukturqualität der pädagogischen Arbeit	155
	6.5	Evaluation der Prozessqualität der pädagogischen Arbeit	157
	6.6	Evaluation der Ergebnisqualität der pädagogischen Arbeit	158
	6.7	Selbstevaluation der pädagogischen Arbeit	159
	6.8	Zusammenfassung	161
	6.9	Empfohlene Literatur zur Vertiefung	161
Literatur			**162**

Vorwort zur zweiten Auflage

Es hat mich sehr gefreut, dass der Band »Behinderte Kinder in inklusiven Kindertagesstätten« in der Fachöffentlichkeit beträchtliches Interesse gefunden hat. Nach fast zehn Jahren bietet es sich an, für die zweite Auflage einige Anpassungen vorzunehmen. Die intensive bildungspolitische Diskussion über Inklusion hat im Bereich der Kindertageseinrichtungen (im Folgenden KiTas) in den letzten Jahren dazu geführt, dass die Zahl der Kinder mit Behinderungen, die allgemeine KiTas besuchen, gestiegen ist. Die statistischen Angaben wurden entsprechend aktualisiert. Zum Bereich der Qualitätssicherung, der Entwicklung von Kooperationen innerhalb der Teams und der Zusammenarbeit mit externen Unterstützungspartnern hat sich sowohl in der Praxis als auch in der Forschung gleichfalls eine Weiterentwicklung vollzogen. Die Ergebnisse mehrerer Forschungsarbeiten dazu wurden eingearbeitet. Schließlich wurde der Forschungsstand aus den letzten Jahren zu den Bedingungen des Gelingens sozialer Teilhabe, der Praxis der Förderung sozialer Partizipation und Kompetenz und behinderungsspezifischen Hilfen zur sozialen Integration gesichtet. Ohne das Ziel zu verfolgen, hier die breite Vielfalt der internationalen Forschungsarbeiten darzustellen, wurden einzelne Studienergebnisse für die zweite Auflage berücksichtigt, die auf wichtige Elemente der Entwicklung inklusiver Betreuungsformen hinweisen.

Heidelberg/München, im Dezember 2020
Klaus Sarimski

1 Soziale Integration und Inklusion im Elementarbereich

Verena, vier Jahre alt, ist ein Mädchen mit cerebraler Bewegungsstörung. Sie sitzt meist in einer speziellen Sitzschale. Sie trägt noch Windeln. Ihr Situationsverständnis ist unklar; sie kann nicht sprechen; ihre Befindlichkeit drückt sie durch Weinen, Quengeln, Lächeln und Lachen aus. Innerhalb der Gruppe ist sie von Anfang an akzeptiert. Einige Kinder fragen immer wieder, ob sie einmal laufen oder sprechen kann, andere thematisieren nie ihre Behinderung. Schon bald gehen einige Kinder mehr auf Verena zu; allerdings wird sie von den meisten Kindern kaum in gemeinsame Spiele einbezogen; sie brauchen dazu die Unterstützung der Erzieherin.

Christoph ist ein fünf Jahre alter Junge mit Down-Syndrom. Er hat bereits einen großen Wortschatz, ist witzig und schlagfertig, spielt gern Puzzle und Memory. In seiner motorischen Entwicklung ist er hinter Kindern seines Alters zurück. Christoph zieht sich im Verlauf eines Kindergartentages zeitweise zurück, döst oder spielt alleine. Er kann seine Bedürfnisse deutlich äußern und durchsetzen. Bei den anderen Kindern der Gruppe ist er beliebt. Wurde er früher meist von anderen Kindern zu einem Spiel aufgefordert oder darin einbezogen, initiiert er inzwischen auch selbst Tischspiele oder Rollenspiele. Dabei sucht er sich sowohl behinderte wie auch nicht behinderte Kinder aus Spielpartner aus.

Paul ist drei Jahre alt und hat eine schwere Hörbehinderung. Seit Beginn des zweiten Lebensjahres trägt er ein Cochlea-Implantat. Er versteht einfache Sätze, wenn sie klar artikuliert sind und die Umgebungsgeräusche ihn nicht zu sehr ablenken. Seine eigenen Äußerungen gleichen etwa einem zweijährigen Kind, sind aber für die anderen Kinder der Gruppe und die Erzieherin oft schwer verständlich. Paul beschäftigt sich neugierig mit vielen Spielsachen in der Gruppe, sucht aber von sich aus nur selten den Kontakt zu anderen Kindern. Manchmal wird er von ihnen zum Mitspielen aufgefordert. Besonders bei kleinen Rollenspielen kommt es aber oft zu Problemen, weil er nicht immer versteht, was die anderen sagen, und deshalb seine Rolle nicht ihrer Erwartung gemäß ausfüllen kann.

Jens ist von Geburt an blind. Er ist vier Jahre alt und seit einem Jahr in der Gruppe. Die Eingewöhnung hat sich recht schwierig gestaltet. Er hatte große Mühe, sich in der fremden Umgebung zurecht zu finden. Mittlerweile kennt er sich aber im Gruppenraum gut aus und bewegt sich sicher fort. Eine besondere Vorliebe hat er für Steckspiele und Formenkisten, mit denen er sich mit Ausdauer und großem Geschick beschäftigt. Die anderen Kinder der Gruppe sprechen ihn häufig an und versuchen, ihm Dinge zu erklären, die er nicht sehen kann. Ein Spiel miteinander gelingt aber selten; am ehesten bei musikalischen Aktivitäten, denn Jens kennt viele Lieder auswendig und hat ein gutes Rhythmusgefühl, so dass er sich mit Klanginstrumenten beteiligen kann.

1.1 Integrationsbegriffe und ihre Relevanz für die Praxis

Die Kinder, die in diesen Beispielen vorgestellt wurden, besuchen integrative Kindergärten. Das ist bis heute nicht für alle Kinder mit Behinderungen Normalität. Die Versorgung mit integrativen Betreuungsplätzen ist regional sehr unterschiedlich. Jedoch sind alle Bundesländer der BRD bemüht, ihre Angebote der integrativen Erziehung, Bildung und Betreuung von Kindern mit und ohne Behinderung auszubauen. Das Ziel ist, dass alle Eltern, die das wünschen, ihre Kinder mit besonderen Bedürfnissen in der KiTa des Wohnquartiers anmelden können. Als integrative KiTas sind Bildungs- und Erziehungseinrichtungen zu bezeichnen, die Kinder mit besonderen Bedürfnissen in integrativen Gruppen aufnehmen, durch multiprofessionelle Teams unterstützen und damit die selbstbestimmte soziale Teilhabe aller Kinder im Sinne integrativer Bildung ermöglichen (Heimlich & Behr, 2006).

Mit Kindern mit besonderen Bedürfnissen sind dabei nicht nur – wie in diesen Beispielen – behinderte Kinder gemeint, d. h. Kinder mit Sehschädigungen, Hörbehinderungen, Spracherwerbsstörungen, körperlichen Einschränkungen, Lern- und geistiger Behinderung sowie Kinder mit autistischen Verhaltensmerkmalen, die insgesamt drei bis vier Prozent aller Kinder ausmachen. Sie stehen in diesem Band im Mittelpunkt. Es gibt aber darüber hinaus eine – zahlenmäßig wesentlich größere – Gruppe von Kindern mit leichteren Entwicklungsrückständen, Teilleistungsstörungen und Verhaltensauffälligkeiten sowie Kinder mit außergewöhnlichen Belastungen im familiären und sozialen Umfeld (z. B. psychische Erkrankung eines Elternteils, chronische Konflikte zwischen Eltern, Alkohol- und Drogenabhängigkeit der Eltern, soziale Benachteiligung durch Armutslagen). Ihre Früherkennung, Bildung und Förderung stellt KiTas ebenfalls vor besondere Anforderungen. Sie werden in diesem Band aber nichtbehandelt.

1.1.1 Unterschiedliche Formen sozialer Integration

Geht man von der Praxis aus, so finden sich unter dem Begriff der sozialen Integration behinderter Kinder im Kindergarten heutzutage sehr unterschiedliche Formen von gemeinsamer Erziehung behinderter und nicht behinderter Kinder.

- Es gibt behinderte Kinder, die den allgemeinen Kindergarten besuchen, ohne dass sie dort spezielle Förderung erhalten oder die Erzieherinnen[1] durch sonderpädagogische oder therapeutische Fachkräfte unterstützt werden.
- Unter dem Titel »Einzelintegrationsmaßnahme« werden andere Kinder in den allgemeinen Kindergarten aufgenommen und erhalten dort zusätzliche Förderangebote durch eine Fachkraft. Eine Beratung durch eine Frühförderstelle oder Reduzierung der Gruppenstärke ist vorgesehen, sodass die Erzieherinnen ihren spezifischen Bedürfnissen gerecht werden können.
- In »integrativen Gruppen« (in Regel- oder Sonderkindergärten) findet ein zusätzliches Betreuungsangebot und Beratung statt, die Gruppenstärke ist auf maximal 12–18 Kinder reduziert, darunter höchstens fünf Kinder mit zusätzlichem Förderbedarf.
- Bei der sogenannten »umgekehrten Integration« werden Kinder ohne zusätzlichen Förderbedarf in einen bereits bestehenden Sonderkindergarten oder eine Schulvorbereitende Einrichtung (SVE) aufgenommen, die an eine Förderschule angegliedert ist.
- Bei der »kooperativen Integration« (oder »additiven Form«) schließlich bilden Kinder mit besonderem Förderbedarf eine separate Gruppe, die aber unter dem Dach eines allgemeinen Kindergartens angesiedelt ist.

Jede dieser verschiedenen Formen stellt eine Alternative dar zur Aufnahme eines behinderten Kindes in einen Sonderkindergarten oder eine Schulvorbereitende Einrichtung als selbstständige, von den allgemeinen Kindergärten separierte Einrichtung.

Hilfen für Kinder mit Behinderungen waren lange Zeit mit einer sozialen Ausgrenzung verknüpft. Regeleinrichtungen, wie Kindergärten und Grundschulen, fühlten sich den Problemen zeitlich und inhaltlich nicht gewachsen. Man war der Ansicht, Kinder mit diesen besonderen Bedürfnissen seien in Sondereinrichtungen besser aufgehoben. So entstand über Jahrzehnte hinweg ein zum Teil sehr ausdifferenziertes System von Sonderschulen und Sonderkindergärten. Dieses ausgebaute (und teure) Sonderschulwesen ist teilweise historisch zu verstehen als Versuch der »Wiedergutmachung« nach der mörderischen Euthanasiepolitik der Nationalsozialisten.

In den letzten Jahren hat sich jedoch in der Sichtweise, wie Kindern mit besonderen Bedürfnissen am besten geholfen werden kann, ein tiefgreifender Wandel vollzogen. Ausgehend vor allem von den USA und den skandinavischen Ländern verbreitete sich auch in Deutschland die Idee einer »integrativen Pädagogik« nach dem Prinzip der Normalisierung und sozialen Inklusion. Sie geht davon aus, dass Hilfen die betroffenen Kinder nicht mehr als unbedingt notwendig in ihren normalen Lebensvollzügen einschränken dürfen und alle Kinder an allen Aktivitäten und Angeboten für Kinder, die sich »normal« entwickeln, teilhaben sollen. Diese Entwicklung wurde vor allem von Eltern behinderter Kinder vorangetrieben, die nur

---

1 Soweit in diesem Text die weibliche oder männliche Form zur Bezeichnung von Fachpersonen verwendet wird, sind Personen des jeweils anderen Geschlechtes mit eingeschlossen.

in der Aufnahme ihrer Kinder in integrativen Einrichtungen einen Schutz vor sozialer Ausgrenzung sahen. Das vom Bundesministerium für Familie, Senioren, Frauen und Jugend herausgegebene Handbuch zu Perspektiven der Weiterentwicklung des Systems der Tageseinrichtungen für Kinder in Deutschland (BMFSFJ, 2008) trägt dieser Entwicklung Rechnung.

Im Konzept einer integrativen Erziehung und Bildung wird die Unterschiedlichkeit aller Kinder als Ausgangslage anerkannt, ebenso wie innere Differenzierungen in heterogenen Gruppen durch Individualisierung der Bildungsziele und pädagogische Hilfen vorgesehen sind. Ein solches Konzept der uneingeschränkten Teilhabe wird in der Fachdiskussion als »Inklusion« – sozusagen als optimierte, erweiterte Integration – bezeichnet (Feuser, 1999; Hinz, 2002; Sander, 2004). Eine so verstandene Förderung aller Kinder fordert Träger, Organisationen und Erzieher dazu heraus, pädagogische Lösungen zu entwickeln, die geeignet sind, ausnahmslos alle Kinder einer Kindergruppe – deren spezifisches Merkmal es ist, in vielfältigster Weise verschieden zu sein – in gleichermaßen guter Qualität zu betreuen, zu erziehen und zu bilden.

1.1.2 »Integration« und »Inklusion« im internationalen Verständnis

Die Neuorientierung bei der Erziehung, Bildung und Betreuung von Kindern mit Behinderungen fand ihren Niederschlag in verschiedenen internationalen Deklarationen und Vereinbarungen. Dabei sind die Begriffe »Integration« und »Inklusion« allerdings terminologisch nicht eindeutig definiert (Bürli, 2009). In der UN-Behindertenrechtskonvention, der Bundestag und Bundesrat im Dezember 2008 zugestimmt haben, wird z. B. im englischen Original von »Inklusion« gesprochen, in der amtlichen Übersetzung jedoch von »Integration«. Dabei sind nicht nur Kinder mit zusätzlichem sonderpädagogischem Förderbedarf gemeint, sondern auch Kinder mit Migrationshintergrund oder mit schwierigen Familiensituationen, die besonderer Unterstützung bedürfen. In Artikel 24 der Konvention wird dann allerdings für den Bereich der Bildung festgelegt, dass keine Behörde ein Kind unter Hinweis auf eine Behinderung vom Bildungssystem ausschließen darf und angemessene Vorkehrungen für die Bedürfnisse des Einzelnen getroffen werden müssen, darunter wirksame, individuell angepasste Unterstützungsmaßnahmen in einem Umfeld, das die bestmögliche schulische und soziale Entwicklung gestattet. Von Seiten der Behindertenverbände und der Bundesarbeitsgemeinschaft »Gemeinsam leben – gemeinsam lernen« wird aus dieser Formulierung in einer sogenannten »Schattenübersetzung« der Deklaration deshalb die Forderung abgeleitet, dass alle Kinder in allgemeinen Kindergärten und Schulen in heterogenen Lerngruppen der Vielfalt der Begabung entsprechend gefördert und unterrichtet werden müssen.

Auch die Organisation der Vereinten Nationen für Erziehung, Wissenschaft und Kultur (UNESCO) hat auf dem Weltkongress über »Bildung bei besonderem Förderbedarf – Zugang und Qualität« in Salamanca 1994 in diesem Zusammenhang richtungsweisende Aussagen gemacht. Danach sind alle Kinder ohne Rücksicht auf ihre physischen, intellektuellen, sozialen, emotionalen, religiösen, ethnischen, sprachlichen Voraussetzungen in die allgemeine Schule aufzunehmen, es sei denn, es gebe schwerwiegende Gründe für eine andere Entscheidung. Integrativer Unterricht hat den unterschiedlichen Lern- und Förderbedürfnissen der Kinder zu entsprechen, sich den verschiedenen Lernstilen und Lerngeschwindigkeiten anzupassen, allen eine qualitativ gute Bildung zu garantieren, und dies durch geeignete Curricula, organisatorische Arrangements, Unterrichtsstrategien, Inanspruchnahme von Ressourcen und ein Kontinuum von Stütz- und Förderangeboten sicher zu stellen. Die Versetzung in eine Sonderschule soll nur bei einer kleinen Minderheit geschehen, bei denen klar erwiesen ist, dass sie nicht in geeigneter Weise im Regelschulbereich gefördert werden können.

1.1.3 Reformentwicklung in Deutschland

Ungeachtet internationaler Trends und Vorgaben sind integrative Konzepte innerhalb Deutschlands bisher immer noch sehr unterschiedlich entwickelt. Die Integrationsquote ist weitaus niedriger als in einigen vergleichbaren Ländern. Der Anteil der Kinder mit sonderpädagogischem Förderbedarf an der Gesamtzahl der Schüler variiert in den einzelnen Bundesländern zwischen 5,3 % und 8,3 %.[2] Den größten Anteil daran haben Schüler mit dem Förderschwerpunkt Lernen (38,8 %), gefolgt von Schülern mit dem Förderschwerpunkt geistige Entwicklung (16,0 %) und emotionale und soziale Entwicklung (15,2 %). Von allen Schülern mit sonderpädagogischem Förderbedarf besuchten im Schuljahr 2015/16 39,3 % eine allgemeine Schule.[3] Der Anteil der inklusiv beschulten Kinder mit den Förderschwerpunkten Lernen, Sprache, Hören, Sehen und Körperliche und motorische sowie emotionale und soziale Entwicklung liegt dabei zwischen 30 % und 50 %. Von den Schülern mit dem Förderschwerpunkt geistige Entwicklung werden nur 7,9 % inklusiv unterrichtet.

Inklusion von Kindern mit Behinderungen ist zu einem zentralen Thema der bildungspolitischen Debatte geworden. An vielen Orten werden mit großem pädagogischen Engagement Konzepte realisiert, die der Vision einer inklusiven Schule, die kein Kind abweist, sondern sich den Bedürfnissen der einzelnen Schüler nach individueller Förderung anpasst, nahekommen. Es fehlt jedoch an einer ausreichenden personellen und finanziellen Ausstattung der Schulen durch die Schulverwaltung und Bildungsministerien sowie einer fachlichen Aus- und Fortbildung der Lehrkräfte, um eine flächendeckende Weiterentwicklung zu einem vollständig inklusiven Schulsystem zu ermöglichen.

In einigen Bundesländern wird das Etikett »Integration« auch missbraucht, indem die Integration auf administrative oder räumliche Zuordnungen beschränkt bleibt. Das Förderschulsystem wird dort zwar administrativ der allgemeinen Schulverwaltung unterstellt, Sonderklassen im Rahmen sogenannter Kooperationsmodelle räumlich in die Allgemeine Schule aufgenommen, die soziale Ausgrenzung der behinderten Kinder und Jugendlichen aus dem gemeinsamen Unterricht und Alltag

---

2 https://www.bertelsmann-stiftung.de/.../Studie_IB_Klemm-Studie_Inklusion_2015.pdf
3 https://www.bertelsmann-stiftung.de/fileadmin/files/BSt/Publikationen/GrauePublikationen/Studie_IB_Unterwegs-zur-inklusiven-Schule_2018.pdf

aber nicht wirklich aufgehoben. Zudem wird den Eltern zwar eine Wahlfreiheit zugesichert, ob sie ihr Kind in einer allgemeinen Schule oder einer Förderschule anmelden möchten, die Aufnahme in einer allgemeinen Schule kann aber im Einzelfall dennoch abgelehnt werden. Diese Entscheidung wird dann damit begründet, dass keine ausreichenden finanziellen und personellen Möglichkeiten zur Verfügung stehen, um die nötige individuelle Förderung in der allgemeinen Schule sicher zu stellen.

1.1.4 Fortschritte im Elementarbereich

Im Elementarbereich haben dagegen in den letzten drei Jahrzehnten grundlegende strukturelle Veränderungen stattgefunden. Dort hat sich der Leitgedanke durchgesetzt, dass eine gemeinsame Förderung von Kindern mit und ohne Behinderungen – in Form der Einzelintegration im Regelkindergarten oder in integrativen Gruppen – anzustreben ist. Inklusion bedeutet, auf jegliche Form der Aussonderung zu verzichten, die Heterogenität der Kinder als Reichtum der Einrichtung zu betrachten und spezifische Unterstützungsmaßnahmen potenziell für alle Kinder vorzuhalten. Dies muss mit einer Umstrukturierung der Organisation der KiTa und einem Qualifikationsprozess auf der Ebene der Fachkräfte einhergehen (Heimlich, 2013). Inklusion bedeutet ausdrücklich nicht, die besonderen Bedürfnisse von Kindern aus belastenden Lebenslagen und mit erhöhtem Entwicklungsrisiko zu ignorieren. Vielmehr geht es darum, die pädagogische Praxis angemessen auf die besondere Situation dieser Kinder auszurichten und dabei allgemein-pädagogische Angebotsprofile mit heil- und sonderpädagogischem Spezialwissen zu vernetzen (Hansen, 2010).

Heute haben die Eltern eines Kindes mit Behinderung in nahezu allen Bundesländern die Möglichkeit, ihr Kind in eine integrative Gruppe oder in einen Regelkindergarten zu geben, wenn sie dies wünschen. Dementsprechend hat die Zahl der Kindertagesstätten, in deren Gruppen mindestens ein Kind mit einer Behinderung aufgenommen ist, in den letzten Jahren stetig zugenommen. Im Einzelfall kann ein Kindergarten dennoch eine Aufnahme ablehnen, wenn er sich nicht in der Lage sieht, den spezifischen Bedürfnissen eines Kindes (z. B. mit einer schweren und mehrfachen Behinderung) gerecht zu werden. Am häufigsten nennen die Einrichtungen nach den Ergebnissen der Befragung des Deutschen Jugendinstituts als Hindernisse für die Aufnahme fehlende Barrierefreiheit (41 %), mangelnde räumliche Ausstattung (45 %) der Einrichtung sowie fehlende Qualifikation des Personals für eine ausreichende Förderung eines Kindes mit Behinderung (33 %) (Pluto & van Santen, 2017).

In einigen Bundesländern wurden bestehende Sondereinrichtungen gänzlich aufgelöst, sodass den Eltern gar keine Alternative zur Anmeldung im allgemeinen Kindergarten bleibt. Ihnen wird dann geraten, mit der Anmeldung eine individuelle Assistenzkraft (Integrationshelfer) zu beantragen, die als Einzelfallhilfe nach den Bestimmungen des Sozialgesetzbuchs im Rahmen der Eingliederungshilfe finanziert werden kann. Die Leistungen können nur kindbezogen, d. h. als individuelle Leistung nach § 53/54 des SGB XII für Kinder mit geistigen, körperlichen oder mehrfachen Behinderungen, bzw. nach § 35a des SGB VIII für Kinder mit seelischer Behinderung gewährt werden. Alternativ können sie innerhalb des »persönlichen Budgets« nach dem Bundesteilhabegesetz finanziert werden. In anderen Bundesländern (z. B. Baden-Württemberg und Bayern) gehört die Betreuung in Sondereinrichtungen dagegen auch heute noch zum festen Repertoire der Kindertagesbetreuung behinderter Kinder.

1.2 Regionale Entwicklung der Integration in Deutschland

Integration von Kindern mit Behinderungen im Elementarbereich ist weltweit seit den 70er Jahren des vergangenen Jahrhunderts ein Thema. In den USA wurden zu dieser Zeit erste Modellprojekte durchgeführt, bei denen Kinder mit Behinderungen in Vorschulgruppen aufgenommen wurden (»mainstreaming«). Seit 1986 besteht dort ein Rechtsanspruch auf Aufnahme in eine möglichst wenig einschränkende, d. h. integrative Umgebung, wenn dies den Bedürfnissen des Kindes entspricht.

In der Folge dieser Entscheidung nahm die Zahl der Einrichtungen, in denen zumindest einzelne Kinder mit Behinderungen betreut wurden, stetig zu. Allerdings handelte es sich dabei überwiegend um Kinder mit leichteren kommunikativen und kognitiven Behinderungen (Odom & Diamond, 1998). Entgegen dem offiziell verkündeten Konzept einer weitgehenden Inklusion ist aber auch die USA noch weit von der Verwirklichung einer durchgehenden gemeinsamen Erziehung und Bildung behinderter und nicht behinderter Kinder entfernt. In der amerikanischen Praxis gilt ein Kind bereits als »inkludiert«, für das im individuellen Bildungsplan eine Beteiligung von 20 % der Schulzeit am Unterricht in der Regelklasse als möglich betrachtet wird. Landesweite Statistiken zeigen, dass bei der Hälfte aller Kinder mit geistiger Behinderung oder Autismus und einem Viertel der Kinder mit Hörschädigungen oder Körperbehinderungen zumindest im Schulalter mehr als 60 % des Unterrichts weiterhin in separierten Klassen stattfindet (Willmann, 2008).

1.2.1 Erfahrungen und Materialien für die Praxis aus Begleitforschungen von Modellprojekten

In verschiedenen deutschen Bundesländern wurden in den Jahren zwischen 1980 und 1990 mehrere Modellprojekte zur Integration behinderter Kinder in Kindergärten durchgeführt und wissenschaftlich begleitet. Vor allem die folgenden zwei Fragen standen dabei im Vordergrund:

1. Unter welchen strukturellen Bedingungen ist integrative Erziehung überhaupt realisierbar?
2. Welche Erfahrungen machten die pädagogischen Fachkräfte und Eltern im Rahmen solcher Modellversuche?

Daraus sind eine Reihe von Praxisberichten, Auswertungen und Materialien für die Umsetzung von Integrationskonzepten entstanden (z. B. Dichans, 1990; Klein, Kreie, Kron & Reiser, 1987; Miedaner, 1986;). Die Gruppen, über die dabei berichtet wurde, waren zwar in der Regel relativ klein und in ihrer Zusammensetzung sehr heterogen. Dennoch enthalten viele dieser Forschungsberichte wertvolle, ausführliche Beobachtungen einzelner Kinder, aus denen Bedingungen für eine gelingende Integration abgelesen werden können.

So stellten Kniel und Kniel (1984) differenzierte Beobachtungen zu sozialen Kontakten in integrativen Gruppen in Kassel vor. Sie unterschieden verschiedene Statusgruppen und fanden, dass behinderte Kinder häufiger als nicht behinderte Kinder allein spielten oder im Kontakt mit einer Erzieherin, seltener im Kontakt mit anderen Kindern waren.

Klein et al. (1987) analysierten das hessische Projekt »Integrative Prozesse in Kindergartengruppen«, das von 1982-1985 in drei Kindergärten durchgeführt wurde. In fokussierten Interviews mit den Trägern der Einrichtung, der Elternschaft, der Leitung der Kindergärten und den Erzieherinnen sowie durch teilnehmende Beobachtung in den Gruppen konnten verschiedene Formen der Kontaktaufnahme und Interaktionsmuster zwischen behinderten und nicht behinderten Kindern herausgearbeitet, Einstellungen der Erzieherinnen und Erfahrungen der Eltern reflektiert werden. In dieser Studie zeigten sich große individuelle Unterschiede in den sozialen Beziehungen. Während einige behinderte Kinder in engem Kontakt mit nicht behinderten Kindern waren, blieben andere deutlich auf Distanz. Beide Untersuchungen machten somit deutlich, dass sich befriedigende soziale Beziehungen zwischen behinderten und nicht behinderten Kindern nicht durch die Aufnahme in eine integrative Gruppe von allein einstellen, sondern in vielen Fällen von pädagogischer Unterstützung abhängig sind.

Am bayerischen Modellversuch »Gemeinsame Förderung behinderter und nicht behinderter Kinder im Elementarbereich« (Hüffner & Mayr, 1989) nahmen 15 Kindergärten teil. Im Mittelpunkt stand die Beobachtung des kindlichen Kontakt- und des Erzieherverhaltens. Fortbildungsveranstaltungen dienten dazu, den Erzieherinnen behinderungsspezifische Kenntnisse zu vermitteln und sozialintegrative Prozesse anzuregen.

In Nordrhein-Westfalen wurde ein Modellversuch in 19 Kindergartengruppen mit themenzentrierten Arbeitskreisen und teilnehmender Beobachtung in typischen Alltagssituationen in der Gruppe evaluiert (Dichans, 1990). Der dortige situationsbezogene Ansatz der Kindergärten erwies sich als tragfähig, um auf die spezifischen Bedürfnisse der Kinder im Tagesablauf flexibel einzugehen, eine differenzierte pädagogische Planung und zeitlich-räumliche Organisation war aber notwendig für das Gelingen integrativer Prozesse. Heimlich (1995) untersuchte speziell die Spielprozesse in integrativen Gruppen und fand, dass behinderte Kinder vor allem im ersten Jahr ihres Gruppenbesuchs auf die Unterstützung der Erzieherinnen angewiesen waren, um zu kooperativen Spielformen in der Gruppe zu kommen.

Miedaner (1987) legte im Auftrag des »Deutschen Jugendinstituts« eine Bestandsaufnahme auf der Basis von ausführlichen Interviews in 30 Einrichtungen vor, die zu diesem Zeitpunkt die gemeinsame Erziehung, Bildung und Betreuung behinderter und nicht behinderter Kinder in ihrem Konzept verankert hatten. Bei den

Interviews standen Fragen nach der sozialen Herkunft der Kinder, den räumlichen Bedingungen der Einrichtung, der Situation der Mitarbeiter, den Finanzierungsmodi, dem pädagogischen Konzept, der Elternmitarbeit und Erfahrungen und Probleme bei der Integration im pädagogischen Alltag im Mittelpunkt. Daraus ergaben sich erste Richtlinien für die Gruppengröße und die Zusammensetzung von integrativen Gruppen, die allgemein anerkannt wurden. Integrative Gruppen sollten nicht mehr als 15 Kinder umfassen, davon maximal fünf Kinder mit Behinderung, mindestens eine Doppelbesetzung von Erzieherinnen sei für solche Gruppen vorzusehen.

1.2.2 Stetige Zunahme der Zahl der Einrichtungen mit inklusivem Selbstverständnis

Die positiven Berichte über die Modellprojekte führten zu einer raschen Zunahme der Anzahl der Einrichtungen mit einem integrativen Konzept. Die Daten aus vier aufeinanderfolgenden Berichten zur »Lage der Behinderten und Entwicklung der Rehabilitation« zeigten z. B., dass 1989 lediglich 160 Kindergärten im Bundesgebiet ein integratives Konzept verfolgten. Fünf Jahre später waren dies bereits 560 Einrichtungen, hinzu kamen 780 Kindergärten, in denen Einzel-Integrationsmaßnahmen vollzogen wurden. Dem standen 946 Sonderkindergärten (mit insgesamt 20 800 Plätzen) gegenüber. Laut einer Länderbefragung hatten 1997 dann schon 41 % der Kinder mit Behinderungen einen Integrationsplatz im Kindergarten. Zwischen den Bundesländern gab es aber deutliche Unterschiede. Während in Bremen und Hessen nahezu alle behinderten Kinder allgemeine Kindergärten besuchten, waren es in Brandenburg, Mecklenburg-Vorpommern und Rheinland-Pfalz gut zwei Drittel, in Baden-Württemberg, Bayern, Hamburg, Niedersachsen und Sachsen-Anhalt nur etwa ein Drittel (Fegert & Frühauf, 1999).

Heute gilt nach Sozialgesetzbuch SGB IX ein Rechtsanspruch auf die gemeinsame Erziehung behinderter und nicht behinderter Kinder, der in den »Leistungen zur Teilhabe« formuliert ist:

Leistungen für behinderte und von Behinderung bedrohte Kinder werden so geplant und gestaltet, dass nach Möglichkeit Kinder nicht von ihrem sozialen Umfeld getrennt und gemeinsam mit nicht behinderten Kindern betreut werden können. Dabei werden behinderte Kinder alters- und entwicklungsentsprechend an der Planung und Ausgestaltung der einzelnen Hilfen beteiligt und ihre Sorgeberechtigten intensiv in Planung und Gestaltung der Hilfen einbezogen. (§ 4, Abs. 3)

Leistungen für behinderte Kinder sind sowohl im SGB XII (§§ 53 ff.) wie auch im Kinder- und Jugendhilfegesetz (KJHG, § 22) weiter geregelt. Die konkrete Ausgestaltung erfolgt jedoch in Landesgesetzen und einzelnen Rechtsverordnungen, die von Bundesland zu Bundesland variieren. Grundsätzliche Übereinstimmung besteht, dass in einer integrativen Gruppe eine zusätzliche pädagogische Fachkraft – nach Möglichkeit mit heil- oder sozialpädagogischer Ausbildung – einzusetzen und eine begleitende Förderung bzw. therapeutische Unterstützung vorzusehen ist. Die rechtlichen Regelungen für die Finanzierung von integrativen Kindertageseinrichtungen und Einzelintegrationsmaßnahmen differieren in den einzelnen Bundesländern. Die KiTas erhalten in der Regel einen erhöhten Fördersatz für die Aufnahme eines Kindes, bei dem die zuständigen Jugendämter einen erhöhten Unterstützungsbedarf anerkennen. Die Höhe dieses erhöhten Fördersatzes variiert von Bundesland zu Bundesland. In Bayern beträgt er z. B. das 4.5 fache des regulären Fördersatzes.

Im Jahre 2017 besuchten nach den statistischen Daten der Bundesregierung zur Bildungsberichterstattung 63.961 Kinder mit sonderpädagogischem Förderbedarf eine allgemeine KiTa (davon 45 % als Maßnahme der Einzelintegration) und 20.588 Kinder eine Sondereinrichtung. Das bedeutet eine Inklusionsquote von 72 % in Bezug auf alle Kinder mit sonderpädagogischem Förderbedarf.

1.2.3 Versorgungsrate in den einzelnen Bundesländern

Bei einer differenzierten Betrachtung ist zu erkennen, dass in den meisten Ländern das Schwergewicht der Förderung behinderter Kinder bei den integrativen Betreuungsformen liegt. In der Statistik werden dabei alle Kinder als inklusiv betreut gezählt, die Gruppen besuchen, in denen weniger als 50 % der Kinder einen sonderpädagogischen Förderbedarf haben. Das sind in den meisten Bundesländern über 80 % der Kinder mit besonderem Förderbedarf. 45 % der Kinder mit sonderpädagogischem Förderbedarf wurden in Gruppen betreut, in denen weniger als 20 % einen sonderpädagogischen Förderbedarf haben. Tab. 1 zeigt die regionale Verteilung auf der Basis der Daten der Bildungsberichterstattung 2014. In jenem Jahr lag die Inklusionsquote bundesweit bei 67 %. In den folgenden vier Jahren stieg sie auf 72 %.

Nach diesen statistischen Daten lag in Niedersachsen, Baden-Württemberg und Bayern die Inklusionsquote noch unter 50 %. In diesen Bundesländern wurde somit – und wird bis heute – die Mehrzahl der Kinder mit sonderpädagogischem Förderbedarf weiterhin in Heilpädagogischen Kindergärten, Sonderkindergärten oder Schulvorbereitenden Einrichtungen betreut, die den Förderzentren angegliedert sind.

Tab. 1: Anteil der inklusiv betreuten Kinder mit sonderpädagogischem Förderbedarf

	%
Baden-Württemberg	48,7
Bayern	41,7
Berlin	k. A.
Brandenburg	95,2
Bremen	93,2
Hamburg	87,4
Hessen	89,6
Mecklenburg-Vorpommern	88,8

Tab. 1: Anteil der inklusiv betreuten Kinder mit sonderpädagogischem Förderbedarf
– Fortsetzung

	%
Niedersachsen	48,9
Nordrhein-Westfalen	75,2
Rheinland-Pfalz	63,1
Saarland	82,6
Sachsen	81,4
Sachsen-Anhalt	86,2
Schleswig-Holstein	81,4
Thüringen	84,3
Deutschland insgesamt	**67,0**

Trotz der deutlichen Zunahme integrativer Betreuungsformen im Kindergartenbereich ist auch dort Skepsis hinsichtlich der Qualität der Integrationsbedingungen geboten. Nicht selten wurde beim Ausbau der gemeinsamen Förderung eine Einschränkung der Rahmenbedingungen in Kauf genommen, die mit Finanzierungsproblemen begründet wurde. Das führte dazu, dass zwar heute viele Kinder mit Behinderungen in allgemeine KiTas integriert sind, die Gruppe jedoch oft zu groß und Zahl und Qualifikation des Personals in den Gruppen nicht immer zufrieden stellend sind.

Nicht selten werden auch allgemeine KiTas als inklusiv geführt, ohne konzeptionelle Überlegungen damit zu verbinden, welche pädagogischen Maßnahmen in heterogenen Gruppen nötig sind, um den Bedürfnissen des behinderten Kindes im Gruppengeschehen gerecht zu werden; oder es findet eine systematische Förderung des Kindes lediglich außerhalb seiner Gruppe und losgelöst vom Gruppenalltag statt, was letztendlich eher eine soziale Entfremdung der Kinder untereinander bewirkt. Es ist eben nicht damit getan, Kinder zusammen in einer Gruppe zu betreuen, ohne darauf zu achten, wie sich der Umgang der Kinder miteinander entwickelt (Kron, 2006).

1.2.4 Umfassende Veränderung von Strukturen und pädagogischen Konzepten in Kindestageseinrichtungen als Voraussetzung

Eine gemeinsame Bildung und Erziehung von Kindern mit und ohne Behinderungen bedeutet eine Veränderung des pädagogischen Konzepts der KiTa als Ganze. Integrative Pädagogik erschöpft sich nicht darin, dass die Kindergärten für behinderte Kinder geöffnet und mit einem Türschild »inklusive Einrichtung«

versehen werden. Sie erfordert beharrliche Bemühungen um eine Weiterentwicklung von pädagogischen Grundhaltungen, personeller Ausstattung und pädagogischen Konzepten. Behinderung ist eben nicht – zumindest nicht primär – ein rein soziales Phänomen nach dem Motto »Behindert ist man nicht, sondern wird man«, sondern sie bedeutet bei Sinnes-, Körper-, Sprach- oder geistiger Behinderung einen objektiven Hilfebedarf für die Bewältigung sozialer Anforderungen.

Das richtungweisende Handbuch des Bundesministeriums für Familie, Senioren, Frauen und Jugend (2008) formuliert unter dem Titel »Auf den Anfang kommt es an!« Empfehlungen für die Professionalisierung der Fachkräfte und die Berücksichtigung von Kindern mit besonderen Bedürfnissen. Die Autoren betonen, dass das Gelingen sozialer Integration eine gemeinsame Integrationsphilosphie voraussetzt, nach der behinderte Kinder ein Recht auf volle Teilhabe haben. Es erfordert eine Gruppenzusammensetzung, die von Vielfalt geprägt ist, geeignete Räumlichkeiten und Materialien sowie eine Individualisierung von Lehr-Lern-Prozessen in Alltagssituationen und im Spiel.

Diese Empfehlungen sind bei weitem noch nicht überall verwirklicht. So stellen z. B. Wiedebusch, Lohmann, Tasche, Thye und Hensen (2015) in einer Analyse der pädagogischen Konzeptionen von 112 Einrichtungen in Niedersachsen fest, dass nur in 9,8 % der Konzeptionen der Begriff »Inklusion« verwendet wurde und in weniger als der Hälfte der Konzeptionen die Bedürfnisse von Kindern mit Beeinträchtigungen angesprochen wurden.

Darüber hinaus ist darauf hinzuweisen, dass die Gruppe der Kinder, die in inklusiven Einrichtungen betreut werden, sehr heterogen ist. Amtliche Daten, die nach spezifischen Beeinträchtigungen differenzieren, liegen für Deutschland nicht vor. Im Jahr 2012 führte das Deutsche Jugendinstitut jedoch eine repräsentative Befragung bei KiTas durch, an der sich 1634 Einrichtungen beteiligten. 647 Einrichtungen gaben an, dass mindestens ein Kind mit Behinderung betreut wird. Bezogen auf die Gesamtzahl der betreuten Kinder hatten je 1,6 % der Kinder einen besonderen Unterstützungsbedarf im Bereich des Verhaltens oder des Spracherwerbs, 1,5 % im Bereich der kognitiven Entwicklung, 1,0 % im Bereich der motorischen Entwicklung, 0,3 % eine Hörbehinderung und 0,2 % eine Sehbehinderung (Gadow, Peucker, Pluto, Santen & Seckinger, 2013).

Eine weitere Orientierungshilfe liefert eine Studie von Wölfl, Wertfein und Wirts (2017), an der sich die Leitungen von 2823 Kindertagesstätten in Bayern beteiligten. In 60 % der Einrichtungen wurden Kinder mit Behinderungen im Sinne der Einzelintegration betreut, 35 % in integrativen Gruppen. Fast 90 % der Einrichtungsleiterinnen gaben auch in dieser Befragung an, dass in ihrer Einrichtung ein oder mehrere Kinder mit Verhaltensstörungen und/oder allgemeiner Entwicklungsverzögerung betreut werden. Dies stellte die häufigste Form des Unterstützungsbedarfs dar. Dabei handelte es sich vorwiegend um integrative Gruppen. Der Anteil von Kindern mit Sprachbehinderung, Körperbehinderung, geistiger Behinderung, Hör- oder Sehbehinderung war wesentlich kleiner. Er variierte zwischen 12 % und 32 % (▶ Abb. 1). Je nach Art der Behinderung müssen sich die Fachkräfte somit auf sehr unterschiedliche Bedürfnisse der Kinder einstellen.

1.2 Regionale Entwicklung der Integration in Deutschland

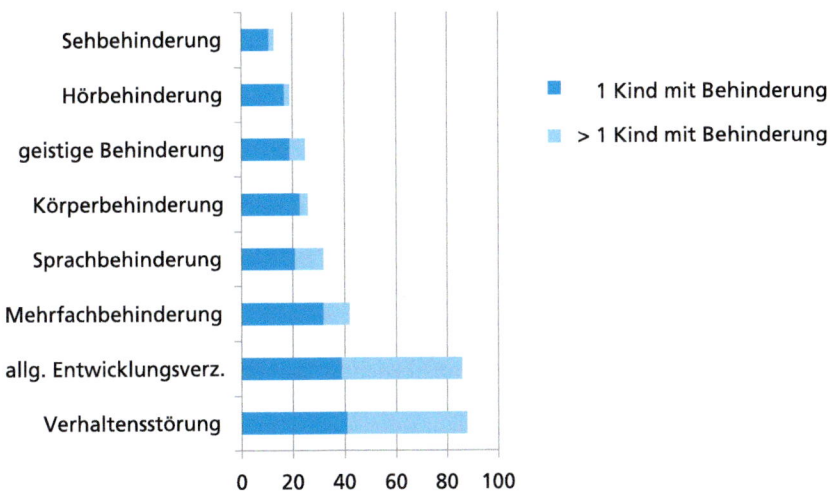

Abb. 1: Diagnostizierte Behinderungen im Vorschulalter nach Angabe der Leitungen von inklusiven KiTas (N = 788; Daten aus Wölfl et al., 2017)

Das Ziel ist dabei, die Beteiligung von allen Kindern mit unterschiedlichen Entwicklungsvoraussetzungen zu gewährleisten und ihre soziale Interaktion zu fördern. Fördermaßnahmen müssen in die natürliche Umwelt des Kindes integriert werden, gezielte Interventionen zum Teil der allgemeinen pädagogischen Prozesse im Kindergarten werden. Elementarpädagogische Fachkräfte müssen sich auf den Hilfebedarf der Kinder einstellen, indem sie sich zusätzliche fachliche Kompetenzen aneignen und Kooperationsbeziehungen mit Sonderpädagoginnen/-pädagogen und Therapeutinnen/Therapeuten eingehen. Das erfordert Teamarbeit und eine Qualifizierungsbereitschaft der Fachkräfte durch individuelle Fortbildung.

Um die Bedeutung dieser umfassenden Veränderungen in Arbeitsstrukturen und pädagogischen Prozessen deutlich zu machen, wird in diesem Text am Begriff der »sozialen Integration« als aktivem pädagogischen Handeln festgehalten. Ihr Ziel ist ein inklusives System, in dem alle Beteiligten darauf vorbereitet sind, den Bedürfnissen aller Kinder gerecht zu werden. Als Grundlage für diese Arbeit werden in diesem Band folgende Fragen beantwortet:

- Ist eine solche gemeinsame Betreuung für Kinder mit allen Formen und Schweregraden der Behinderung von Vorteil (vgl. Kap. 2)?
- Welche pädagogischen Kompetenzen benötigen die Fachkräfte, um soziale Kontakte zwischen behinderten und nicht behinderten Kindern systematisch fördern und soziale Teilhabe gelingen zu lassen (vgl. Kap. 3)?
- Wie können behinderungsspezifische Hilfen in den Alltag integriert werden (vgl. Kap. 4)?
- Wie können die pädagogischen Fachkräfte mit anderen Einrichtungen (vor allem Frühförderstellen) zusammenarbeiten, um sonderpädagogische Unterstützung zu erhalten (vgl. Kap. 5)?

- Welche Qualitätsmaßstäbe müssen an Kindertageseinrichtungen gestellt werden, um günstige Voraussetzungen für das Gelingen sozialer Integration zu bieten (vgl. Kap. 6)?

1.3 Einstellungen von Erziehern, Eltern und Kindern

Um die verschiedenen Elemente einordnen zu können, die zum Gelingen sozialer Integration beitragen, ist es zunächst einmal wichtig, als Ausgangslage zu betrachten, welche Einstellungen und Erwartungen pädagogische Fachkräfte, Eltern und Kinder für die Entwicklung gemeinsamer Betreuungsformen mitbringen. Befragungen von pädagogischen Fachkräften, die von sich aus einen Arbeitsplatz in einer integrativen Einrichtung gewählt haben, zeigen eine grundsätzlich positive Einstellung gegenüber der Integration behinderter Kinder. Sie sehen überwiegend positive Effekte auf die Motivation und die Aktivität behinderter Kinder, äußern sich zuversichtlich, den Bedürfnissen der Kinder gerecht werden zu können und sind oft für die integrative Arbeit über das organisatorisch notwendige Mindestmaß hinaus motiviert.

1.3.1 Unterschiedliche Beurteilung von Integrationschancen je nach Art der Behinderung

Der positive erste Eindruck relativiert sich aber bei genauerer Betrachtung. Bereits Miedaner (1987) stellte fest, dass die Chancen einer sozialen Integration je nach Behinderungsform unterschiedlich eingeschätzt werden.

- So wird die Integration von Kindern mit Körper- oder Sprachbehinderung als relativ problemlos angesehen.
- Auch blinde Kinder werden – wenn keine zusätzlichen Behinderungen vorliegen – relativ oft in integrative Gruppen oder Regeleinrichtungen aufgenommen.
- Bei gehörlosen Kindern hängt die Aufnahme primär vom Grad der erreichten (Laut-)Sprachfähigkeit ab und wird skeptisch betrachtet, wenn die Kinder auf Gebärden angewiesen sind.
- Bei Kindern mit geistiger Behinderung sehen viele pädagogische Fachkräfte größere Probleme, sie an gemeinsamen Aktivitäten zu beteiligen. Bei ihnen sei der Bedarf an Anleitung durch Erwachsene besonders groß, damit es nicht zu einem bloßen Nebeneinander oder sozialer Ausgrenzung kommt. Bei ihnen fällt es den pädagogischen Fachkräften auch schwerer, angemessene Erwartungen an die kindliche Selbstständigkeit zu stellen; Probleme im Alltag führen häufiger zu der Haltung, das Kind gehöre eigentlich nicht hierher und die Bewältigung der Schwierigkeiten sei nicht Aufgabe der pädagogischen Fachkraft.
- Bei einer letzten Teilgruppe, den Kindern mit ausgeprägten Verhaltensauffälligkeiten fühlen sich die pädagogischen Fachkräfte am häufigsten überfordert.

1.3 Einstellungen von Erziehern, Eltern und Kindern

Bis heute unterscheiden sich die Einstellungen vieler pädagogischer Fachkräfte in Abhängigkeit von der Art der Behinderung, ihrer Ausbildung und ihrer Erfahrung in der Arbeit mit Kindern mit Behinderungen. Rafferty und Griffin (2005) befragten Fachkräfte in 118 Einrichtungen in den USA. Eine inklusive Betreuung wurde von der weit überwiegenden Mehrheit bei Kindern mit Spracherwerbsstörungen, Mobilitätseinschränkungen und Hör- oder Sehbehinderungen für angemessen gehalten, während nur weniger als die Hälfte der Befragten sich für die inklusive Betreuung von Kindern mit kognitiven Beeinträchtigungen, Autismus oder emotionalen Störungen aussprachen. Nur ein Viertel war bereit, auch Kinder mit schweren Behinderungen in die Gruppe aufzunehmen. Dies ist gut vereinbar mit den Ergebnissen einer Untersuchung von Lee, Yeung, Tracey und Barker (2015), nach denen die Bereitschaft zur Aufnahme behinderter Kinder in KiTas ebenfalls mit der Art der Behinderung und den beruflichen Erfahrungen der pädagogischen Fachkräfte variierte. Bei Kindern mit schweren körperlichen Beeinträchtigungen oder Verhaltensstörungen ist die Einstellung zur inklusiven Betreuung deutlich weniger positiv als bei Kindern mit leichteren körperlichen Einschränkungen oder Sinnesbehinderungen.

Ein ähnliches Ergebnis lieferte eine Befragung von 78 pädagogischen Fachkräften aus allgemeinen und integrativen KiTas, die Grönke und Sarimski (2018) durchführten. Pädagogische Fachkräfte aus integrativen Einrichtungen äußerten wesentlich positivere Einstellungen als Kollegen aus allgemeinen KiTas. Die Einstellung variierte jedoch mit der Behinderungsform. Bei Kindern mit geistiger Behinderung, Hör- oder Sehbehinderung schrieben sich die Fachkräfte wesentlich weniger Kompetenzen und Erfahrungen zu und äußerten sich gegenüber der inklusiven Betreuung wesentlich skeptischer als bei Kindern mit sprachlichen Auffälligkeiten, sozial-emotionalen Problemen oder körperlichen Behinderungen (▶ Abb. 2).

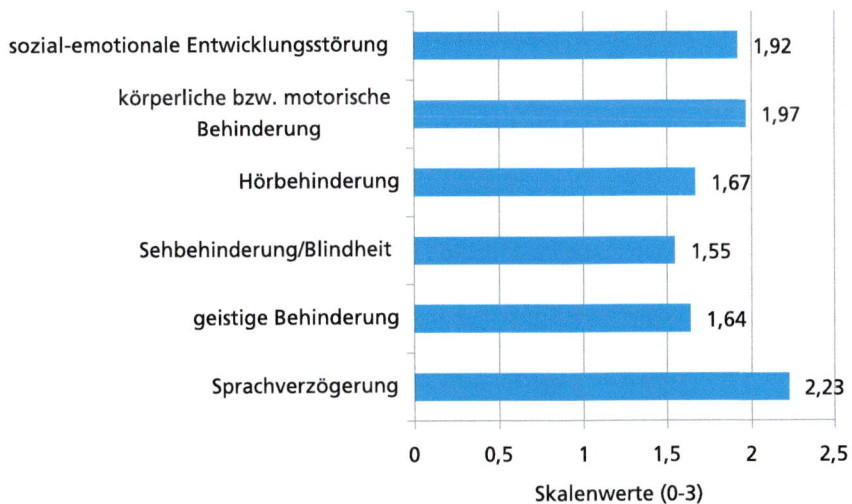

Abb. 2: »Wie gut sind Kindertagesstätten geeignet zur inklusiven Betreuung für Kinder mit …?« (Mittelwerte; Skala: 0 = gar nicht … 3 = sehr gut; N =78) (Grönke & Sarimski, 2018)

Fachkräfte, die über ein höheres Ausbildungsniveau, differenzierteres Fachwissen und Erfahrungen mit der Integration von Kindern mit besonderen Bedürfnissen verfügen, äußern sich überwiegend positiv zur inklusiven Betreuung. In einer schriftlichen Befragung von 141 heilpädagogischen und 736 frühpädagogischen Fachkräften, die in KiTas arbeiten, waren heilpädagogisch ausgebildete Fachkräfte deutlich positiver gegenüber der inklusiven Betreuung eingestellt als frühpädagogische Fachkräfte (Lohmann, Hensen & Wiedebusch, 2017).

In der Studie von Grönke und Sarimski (2018) wurde auch nach Hindernissen für das Gelingen der inklusiven Betreuung aus Sicht der Fachkräfte gefragt. Mögliche Hindernisse werden in begrenzter Zeit, der alltäglichen Arbeitsbelastung, fehlender Unterstützung durch Behörden und Einrichtungsträger, aber auch nicht ausreichend positiven Einstellungen von Eltern und pädagogischen Fachkräften zur Inklusion und mangelndem Fachwissen gesehen.

1.3.2 Erwartungen und Erfahrungen von Eltern behinderter und nicht behinderter Kinder

Die Autoren mehrerer internationaler Studien verglichen die Erfahrungen von Eltern, die ihre behinderten Kinder in integrative KiTas gaben, mit den Erfahrungen von Eltern, deren Kinder eine sonderpädagogische Einrichtung besuchten (Bennett, DeLuca & Bruns, 1997; Guralnick, Connor & Hammond, 1995a; Miller, Strain & Boyd, 1992; Turnbull & Winton, 1983). Überwiegend äußerten sich die Eltern in integrativen Einrichtungen zufriedener, sahen im gemeinsamen Alltag mit nicht behinderten Kindern vor allem ein größeres Potenzial für Lernprozesse durch die Beobachtung der anderen Kinder. Ein Teil von ihnen äußerte jedoch die Sorge, dass ihre Kinder in den größeren Gruppen oder aufgrund unzureichender Fortbildung der pädagogischen Fachkräfte weniger Förderung erhalten, wie sich in den nachfolgend zusammengefassten Studien zeigt.

Kobelt Neuhaus (2001) berichtete über die elterliche Zufriedenheit mit Einzelintegrationsmaßnahmen in Hessen. 174 Eltern von Kindern mit und ohne Behinderung beteiligten sich an der Fragebogenerhebung. Auf die Frage, welche Kriterien ihre Entscheidung für den Kindergarten beeinflusst haben, gaben die beiden Teilgruppen weitgehend übereinstimmende Antworten: freundliche Erzieherinnen, Selbstverständlichkeit der gemeinsamen Erziehung, gute personelle und räumliche Ausstattung, überzeugendes Konzept. Für Eltern von Kindern mit Behinderung war es etwas häufiger wichtig, dass es sich um eine wohnortnahe Einrichtung handelte und dort die individuelle Förderung ihres Kindes aus ihrer Sicht hinreichend gewährleistet schien. Die meisten Eltern der behinderten Kinder schätzten die Integration ihres Kindes in die Gruppe als zufriedenstellend ein, zehn Prozent sahen es allerdings als Außenseiter und beklagten, dass auf ihr Kind ungenügend Rücksicht genommen werde.

Sobald jedoch nicht mehr nach dem eigenen Kind, sondern einer allgemeinen Einschätzung des Gruppengeschehens gefragt wurde, fielen die Antworten weniger günstig aus. Vor allem die Eltern von Kindern mit leichter Behinderung äußerten sich kritisch hinsichtlich unzureichender entwicklungspsychologischer Kenntnisse der pädagogischen Fachkräfte. Über die Hälfte aller Eltern wünschte sich mehr heilpädagogisches Wissen und interdisziplinäre Kooperation der pädagogischen Fachkräfte, 60 % der Eltern schwer behinderter Kinder mehr Interesse der Fachkräfte an einer wirklichen Integration ihrer Kinder. Immerhin 55 % der Eltern behinderter Kinder waren der Meinung, Kinder mit Behinderungen kommen in der Gruppe zu kurz, 36 % glaubten, dass sie in einer Sonderkindertagesstätte eine bessere Förderung erhielten. Diese Ergebnisse machen es auch verständlich, dass sich ein Teil der Eltern von Kindern mit Behinderungen weiterhin für die Anmeldung in einer Sondereinrichtung entscheidet, wenn sie eine Wahlmöglichkeit zwischen einer Sondereinrichtung und einer inklusiven Kita haben.

Rafferty, Boettcher und Griffin (2001) befragten 244 Eltern von Kindern mit und ohne Behinderung zu ihren Erfahrungen mit der integrativen Einrichtung, die ihr Kind besuchte. Es handelte sich jeweils um Gruppen, in die mehr Kinder mit als ohne Behinderung aufgenommen wurden (»umgekehrte Integration«). Die weit überwiegende Mehrheit in beiden Elterngruppen sah potenzielle Vorteile in der Integration behinderter Kinder. Dabei unterschieden sich die Eltern behinderter und nicht behinderter Kinder nicht in ihrer Einschätzung. Ein relativ großer Teil der Eltern aus beiden Teilgruppen nannte jedoch auch potenzielle Risiken (▶ Tab. 2).

Tab. 2: Prozentuale Zustimmung zu möglichen Vorteilen und Risiken der Integration für behinderte Kinder (Daten aus Rafferty et al., 2001)

Vorteile	Zustimmung von Eltern	
	nicht behinderter Kinder (%)	behinderter Kinder (%)
Fördert die Akzeptanz von behinderten Kindern in der Gesellschaft	90	84
Trägt zu ihrer Selbstständigkeit bei	88	85
Bereitet sie auf die »wirkliche« Welt vor	84	81
Risiken		
Die Erzieher sind u. U. nicht für ihre Bedürfnisse fortgebildet	35	37
Sie erhalten womöglich nicht genug individuelle Förderung vom Erzieher	36	35
Sie werden mit höherer Wahrscheinlichkeit von den anderen Kindern ausgegrenzt	29	24
Der Besuch der gemeinsamen Gruppe hat womöglich einen negativen Effekt auf ihre sozial-emotionale Entwicklung	23	13

Die Eltern der Kinder ohne Entwicklungsstörung betonten zwar die Chance, dass ihr Kind Sensibilität für unterschiedliche Fähigkeiten und Handicaps anderer Kinder entwickelt,

- 68 % hatten aber Sorge, dass ihr Kind durch ungewöhnliches Verhalten behinderter Kinder verschreckt werden könnte,
- 38 %, dass es sich unerwünschte Gewohnheiten von ihnen abschauen könnte, und
- 30 %, dass die Anwesenheit behinderter Kinder in der Gruppe dazu führen könnte, dass ihr eigenes Kind langsamere Lernfortschritte macht, weil es von den Fachkräften dann weniger Bildungsanregungen erhalten könne.

Die Einstellung zur Aufnahme behinderter Kinder in der Gruppe variierte auch in dieser Studie mit der jeweiligen Behinderungsform:

- 80 % oder mehr befürworten die Aufnahme von Kindern mit Sprachstörungen oder Sinnesschädigungen,
- jedoch nur 41 % sprachen sich für die Aufnahme autistischer Kinder,
- 35 % für die Aufnahme geistig behinderter Kinder und
- 22 % für die Aufnahme schwer behinderter Kinder in die Gruppe aus.

Studie: Elternerfahrungen in integrativen Gruppen

Guralnick et al. (1995a) baten die Eltern um ihre Einschätzung, wie sie die Möglichkeiten der Förderung in einzelnen Entwicklungsbereichen, für die Bildung von Freundschaften und für den Kontakt zu anderen Kindern im Spiel erlebten, welche Bedeutung sie der Anwesenheit nicht behinderter Kinder in der Gruppe beimaßen und ob sie Sorge um eine soziale Ausgrenzung ihrer Kinder hatten. Es wurden 262 Mütter von 4- bis 6-jährigen Kindern befragt. 116 Kinder waren kognitiv behindert (mittlerer IQ 63), 84 Kinder wiesen eine Spracherwerbsstörung auf, 30 Kinder eine körperliche Behinderung und 32 Kinder gehörten zur Gruppe entwicklungsverzögerter Risikokinder. 59 dieser Kinder (15-30 % der Teilgruppen) besuchten integrative Gruppen. Die Analysen wurden – da die Gruppen in ihren Entwicklungsmerkmalen nicht vergleichbar waren – getrennt für Kinder, die integrative Einrichtungen besuchten, und solche, die separierte Einrichtungen besuchten, vorgenommen.

Von den 59 Müttern integrativ geförderter Kinder war die weit überwiegende Mehrheit (83 %) mit den Entwicklungsfortschritten, die ihr Kind in seinen sozialen Fähigkeiten (z. B. Teilen, Umgang mit Konflikten, kooperatives Spielen) gemacht habe, zufrieden. Sie führten das sowohl auf die Unterstützung durch die pädagogischen Fachkräfte und das Förderkonzept zurück, als auch auf die Anwesenheit der nicht behinderten Kinder. Immerhin 40 % äußerten allerdings eine gewisse Sorge, dass ihr Kind aus der sozialen Gruppe ausgeschlossen werden könnte. 75 % der Mütter sahen in diesem Kontext auch die Möglichkeit für ihr Kind, Freundschaften zu bilden. Nur 48 % waren jedoch zufrieden mit der Zahl der Freunde, die das Kind bisher gefunden hatte. Auf Nachfrage gaben 50 % an, dass ihr Kind mehr soziales und komplexeres Spiel entwickelt habe aufgrund der motivierenden Anregung durch gleichalte Kinder; 68 % sahen in ihnen positive Modelle für angemessenes Sozialverhalten in der Gruppe. Zwei Drittel der Mütter betonten aber dabei, dass es ihnen wichtig sei, dass in der Gruppe noch andere behinderte Kinder außer ihrem eigenen Kind seien, weil das zu einer größeren Toleranz und besserem Verständnis der nicht behinderten Kinder für die Bedürfnisse von Kindern mit Handicaps beitrage. 78 % der Mütter empfanden das Konzept des Kindergartens als für ihr Kind angemessen und nicht überfordernd, 39 % wünschten sich allerdings mehr Anpassungen an die Bedürfnisse behinderter Kinder, 56 % vermissten die Unterstützung der pädagogischen Fachkräfte durch spezialisierte Fachkräfte.

1.3.3 Anpassungsreaktionen nicht behinderter Kinder im Kontakt mit behinderten Kindern

Breites Spektrum von Verhaltensmustern im Kontakt mit behinderten Kindern. Aus der Praxis wird berichtet, dass kleine Kinder behinderte Kinder häufig ohne große Probleme annehmen. Sie nehmen sie noch nicht als »Fremde«, sondern als bisher unbekannte Variante von Vertrautem wahr (Kron, 1988). Erst im Laufe der Zeit lernen sie, was hinter dem Begriff »behindert« steckt. Sie interessieren sich eher für die funktionelle Seite einer Beeinträchtigung, als dass sie die Tragik oder vermeintliche Tragik dieser besonderen Lebensumstände bedauern (Kron, 2006). Das Verständnis fällt ihnen leichter, wenn sie die Einschränkungen des Kindes mit konkreten eigenen Erfahrungen in Verbindung bringen können.

> *Beispiel*
> Sie können z. B. das Erleben eines blinden Kindes nachvollziehen, wenn ihnen selbst die Augen verbunden werden; die Situation eines körperbehinderten Kindes wird ihnen deutlicher, wenn sie seine Hilfsmittel, z. B. den Rollstuhl oder die Gehhilfe erproben können. Das ist bei einer Körper- oder Sinnesbehinderung leichter möglich als bei einer geistigen Behinderung (z. B. Down-Syndrom), bei der die zu Grunde liegende Schädigung für die anderen Kinder nicht unmittelbar sichtbar ist (Diamond, 1993).

Im Vorschulalter nehmen Kinder eher körperliche Beeinträchtigungen wahr, die für sie konkret beobachtbar sind (z. B. durch Hilfsmittel wie ein Hörgerät oder einen Rollstuhl) oder aufgrund eigener Erfahrungen nachvollzogen werden können (z. B. in der Dunkelheit nicht sehen zu können). Geistige Behinderungen oder emotionale Störungen, die keine dieser Merkmale aufweisen, sind für sie jedoch schwerer zu erkennen (Diamond & Huang, 2005). Sie sind allerdings sensibel für ungewöhnliche Verhaltensweisen und können sie als altersangemessen oder -unangemessen einordnen.

Kinder entdecken bei anderen Kindern – auch bei Kindern mit Behinderungen – viele Seiten, die sie attraktiv machen für gemeinsames Spielen, für andere Aktivitäten oder auch als Ruhepol in der Gruppe (Kron, 2006). Sie brauchen aber dort pädagogische Unterstützung, wo die kindlichen Ressourcen nicht ausreichen, um gelingende Beziehungen herzustellen und aufrecht zu erhalten.

> *Beispiel*
> Im Alltag bedürfen die nicht behinderten Kinder der pädagogischen Unterstützung, um ungewöhnliche Reaktionen behinderter Kinder (z. B. Schreien, Sabbern, heftiges Umarmen, scheinbar grundloses Schlagen oder Stereotypien) zu verstehen und tolerieren zu lernen.

Die Verhaltensmuster im Kontakt selbst sind sehr unterschiedlich. Sie reichen von Nichtbeachtung über besondere Zuwendung und Vereinnahmung bis zu kooperativen Aktivitäten bei gemeinsamen Interessen (Klein et al., 1987; Miedaner, 1987). Die Bereitschaft eines nicht behinderten Kindes, ein Kind mit Behinderung am gemeinsamen Spiel zu beteiligen, ist assoziiert mit dem Entwicklungsstand seiner sozial-emotionalen Kompetenzen. Kinder mit einer höheren Bereitschaft zum Kontakt sind sensibler für emotionale Signale anderer Kinder und eher in der Lage, sich in andere Kinder hineinzuversetzen (Diamond & Hong, 2010).

Yu, Ostosky und Fowler (2015) führten eine Untersuchung bei 32 Kindern in zwei inklusiven Kindergärten durch. Sie nahmen eine soziometrische Befragung in der Gruppe vor, befragten die Kinder zu ihrer Haltung gegenüber hypothetischen Spielpartnern, baten sie, die Kinder mit Behinderungen in ihrer eigenen Gruppe zu identifizieren und beobachteten das Spielverhalten in Freispielsituationen über einen Zeitraum von zehn Wochen. Es zeigte sich, dass die Kinder zuverlässig in der Lage waren, Kinder mit Down-Syndrom oder einer Cerebralparese zu identifizieren und Gründe anzugeben, warum diese Kinder nicht so gut laufen oder sprechen können wie sie. Dagegen fiel es ihnen schwerer, Kinder mit leichteren Entwicklungsverzögerungen oder Verhaltensauffälligkeiten zu erkennen. Kinder mit Behinderungen in der Gruppe wurden seltener in ein gemeinsames Spiel einbezogen. Unter den verschiedenen Einflussfaktoren erwies sich die Beliebtheit eines Kindes (nach dem Ergebnis des soziometrischen Ratings) jedoch als stärkerer Prädiktor für die Einbeziehung in ein gemeinsames Spiel als die Tatsache, ob es sich um ein Kind mit einer Behinderung handelte.

Die Einstellungen, mit denen nicht behinderte Kinder den Kindern mit Behinderungen in ihrer Gruppe begegnen, orientieren sich darüber hinaus daran, welche Haltungen der Erwachsenen sie in ihrer Umgebung beobachten. Wenn sie erleben, dass Eltern oder pädagogische Fachkräfte Andere aufgrund äußerer Merkmale abwerten oder behinderten Menschen mit Vorurteilen oder großer innerer Distanz begegnen, prägt das ihre Einstellung. Es hilft ihnen, wenn sie von den Erwachsenen auf Fähigkeiten der behinderten Kinder aufmerksam gemacht werden, die Gemeinsamkeiten zwischen ihnen wahrnehmen und eine ihrem Verständnisvermögen entsprechende Aufklärung über die Art und Entstehung der jeweiligen Behinderung erhalten.

1.3.4 Sorgen von Eltern und pädagogischen Fachkräften in der Planung sozialer Integrationsmaßnahmen ernst nehmen

Die Ergebnisse der Befragungen von Eltern und pädagogischen Fachkräften müssen ernst genommen werden. Sie weisen auf wichtige Bedingungen für das Gelingen sozialer Teilhabe hin. Pädagogische Fachkräfte brauchen eine personelle und räumliche Ausstattung im Kindergarten, die es ihnen möglich macht, sowohl den Bedürfnissen der behinderten Kinder wie auch dem Bildungs- und Förderauftrag gegenüber den nicht behinderten Kindern gerecht zu werden. Sie brauchen Fortbildung, um die Besonderheiten der Entwicklung unter den Bedingungen einer bestimmten Behinderung besser verstehen zu können und müssen pädagogische Maßnahmen kennen lernen, mit denen die Anregungen für die Entwicklung behinderter Kinder in den normalen Gruppenalltag integriert und soziale Kontakte zu den nicht behinderten Kindern gezielt unterstützt werden können (▶ Kap. 3 und 4). Sie brauchen schließlich ein verlässliches Netzwerk von Kooperationsbeziehungen mit Frühförderstellen und anderen Facheinrichtungen, von denen sie Beratung und fachlich qualifizierte Unterstützung erhalten können, um die mit der Integration von Kindern mit besonderen Bedürfnissen (und mitunter Verhaltensmustern) verbundenen Aufgaben erfolgreich bewältigen zu können, ohne sich selbst zu überfordern (▶ Kap. 5).

1.3.5 Zusammenfassung

In Deutschland finden sich sehr unterschiedliche Formen sozialer Integration behinderter Kinder in KiTa und Schule. Zudem ist das Angebot von Integrationsplätzen in KiTas von Bundesland zu Bundesland sehr unterschiedlich. Erfahrungen liegen aus Modellprojekten vor und zeigen, dass die pädagogischen Fachkräfte die Integrationschancen grundsätzlich positiv, bei einzelnen Behinderungsformen jedoch skeptisch beurteilen. Auch die Eltern behinderter und nicht behinderter Kinder stehen der Integration überwiegend positiv gegenüber, haben jedoch je eigene Vorbehalte.

1.3.6 Empfohlene Literatur zur Vertiefung

Albers, T. (2011). Mittendrin statt nur dabei. Inklusion in Krippe und Kindergarten. München: Reinhardt.
  Das Buch vermittelt eine Übersicht über rechtliche Grundlagen, die verschiedenen Dimensionen von Vielfalt in der Frühpädagogik sowie zur Gestaltung pädagogischer Prozesse und zur Kooperation mit Familien.
Bundesministerium für Familie, Senioren, Frauen und Jugend (BMFSFJ). (2008). Auf den Anfang kommt es an! Perspektiven zur Weiterentwicklung des Systems der Tageseinrichtungen für Kinder in Deutschland. Weinheim: Beltz.
  Das Handbuch begründet ausführlich die Notwendigkeit eines quantitativen Ausbaus von Tageseinrichtungen und einer Verbesserung ihrer pädagogischen Qualität und formuliert Empfehlungen für die Professionalisierung der Fachkräfte, der Zusammenarbeit zwischen Tagesstätte und Familie, der Förderung von Kindern mit einem anderen kulturellen Hin-

tergrund und der Vernetzung mit anderen Bereichen des Bildungssystems. Der Berücksichtigung von Kindern mit besonderen Bedürfnissen ist ein eigenes Kapitel gewidmet.

Heimlich, U. (2013). Kinder mit Behinderung – Anforderungen an eine inklusive Frühpädagogik. Eine Expertise der Weiterbildungsinitiative Frühpädagogische Fachkräfte (WiFF). München: Deutsches Jugendinstitut.
Übersicht über die Entwicklung inklusiver Pädagogik in Deutschland, Rechtsgrundlagen sowie Voraussetzungen für das Gelingen sozialer Teilhabe.

Kobelt Neuhaus, D. (2001). Qualität aus Elternsicht – Gemeinsame Erziehung von Kindern mit Behinderung und Kindern ohne Behinderung. Seelze: Kallmeyer'sche Verlagsbuchhandlung.
Detaillierte Darstellung der Ergebnisse einer quantitativen und qualitativen Erhebung zu Erfahrungen und Sichtweisen von Eltern integrativ betreuter Kinder mit ergänzenden Beobachtungen aus den Gruppenprozessen und Standards für gelingende Integrationsmaßnahmen.

Pluto, L. & van Santen, E. (2017). Kindertageseinrichtungen auf dem Weg zur Inklusion? Empirische Befunde zu Stand, Voraussetzungen und Barrieren. In U. Stenger, D. Edelmann, D. Nolte & M. Schulz, (Hrsg.), *Diversität in der Pädagogik der frühen Kindheit. Im Spannungsfeld zwischen Konstruktion und Normativität* (S. 199-218). Weinheim: Beltz Juventa.
Übersichtsarbeit zu Voraussetzungen und Barrieren der Inklusion in Kindertageseinrichtungen auf der Grundlage von Daten einer Erhebung des Deutschen Jugendinstituts aus dem Jahre 2012.

2 Bedingungen und Wirkungen sozialer Integration

Dieses Kapitel – wie auch alle folgenden – soll mit einem Zitat aus einer Befragung zu elterlichen Erwartungen eingeleitet werden, das auf wichtige Aspekte von Qualitätsstandards für die gemeinsame Erziehung behinderter und nicht behinderter Kinder hinweist:

> *Um sowohl das jeweilige individuelle Kind und die Gemeinschaft aller Kinder und ihrer Familien angemessen berücksichtigen zu können, brauchen Pädagogen nicht nur solides pädagogisches Grundwissen. Gerade da, wo viele unterschiedliche Kinder zusammenkommen, werden fundierte entwicklungspsychologische Kenntnisse und Wissen über die Entwicklung von Gruppen und Gemeinschaftsfähigkeit besonders bedeutungsvoll. (Kobelt Neuhaus, 2001, S. 35)*

2.1 Soziale Kompetenz von Kindern im Kindergarten

Nach den ersten Modellversuchen zur Frage, unter welchen strukturellen Bedingungen integrative Erziehung möglich ist, hat es in Deutschland zunächst kaum neue wissenschaftliche Impulse und Einsichten zum Thema Integration gegeben. Studien, die empirisch die Bedingungen für das Gelingen integrativer Erziehung untersucht haben, stammen daher überwiegend aus den USA und den skandinavischen Ländern. Dabei werden unterschiedliche Kriterien für das Gelingen integrativer Förderung verwendet:

- die Häufigkeit sozialer Kontakte behinderter und nicht behinderter Kinder in der Gruppe;
- der soziale Status behinderter Kinder in der Gruppe;
- die Ausbildung von Freundschaften zwischen behinderten und nicht behinderten Kindern.

Die Verwendung dieser unterschiedlichen Kriterien deutet bereits darauf hin, dass es sich bei der Beurteilung des Gelingens sozialer Integration jeweils um eine relative Einschätzung handelt, denn selbstverständlich gibt es auch innerhalb der Gruppe der nicht behinderten Kinder solche mit wenigen sozialen Kontakten, die wenig Anerkennung in der Gruppe finden und kaum Freunde haben.

Ziel der integrativen Maßnahmen ist es, eine systematische Ausgrenzung behinderter Kinder zu verhindern und ihnen die gleichen Chancen auf soziale

Kontakte, Anerkennung und Freundschaften zu ermöglichen wie nicht behinderten Kindern. Die Entwicklung sozialer Kompetenzen und sozialer Beziehungen im frühen Kindesalter soll daher zunächst kurz beleuchtet werden, um die empirischen Befunde besser einordnen zu können, die zu Kindern mit Behinderungen vorliegen.

2.1.1 Sozial-kognitive Fähigkeiten und emotionale Selbstregulation

Soziale Kompetenzen in der Interaktion mit anderen Kindern lassen sich definieren als die Fähigkeit, eigene (soziale) Ziele in angemessener Form und mit Erfolg in der Gruppe verfolgen zu können. Soziale Herausforderungen liegen dabei vor allem in der aktiven Kontaktaufnahme zu anderen Kindern, der Beteiligung an einem gemeinsamen Spiel und der Lösung von Konflikten, die dabei entstehen. Die Bewältigung dieser Aufgaben erfordert sowohl Fähigkeiten der sozialen Informationsverarbeitung (soziale Kognition) wie auch der emotionalen Selbstregulation.

Zu den sozial-kognitiven Prozessen gehört

- die Aufmerksamkeit für soziale Signale,
- ihre angemessene Interpretation,
- das Verstehen sozialer Absichten und Zusammenhänge,
- das Beachten sozialer Regeln und
- ein Wissen um Handlungsstrategien zum Verfolgen eigener Ziele
- sowie die Fähigkeit, diese Handlungsstrategien und ihre Konsequenzen zu bewerten.

Emotionale Selbstregulation umfasst die Fähigkeiten,

- die eigenen Handlungen zu steuern und
- emotionale Reaktionen wie Ärger oder Ängstlichkeit zu kontrollieren (Dodge, Pettit, McClaskey & Brown, 1986; Guralnick, 1999).

Die Entwicklung sozialer Kompetenz ist von individuellen und sozialen Faktoren abhängig. Zu den sozialen Faktoren gehören

1. die Erfahrungen, die ein Kind in seiner Familie im Rahmen der Eltern-Kind-Beziehung oder der Beziehung zu seinen Geschwistern macht,
2. die Konstellation der Gruppe, auf die es trifft, sowie die Qualität des sozialen Klimas in dieser Gruppe
3. und die Unterstützung durch die pädagogische Fachkraft.

Zu den individuellen Faktoren gehören seine Temperamentsanlage, seine Fähigkeiten zu Aufmerksamkeitssteuerung, kognitiver Verarbeitung, Handlungsplanung und Gedächtnisleistungen, die ihm als grundlegende kognitive Funktionen zur Bewältigung von Alltagsanforderungen zur Verfügung stehen, sowie seine kommunikativen Fähigkeiten. Sie sind für die Abstimmung der Aufmerksamkeit auf ein gemeinsames Thema mit einem Interaktionspartner, die Mitteilung eigener Wünsche und Vorhaben sowie das Aushandeln von Absprachen und Konfliktlösungen von Bedeutung. Hay, Payne und Chadwick (2004) leiteten in einer Übersichtsarbeit daraus sechs Vorläuferfertigkeiten ab, die Kinder in den ersten Lebensjahren als Voraussetzung für harmonische Interaktionen mit Gleichaltrigen und die Bildung von Freundschaften entwickeln (▶ Abb. 3).

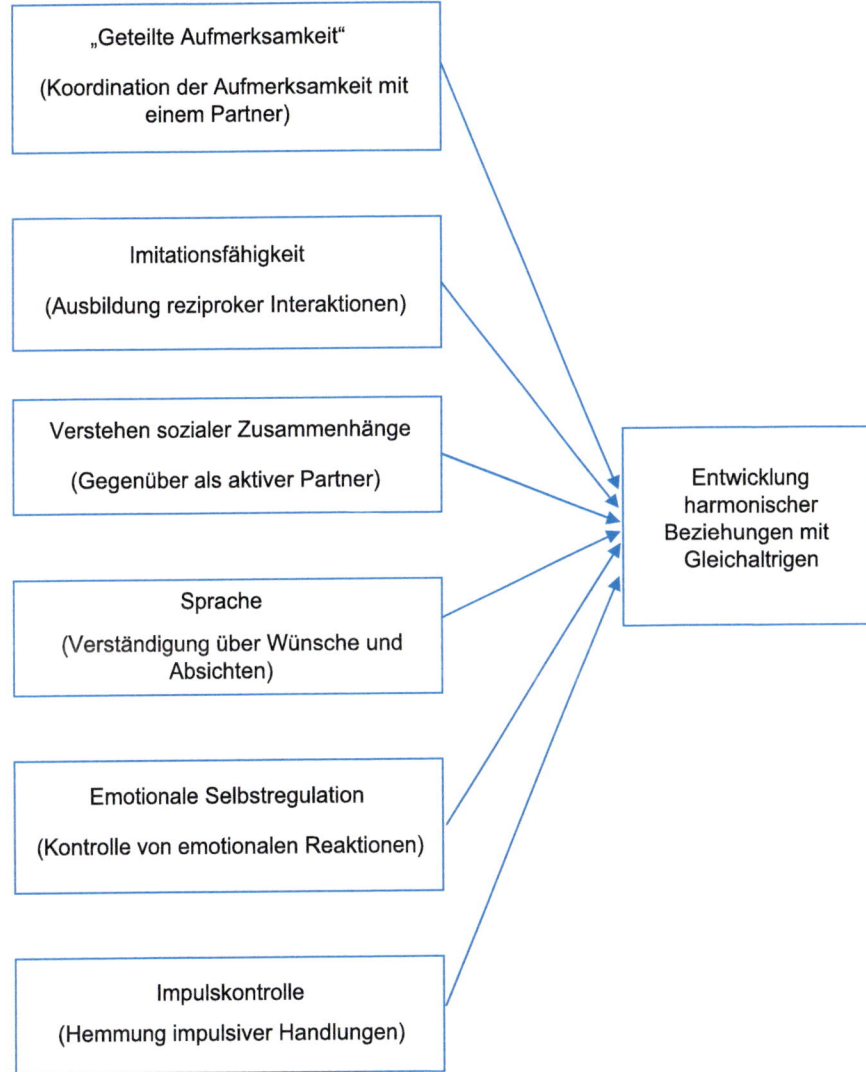

Abb. 3: Vorläuferfähigkeiten für die Entwicklung harmonischer Beziehungen mit Gleichaltrigen (Daten aus Hay et al., 2004)

Kinder mit Behinderungen können in der Entwicklung sozialer Beziehungen zu anderen Kindern in vielfältiger Weise beeinträchtigt sein. Schwere Hör- oder Sehschädigungen haben unmittelbaren Einfluss auf die Möglichkeiten zur sozialen Beteiligung, kognitive Behinderungen erschweren das Verständnis sozialer Situationen und den Erwerb von sozialen Handlungsfähigkeiten, Störungen des Spracherwerbs können die Verständigung über gemeinsame Spielideen, Störungen der Selbstregulation die Steuerung der Aufmerksamkeit, der eigenen Handlungen und der emotionalen Reaktion in kritischen Momenten misslingen lassen. Schwierigkeiten in der Gestaltung sozialer Beziehungen lassen sich aus einer Kombination dieser individuellen Voraussetzungen der Kinder und der Rahmenbedingungen, auf die sie im Kindergarten treffen, verstehen. Die Untersuchungsergebnisse zur Bedeutung dieser Rahmenbedingungen sollen zunächst vorgestellt werden, bevor spezifische Probleme und pädagogische Interventionen bei den einzelnen Behinderungsformen in den Kapiteln 3 und 4 erörtert werden.

2.2 Spielangebot, Verhalten der pädagogischen Fachkraft und Gruppenzusammensetzung

Eine Entwicklung der sozialen Kognition und emotionalen Regulation in sozialen Situationen sind auf Lerngelegenheiten in der Interaktion mit anderen Kindern angewiesen. Dass in integrativen Gruppen mehr Gelegenheiten zu sozialen Kontakten entstehen, stellt somit eine günstige Voraussetzung für Lernfortschritte in diesem Bereich dar. Die Aufnahme in eine solche Gruppe allein ist jedoch keine Garantie für das Gelingen einer sozialen Integration. Sie hängt auch von den materiellen und sozialen Rahmenbedingungen ab, die das Kind dort vorfindet.

2.2.1 Spielangebot und -inhalte

Zu den materiellen Rahmenbedingungen gehören die räumlichen Gegebenheiten in der Gruppe, die Art der verfügbaren Spielmaterialien, die Zahl der Kinder in der Gruppe und der Personalschlüssel, d. h. das zahlenmäßige Verhältnis zwischen Kindern und Erwachsenen. Klar voneinander abgegrenzte Bereiche für die verschiedenen Aktivitäten in der Gruppe begünstigen z. B. die Bildung von Kleingruppen und die aktive Beteiligung der Kinder. Eine geringe Ausstattung mit Spielsachen kann Konflikte zwischen den Kindern eher provozieren. Bei einem reichhaltigen Spielzeugangebot besteht andererseits die Möglichkeit, dass sich die Kinder ausgiebig allein beschäftigen, statt miteinander zu spielen. Puzzles, Knete und Bücher legen eher eine isolierte Beschäftigung nahe, Sand, Wasserspielzeug und Buntstifte eher parallele Aktivitäten, Puppen, Haushalts- und Verkleidungsmaterial eher ein soziales Spiel.

Ivory und McCollum (1999) beobachteten die Spielformen behinderter Kinder und variierten dabei systematisch die Verfügbarkeit von Spielsachen. Kooperatives

Spiel mit anderen Kindern ergab sich häufiger, wenn solche Materialien verfügbar waren. Doch auch bei einem breiten Angebot von Spielsachen bleiben Unterschiede, welche Aktivitäten Kinder mit und ohne Behinderung bevorzugen.

Belege für die Bedeutung des Spielangebots für die Entwicklung sozialer Kontakte behinderter Kinder finden sich in einer Meta-Analyse von 13 Studien von Kim et al. (2003), die zeigte, dass die Verfügbarkeit von Spielsachen, die zu sozialen Aktivitäten einladen, einen nachhaltigen Einfluss auf die aktive soziale Beteiligung der Kinder in einer Gruppe hat. Häufiger sind sie auch bei Aktivitäten, bei denen eine gewisse Struktur vorgegeben ist (z. B. Doktorspiele oder Kaufläden), seltener bei wenig strukturierten Beschäftigungen (z. B. Wasserspiele, Malen; DeKlyen & Odom, 1989).

Kohl und Beckman (1984) beobachteten die sozialen Kontakte bei 3- bis 5-jährigen Kindern. Während soziale Interaktionen zwischen Kindern ohne Behinderungen in den Freispielzeiten am häufigsten (und doppelt so oft wie bei behinderten Kindern) zu beobachten waren, entstanden soziale Kontakte der behinderten Kinder am häufigsten während der gemeinsamen Mahlzeiten. Für die pädagogische Praxis bedeutet dies, dass die Strukturierung des Gruppengeschehens und die Anregung zu sozialen Spielformen eine wichtige Voraussetzung für das Gelingen sozialer Integrationsprozesse sind.

> **Studie: Spielpartner von behinderten und nicht behinderten Kindern in integrativen Gruppen**
>
> Kontos, Moore und Giorgetti (1998) analysierten die zeitliche Verteilung der Aktivitäten im Kindergarten in integrativen Gruppen. Kinder ohne Behinderungen verbrachten signifikant mehr Zeit mit Rollenspielen – die soziale und kommunikative Fertigkeiten erfordern –, während sich Kinder mit Behinderungen häufiger mit der Erkundung von Spielsachen, Malen und Büchern beschäftigten. Kinder mit Behinderungen spielten wesentlich häufiger allein oder in einer Kleingruppe, die von der Erzieherin geleitet wurde (▶ Abb. 4).
>
>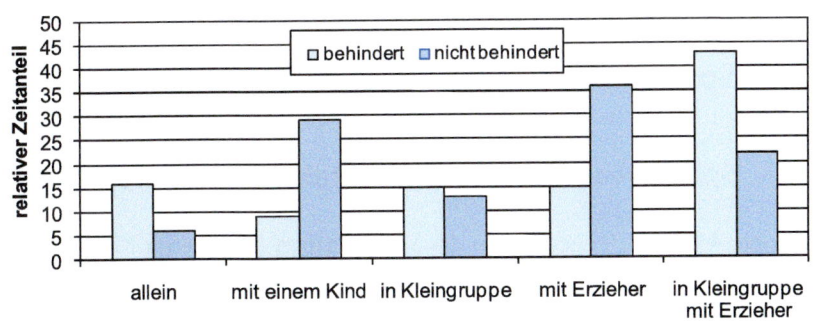
>
> Abb. 4: Relative Zeitanteile (in % der Beobachtungsintervalle) von verschiedenen sozialen Kontexten im Freispiel behinderter und nicht behinderter Kinder (Daten aus Kontos et al., 1998)

Je stärker der Erwachsene dabei die Auswahl der Spiele lenkt, mit denen die Kinder sich beschäftigen, desto geringer ist jedoch die Wahrscheinlichkeit, dass die Kinder der Gruppe miteinander interagieren. Hauser-Cram, Bronson und Upshur (1993) beobachteten 153 behinderte Kinder in unterschiedlichen Kindergärten und analysierten Zusammenhänge zwischen ihrer Beteiligung und dem pädagogischen Verhalten der Erzieherinnen. Kinder, deren Erzieherinnen ihnen zwar Anregungen gaben, aber Wahlmöglichkeiten boten und auf selbstbestimmtes Handeln setzten, initiierten mehr soziale Interaktionen und erschienen ausdauernder bei herausfordernden Tätigkeiten als Kinder, deren Erzieherinnen das Geschehen stark lenkten. Offenbar geht es darum, in der pädagogischen Praxis eine Balance zu finden zwischen der Ermutigung zu Eigenaktivitäten und punktueller Unterstützung behinderter Kinder, um ihre soziale Beteiligung zu sichern.

2.2.2 Gruppenzusammensetzung

Untersuchungen zu den Effekten unterschiedlicher Gruppenzusammensetzungen sprechen dafür, dass jüngere Kinder in altersgemischten Gruppen größere Fortschritte machen, sich dieser Effekt bei 5-jährigen und älteren Kindern aber nicht mehr zeigt. Das gilt wiederum für behinderte wie für nicht behinderte Kinder. Beide zeigen in altersgemischten Gruppen (bestehend aus zwei-, drei- und vierjährigen Kindern) ein komplexeres Spielniveau, beteiligen sich mehr an Gesprächen und sprechen die anderen Kinder häufiger an als in altershomogenen Gruppen (Bailey, McWilliam, Ware & Buchinal, 1993). Auch der relative Anteil der Kinder mit Behinderungen an der Gesamtgruppe spielt eine Rolle. Die Bedingungen für soziale Kontakte sind günstiger, je mehr nicht behinderte Kinder in der Gruppe sind (Bronson, Hauser-Cram & Warfield, 1997). Augenscheinlich ist es in der Praxis also wichtig, eine Gruppenzusammensetzung anzustreben, bei der behinderte Kinder genügend ältere, nicht behinderte Kinder vorfinden, an denen sie sich als positive Modelle für soziales Spiel orientieren können.

2.3 Soziale Kontakte in integrativen Gruppen

2.3.1 Spielniveau und soziale Kontakte behinderter Kinder

Zahlreiche Untersuchungen haben das Spielverhalten behinderter Kinder in integrativen und homogenen Gruppen miteinander verglichen. Diese Untersuchungen wurden teilweise im natürlichen Kontext durchgeführt (Hauser-Cram et al., 1993), teilweise wurden Spielgruppen von Kindern für die Studien zusammengeführt, die sich vorher nicht kannten (Guralnick, Connor, Hammond, Gottman & Kinnish, 1995b). Sie zeigen, dass Kinder mit kognitiven Entwicklungsstörungen von ihren Erzieherinnen als sozial kompetenter beurteilt werden (Jenkins, Odom & Speltz,

1989), mehr soziale Initiative entwickeln und ein komplexeres Spielniveau zeigen, wenn sie gemeinsam mit nicht behinderten Kindern die Gruppe besuchen (Beckman & Kohl, 1987; Brown, Odom & Zercher, 1999; Guralnick et al., 1996, Hauser-Cram et al., 1993).

Das gilt ebenso für Kinder mit Hörschädigungen (Levine & Antia, 1997). Erwin (1993) beobachtete Kinder mit Sehschädigungen in unterschiedlichen Gruppen. Auch hier zeigte sich eine höhere Rate sozialer Interaktionen, weniger Passivität und weniger auffälliges (z. B. selbstverletzendes) Verhalten bei Kindern, die integrative Gruppen besuchten, im Vergleich zu Kindern in homogenen Gruppen.

Wendelborg und Tossebro (2013) untersuchten die soziale Teilhabe von 254 Kindern mit körperlichen und intellektuellen Behinderungen in Förderzentren und in allgemeinen Kindergärten. Sie befragten die Eltern und pädagogischen Fachkräfte nach ihrer Einschätzung der sozialen Beziehungen der Kinder in der Gruppe. Bei Kindern mit intellektueller Behinderung, die ein Förderzentrum besuchten, wurde die soziale Partizipation am Gruppengeschehen durchweg niedriger eingeschätzt. Den stärksten Einfluss auf die soziale Partizipation hatte jedoch – in beiden Settings – der Schweregrad der Behinderung.

> **Studie: Inhaltliche Aktivitäten von behinderten und nicht behinderten Kindern in integrativen Gruppen**
>
> Odom, Zercher, Marquart, Li, Sandall und Wolfberg (2002) berichteten über eine umfangreiche Untersuchung in integrativen Einrichtungen, bei der die aktive soziale Beteiligung von 112 (30 dreijährigen, 64 vierjährigen und 18 fünfjährigen) Kindern an sechs verschiedenen Terminen mit einem differenzierten Beobachtungsinstrument beurteilt wurde. Dabei zeigte sich, dass Kinder mit und ohne Behinderungen etwa gleich viel Zeit in Einzelbeschäftigungen, Kleingruppenaktivitäten mit einer pädagogischen Fachkraft oder in der Gesamtgruppe verbrachten. Kinder mit Behinderungen waren jedoch häufiger in 1:1-Aktivitäten mit einer pädagogischen Fachkraft involviert. Kinder ohne Behinderungen verbrachten mehr Zeit in selbst organisierten Kleingruppenaktivitäten. Die Verteilung der Aktivitäten, denen sie sich zuwendeten, unterschied sich nur wenig. Kinder mit und ohne Behinderung verbrachten die Zeit überwiegend mit Bewegungsspielen, feinmotorischen Beschäftigungen mit Spielsachen, in der Kreisrunde und mit Mahlzeiten. Das Anschauen von Bilderbüchern, Singen, Malen und Rollenspiele machte einen kleinen Teil der Zeit aus. Regelspiele wurden nur selten beobachtet (▶ Tab. 3).
>
> Der relative Anteil von selbst-initiierten (d. h. nicht von einer pädagogischen Fachkraft angeleiteten Aktivitäten) lag in beiden Gruppen bei etwas über 40 %, wobei die Schwankungen zwischen den einzelnen Einrichtungen, in denen die Kinder beobachtet wurden, sehr groß waren. Dialoge mit den Kindern oder direkte Aufforderungen der Erzieherinnen machten in beiden Gruppen etwa 20 % aus. Kinder mit Behinderungen erhielten etwa dreimal so häufig die Unterstützung der pädagogischen Fachkraft wie Kinder ohne Behinderungen. Sie selbst wendeten sich etwa doppelt so oft an den Erwachsenen als die Kinder ohne

Behinderungen. Kinder ohne Behinderungen richteten mehr positive Verhaltensweisen an die anderen Kinder als die Kinder mit Behinderungen, negative Interaktionen traten generell sehr selten in der Beobachtungszeit auf. Zusammenfassend zeigt also auch diese Studie, dass Kinder mit Behinderungen mehr direkte Kontakte mit den pädagogischen Fachkräften haben, mehr Hilfestellungen bekommen, sich aber seltener von sich aus an andere Kinder zum gemeinsamen Spiel wenden.

Tab. 3: Auswahl an Aktivitäten behinderter und nicht behinderter Kinder in integrativen Gruppen (in %) (Daten aus Odom et al., 2002)

	behinderte Kinder	nicht behinderte Kinder
Eins-zu-Eins-Aktivität mit Erzieherin	8	2
Selbstorganisierte Kleingruppenaktivität	7	13
Bewegungsspiele	8	7
Beschäftigung mit Spielsachen	19	15
Bilderbücher	4	5
Singen	3	4
Malen	3	5
Rollenspiele	2	5

Anmerkung: Nur eine Auswahl an Kategorien, daher summieren sich die Spalten nicht zu 100 %.

Behinderte Kinder bevorzugen – wenn sie die Möglichkeit dazu haben – nicht behinderte Kinder als Spielpartner (Guralnick et al., 1996). Zumindest für Kinder mit eingeschränkten kognitiven Fähigkeiten bedeutet das aber nicht, dass sie das gleiche Niveau von Spiel- und Sozialkompetenzen erreichen wie Kinder gleichen Alters mit unbeeinträchtigter Entwicklung. Kinder mit Lernbeeinträchtigungen haben vielmehr weniger und kürzere soziale Kontakte als sie, zeigen mehr negative Verhaltensweisen und weniger Kompetenz zur Konfliktlösung und haben weniger Erfolg bei ihrem Versuch, mit anderen Kindern in Kontakt zu kommen.

Das liegt nicht an mangelnder Bereitschaft der nicht behinderten Kinder, sich auf sie einzustellen. Kinder mit Behinderungen werden deutlich seltener als erste Wahl von Spielpartnerinnen und Spielpartnern in Spielsituationen genannt (Ytterhus, 2008). Wenn ältere Kinder mit unbeeinträchtigter Entwicklung sich ihnen im Kindergarten zuwenden, versuchen sie jedoch (wie in der Interaktion mit jüngeren Kindern), sich an die Verständnis- und Kommunikationsschwierigkeiten der behinderten Kinder anzupassen. Sie vereinfachen z. B. ihre Sprache und geben klare Anweisungen, übernehmen die Organisation von Spielabläufen; dennoch kommt es häufiger zu Konflikten, die die Interaktionen belasten.

Eindeutig bevorzugen sie jedoch nicht behinderte Kinder als Spielpartner/-in (Guralnick, 1999; Guralnick, Connor, Hammond, Gottman & Kinnish, 1995; Guralnick & Paul-Brown, 1989; Guralnick, Paul-Brown, Groom & Booth, 1998; Odom et al., 2002; Yu, Ostrosky & Fowler, 2015). Darin zeigt sich die Bedeutung des kommunikativen Austauschs für die Entwicklung sozialer Beziehungen. Kinder mit eingeschränkten kommunikativen Fähigkeiten sind in dieser Hinsicht benachteiligt und haben einen spezifischen Hilfebedarf.

Suhonen, Nislin, Alijoki und Sajaniemi (2015) beobachteten das Spielverhalten von 124 Kindern ohne und 89 Kindern mit besonderem Förderbedarf in integrativen Gruppen in Finnland. Es handelte sich um Kinder mit Sprachbehinderungen, Verhaltensauffälligkeiten und globaler Entwicklungsstörung. Sie waren wesentlich weniger an sozialen Spielformen beteiligt. Die Unterschiede waren bei Kindern mit globaler Entwicklungsstörung besonders deutlich.

> **Studie: Soziale Interaktion von Kindern mit Entwicklungsdefiziten in homogenen und integrativen Gruppen (Guralnick et al., 1995)**
>
> Zwölf Spielgruppen aus je sechs Kindern im Alter zwischen 4;2 und 5;5 Jahren wurden gebildet, die sich vorab nicht kannten ($N = 72$). Durch gezielte Zuordnung der Kinder entstanden drei verschiedene Gruppen. Die erste bestand nur aus Kindern mit Entwicklungsdefiziten (*IQ* 50-80), die zweite umfasste zwei Kinder mit Handicaps und vier Kinder mit unbeeinträchtigter Entwicklung (*IQ* 90-130), die dritte bestand nur aus Kindern ohne Behinderungen. Die Zusammensetzung wurde dabei systematisch nach Alter, Entwicklungsstand, Sprachkompetenzen u. a. parallelisiert. Die Spielgruppen trafen sich über zwei Wochen täglich für jeweils 2 ½ Stunden und boten die Möglichkeit zu Freispiel und gemeinsamen Aktivitäten, z. B. Kreisspielen, musikalischen Aktivitäten, Erzählen und gemeinsamen Mahlzeiten. Sie wurden von einer Fachkraft und einer Assistentin geleitet, die für die Kinder als Unterstützung im Spiel zur Verfügung standen, aber keine systematische Anleitung zu sozialen Kompetenzen gaben.
>
> Das Spiel- und Sozialverhalten der Kinder im Freispiel wurde mit einem sehr differenzierten Kategoriensystem erfasst und zusätzlich die Stellung der einzelnen Kinder in der Gruppe mit soziometrischen Verfahren erhoben. Kinder mit unbeeinträchtigter Entwicklung beteiligten sich mehr am gemeinsamen Spiel, suchten häufiger die Kooperation anderer Kinder, machten mehr Vorschläge zur Spielgestaltung und gingen öfter auf die Vorschläge anderer Kinder ein.

Erhöhtes Risiko sozialer Ausgrenzung. Die Häufigkeit sozialer Interaktionen zwischen behinderten und nicht behinderten Kindern sagt nun noch nichts über, die Qualität der sozialen Beziehungen behinderter Kinder in der Gruppe aus und wie deren sozialer Status ist. In soziometrischen Befragungen der Kinder selbst, mit welchem Kind sie gern spielen, und in Eltern und Erzieherinnenberichten zu den Freundschaften von Kindern im Kindergarten zeigt sich Unterschiedliches. Einige behinderte Kinder bleiben aufgrund ihrer sozialen Defizite in der Gruppe isoliert, andere werden sozial ausgegrenzt, eine dritte Gruppe von ihren Spielpartnern und -partnerinnen jedoch gut akzeptiert.

In einer Studie von Odom et al. (2002) traf das jeweils für etwa ein Drittel der 80 behinderten Kinder zu. Die sozial akzeptierten Kinder waren sozial kompetenter, hatten feste Freundschaften, beteiligten sich am sozialen Spiel, teilten anderen Kindern ihre Ideen mit, beachteten Gruppenregeln, verstanden soziale Situationen und hatten grundsätzlich Interesse an sozialen Interaktionen mit anderen Kindern. Kinder, die sozial abgelehnt wurden (d. h. in soziometrischen Ratings zu den drei am wenigsten beliebten Kindern der Gruppe gehörten) hatten wenige soziale Fertigkeiten, viele Konflikte mit anderen Kindern, zeigten aggressives oder sehr zurückgezogenes Verhalten.

Viele Kinder dieser Teilgruppe wiesen die Merkmale einer Autismus-Spektrum-Störung auf. Diese Kinder wurden teilweise von den anderen Kindern in das Gruppengeschehen einbezogen und erhielten ein ebenso hohes – aber offenbar nicht ausreichendes – Maß an Unterstützung von den Erzieherinnen wie die gut beteiligten und sozial akzeptierten Kinder, erlebten aber häufiger, dass sie aktiv ausgeschlossen wurden. Nur eines von 32 nicht behinderten Kindern, die ebenfalls in diese Untersuchung einbezogen wurden, aber 22 von 80 behinderten Kindern erlebten eine solche soziale Ablehnung. Das Risiko sozialer Ablehnung ist bei behinderten Kindern also offenbar wesentlich erhöht. Es gibt allerdings keinen Beleg dafür, dass soziale Ablehnung in integrativen Gruppen häufiger aufträte als in Gruppen, die sich ausschließlich aus behinderten Kindern zusammensetzen (Guralnick & Neville, 1997).

Das Risiko für soziale Ablehnung variiert mit dem Schweregrad der Behinderung. Ferreira, Aguiar, Correia, Fialho und Pimentel (2017) untersuchten die soziale Akzeptanz, das soziale Netzwerk und die Freundschaftsbeziehungen von 86 Kindern mit Behinderungen in inklusiven KiTas in Portugal. Nach den soziometrischen Befragungen wurden vier Kinder von den anderen Kindern der Gruppe als Kontaktpartner/-in ignoriert und 34 Kinder aktiv sozial ausgegrenzt. Die Kinder, die sozial ausgegrenzt wurden, unterschieden sich von den anderen in zweierlei Hinsicht: Es handelte sich häufiger um Kinder mit schweren Behinderungen und sie zeigten nach Einschätzung der Erzieherinnen ein deutlich höheres Maß an Verhaltensstörungen.

2.3.2 Einfluss von Betreuungskontext, Art der Behinderung und familiärer Vorerfahrung auf die Bildung von Freundschaften

Berichte von Eltern und pädagogischen Fachkräften sprechen dafür, dass zumindest junge Kinder mit unterschiedlichen Behinderungen weniger reziproke Freundschaftsbeziehungen zu anderen Kindern ausbilden als Kinder ohne Behinderungen gleichen Alters (Buysse, Nabors, Skinner & Keyes, 1997).

Buysse, Goldman und Skinner (2002) analysierten den Effekt unterschiedlicher Betreuungskontexte auf die Zahl der Freundschaften bei 330 Kindern im Alter zwischen 19 und 77 Monaten, darunter 120 Kinder mit unterschiedlichen Behinderungen. 15 % der nicht behinderten, aber 28 % der behinderten Kinder hatten nach Einschätzung der pädagogischen Fachkraft keinen Freund/keine Freundin. Die Wahrscheinlichkeit, dass das Kind mindestens einen Freund/eine Freundin hat, war (um das 1.7-fache) höher, wenn das Kind eine integrative Gruppe statt eines Sonderkindergartens besuchte. Die Schwere der Behinderung spielte für die Zahl der Freunde/Freundinnen keine Rolle.

Die Befunde zu Freundschaftsbeziehungen sind jedoch nicht einheitlich. Kinder mit geistiger Behinderung finden – unabhängig davon, ob sie integrative oder homogen zusammengesetzte Gruppen besuchen – signifikant seltener Freunde/Freundinnen als Kinder mit leichteren (z. B. sprachlichen) Entwicklungsstörungen. Diese Schwierigkeiten in der Entwicklung reziproker Freundschaften sind offenbar dauerhaft. Sie finden sich auch bei Verlaufsstudien, wenn Kinder mit kognitiven Entwicklungsstörungen in den ersten Schuljahren in integrativen Klassen nachuntersucht werden (Guralnick, Neville, Hammond & Connor, 2007). Kinder mit leichteren (Sprach-) Behinderungen unterscheiden sich in dieser Hinsicht nicht von Kindern mit unauffälliger Entwicklung (Guralnick et al., 1996).

Die Häufigkeit sozialer Kontakte und die Entwicklung von positiven Beziehungen zu anderen Kindern der Gruppe hängen auch von den Vorerfahrungen ab, die die Kinder im Kontext der Familie gemacht haben. Die Qualität der Eltern-Kind-Beziehung ist ein bedeutsamer Prädiktor für die Entwicklung sozialer Beziehungen zu anderen Kindern; d. h. Kinder mit positiven Beziehungserfahrungen und einer sicheren Bindung zu ihren Eltern entwickeln mit höherer Wahrscheinlichkeit auch im weiteren Verlauf ihrer Entwicklung positive soziale Beziehungen. In der alltäglichen Interaktion mit ihren Eltern erleben sie z. B., wie Emotionen am mimischen Ausdruck zu erkennen sind, Gefühle reguliert werden können, mit Ärger und Konflikten umgegangen wird (Guralnick, 1999).

Eltern können soziale Kompetenzen im Umgang mit anderen Kindern explizit fördern, indem sie dem Kind z. B. bei Besuchen oder auf dem Spielplatz zeigen, wie es mit anderen Kindern in sozial angemessener Form Kontakt aufnehmen, sie ansprechen oder Konflikte lösen kann. Sie können ihrem Kind helfen, in Kontakt mit anderen Kindern zu kommen, indem sie soziale Netzwerke aufbauen, um es Erfahrungen mit sozialen Situationen sammeln zu lassen. Eltern behinderter Kinder bleibt dafür oft weniger Zeit, weil sie mit vielfältigen Anforderungen in Therapie und Alltag ausgelastet sind.

Guralnick, Connor, Neville und Hammond (2002) befragten Mütter zu ihren Bemühungen, Spielkontakte zu anderen Kindern zu schaffen. Mütter von Kindern mit Spracherwerbsstörungen unternahmen weniger solche Versuche als Mütter von Kindern mit unbeeinträchtigter Entwicklung; Mütter von Kindern mit einer allgemeinen Entwicklungsstörung unterschieden sich signifikant von beiden Gruppen.

Außerdem scheinen sie sich in ihrer grundsätzlichen Einschätzung von anderen Eltern zu unterscheiden, welchen Einfluss sie auf die soziale Entwicklung ihrer Kinder haben. So fand Booth (1999), dass Mütter behinderter Kinder dem Erwerb sozialer Kompetenzen zwar eine hohe Bedeutung zumaßen, aber eher dazu neigten, Defizite ihrer Kinder in sozialen Kompetenzen als Ausdruck der Behinderung anzusehen und somit als wenig beeinflussbar zu betrachten.

2.4 Entwicklungsverläufe bei integrativer Förderung

Die Übersicht über die Forschung erlaubt somit zwei Schlussfolgerungen:

1. Die Voraussetzungen zur Entwicklung positiver sozialer Beziehungen behinderter Kinder zu anderen Kindern – Häufigkeit sozialer Kontakte und Bildung von Freundschaften – sind in integrativen Gruppen günstiger als in Sondereinrichtungen.
2. Jedoch besteht auch in diesem Kontext ein besonderer Hilfebedarf bei Kindern mit eingeschränkten kognitiven oder kommunikativen Fähigkeiten zur Förderung sozialer Kompetenzen.

Kommunikative Fähigkeiten im Dialog, Initiative und Ausdauer im sozialen Spiel, Verstehen sozialer Absichten und Situationen, Empathie, emotionale Selbstregulation, Flexibilität und Strategien zur Konfliktlösung sind Voraussetzungen für das Gelingen sozialer Integration.

Eine effektive pädagogische Arbeit an diesen Zielen erfordert eine sorgfältige Beobachtung der Fähigkeiten und des Hilfebedarfs des einzelnen Kindes. Die Ziele und pädagogischen Handlungsstrategien sind für jedes Kind individuell zu bestimmen. Eine befriedigende soziale Integration ist erst dann erreicht, wenn die sozialen Beziehungen des behinderten Kindes eine ähnlich positive Qualität haben wie die Beziehungen der nicht behinderten Kinder in der Gruppe – und wenn seine Fortschritte in motorischen, kognitiven, sprachlichen und adaptiven Kompetenzen zumindest nicht geringer sind als beim Besuch einer Einrichtung für behinderte Kinder.

Ebenso große Fortschritte in integrativen Gruppen wie in separierten Einrichtungen. Ältere Forschungsarbeiten zum Entwicklungsverlauf behinderter Kinder – beurteilt mit standardisierten und normierten Entwicklungstests – kommen durchweg zu dem Schluss, dass sie sich unter integrativen Bedingungen ebenso gut entwickeln wie in Sondergruppen, d. h. sie von den dort bestehenden kleineren Gruppen und der dort gebotenen sonderpädagogischen Förderung per se nicht mehr profitieren (Fewell & Oelwein, 1990; Harri, Handleman, Kristoff, Bass & Gordon, 1990; Jenkins et al., 1989). Die Mehrzahl dieser Studien bezog sich allerdings auf relativ kleine Stichproben; so umfassten nur drei der 22 Studien, über die Buysse und Bailey (1993) in einer Übersichtsarbeit zu dieser Frage berichteten, mehr als 30 Kinder.

Bruder und Staff (1998) berichten z. B. über den Entwicklungsverlauf von 37 Kindern, von denen im Alter von zwei Jahren 18 Kinder in eine sonderpädagogische und 19 Kinder in eine integrative Gruppe aufgenommen wurden, über einen Zeitraum von sechs und zwölf Monaten. Bei 14 Kindern lagen allgemeine Entwicklungsrückstände vor, bei je neun Kindern körperliche oder mehrfache Behinderungen, bei zwei Kindern eine geistige Behinderung, bei je einem Kind eine Sinnesbehinderung oder Autismus-Spektrum-Störung. Zu jedem der drei Messzeitpunkte wurde ein allgemeiner Entwicklungstest, ein Motoriktest und ein Sprachtest durchgeführt. Die täglichen Betreuungszeiten in der integrativen Gruppe waren zwei Stunden pro Woche länger; die Kinder, die eine Einrichtung für behinderte Kinder besuchten, erhielten doppelt so viel zusätzliche Einzelförderung (vor allem Sprach- und Ergotherapie). Die integrativen Gruppen umfassten mehr Kinder; die Zahl der pädagogischen Fachkräfte und die pädagogische Qualität der Betreuungseinrichtungen (beurteilt mit einem Ratingverfahren) unterschieden sich nicht. Die Ergebnisse der Entwicklungstests zeigten in beiden Gruppen einen gleich großen Fortschritt: Demnach führte das höhere Maß an Einzeltherapien, das die Kinder in den sonderpädagogischen Gruppen erhielten, nicht zu einem besseren Entwicklungsverlauf als die zeitlich längere Betreuung in den integrativen Gruppen.

> **Studie: Entwicklungsverlauf behinderter Vorschulkinder in integrativen und Sondereinrichtungen**
>
> Rafferty, Piscitelli und Boettcher (2003) verglichen den Entwicklungsverlauf von 96 Kindern im Alter zwischen drei und fünf Jahren über einen Zeitraum von acht Monaten; die Hälfte der Kinder wurde in integrativen Gruppen gefördert, die andere Hälfte besuchte Sondereinrichtungen. Der Entwicklungsfortschritt von Kindern mit leichter oder schwerer Beeinträchtigung war dabei jeweils unabhängig davon, ob sie eine integrative Gruppe oder eine Sondereinrichtung besucht hatten.
>
> Als zusätzlicher Befund ergab sich, dass die schwerer behinderten Kinder in den integrativen Gruppen größere Fortschritte in ihrer sozialen Kompetenz gemacht hatten als die Kinder in Sondereinrichtungen (▶ Abb. 5).
>
>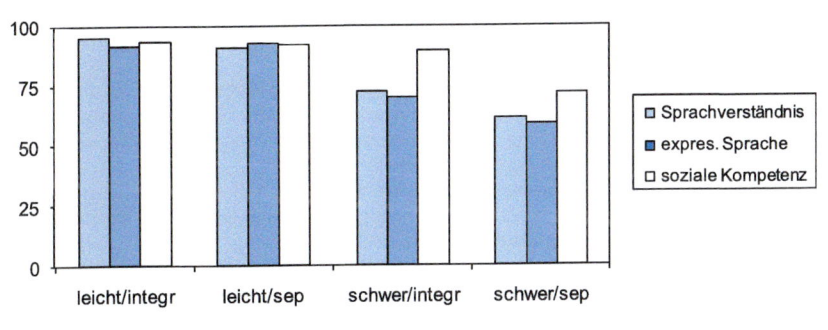
>
> **Abb. 5:** Relative Entwicklungsfortschritte leicht vs. schwer behinderter Kinder in integrativen vs. separierten Gruppen (Daten aus Rafferty et al., 2003)

Auch eine Studie von Hundert, Mahoney, Mundy und Vernon (1998) zeigte, dass Kinder mit sehr schwerer Behinderung in ihren kommunikativen und sozialen Fähigkeiten mehr Fortschritte machten, wenn sie integrative Gruppen besuchten. Der Besuch einer Sondereinrichtung bringt offenbar keinen größeren Gewinn für die allgemeine Entwicklung behinderter Kinder als der Besuch einer integrativen Gruppe; für die soziale Entwicklung schwerer behinderter Kinder ist der Besuch einer integrativen Gruppe sogar von Vorteil.

2.5 Zusammenfassung

Die sozialen Kontakte behinderter Kinder hängen vom Spielangebot, der Gruppenzusammensetzung und dem Verhalten der pädagogischen Fachkräfte ab. Ihr Spielniveau und die Zahl ihrer sozialen Initiativen sind in integrativen Gruppen in der Regel höher als in Gruppen, die nur aus Kindern mit Behinderungen bestehen. Allerdings erreichen behinderte Kinder auch unter diesen Bedingungen nicht das gleiche Niveau sozialer Kompetenzen wie nicht behinderte Kinder und bilden seltener Freundschaften. Ihre Fortschritte in den verschiedenen Entwicklungsbereichen sind aber mindestens ebenso groß wie beim Besuch einer Einrichtung für behinderte Kinder. Auch Kinder mit einer schweren Behinderung profitieren von der Teilhabe an integrativen Gruppen.

2.6 Empfohlene Literatur zur Vertiefung

Guralnick, M. (1999). Family and child influences on the peer-related social competence of young children with developmental delays. *Mental Retardation and Developmental Disabilities Research Reviews*, 5, 21-29.
  Die Arbeit gibt einen kompakten Überblick über die Einflussfaktoren auf die Entwicklung sozialer Kompetenzen bei Kindern mit kommunikativen und kognitiven Beeinträchtigungen und ist daher als Orientierungshilfe für die Entwicklung mehrdimensionaler Interventionen nützlich.
Lohmann, A., Hensen, G. & Wiedebusch, S. (2014). Inklusive Bildung in Kindertageseinrichtungen. In G. Hensen, B. Küstermann, S. Maykus, A. Riecken, H. Schinnenburg & S. Wiedebusch (Hrsg.), *Inklusive Bildung. Organisations- und professionsbezogene Aspekte eines sozialen Programms* (S. 46-100). Weinheim: Beltz Juventa.
  Das Kapitel behandelt inklusive Gruppenprozesse, Fragen des Entwicklungsoutcomes, Einstellungen von Kindern, Eltern und pädagogischen Fachkräften und weitere Aspekte inklusiver Pädagogik auf der Grundlage empirischer Forschung.
Meyer, L. & Ostrosky, M. (2014). Measuring the friendships of young children with disabilities: A review of the literature. *Topics in Early Childhood Special Education*, 34, 186-196.
  Diese Übersichtsarbeit analysiert die Forschungsbefunde zur Entwicklung von Freundschaften behinderter Kinder im Vorschulalter und referiert die wichtigsten Ergebnisse zu den Einflussfaktoren.
Odom, S. (2002). *Widening the circle*. New York: Teachers College Press.
  Der schmale Band gibt einen prägnanten Überblick über die Forschungergebnisse einer multizentrischen Studie zur Evaluation verschiedener Konzepte integrativer Förderung im Kindergarten. Die einzelnen Kapitel decken das ganze Spektrum möglicher Fragestellungen ab und stellen sowohl die Ergebnisse von ausgedehnten Beobachtungen in den Gruppen wie auch die Erfahrungen von pädagogischen Fachkräften und Eltern dar, die aus Interviews gewonnen wurden. Der Band stellt ein gutes Beispiel dar, wie Forschungsergebnisse unmittelbar in Empfehlungen zur Gestaltung pädagogischer Konzepte umgesetzt werden können.
Rafferty, Y., Piscitelli, V. & Boettcher, C. (2003). The impact of inclusion on language development and social competence among preschoolers with disabilities. *Exceptional Children*, 69, 467-479.

In dieser Studie wird die Wirkung von integrativen Konzepten auf die Sprach- und Sozialentwicklung behinderter Kinder analysiert. Sie stellt ein gutes Beispiel dafür dar, wie Studien methodisch überzeugend angelegt werden können, sodass trotz der Individualität der Kinder generalisierbare Schlussfolgerungen zur Wirkung der Teilhabe an integrativen Gruppen möglich werden.

3 Praxis der Förderung sozialer Partizipation und Kompetenz

Von pädagogischen Fachkräften wird erwartet, dass sie die Kontakte der Kinder untereinander im Auge behalten und die Gestaltung des gemeinsamen Alltags so planen, dass keine Ausgrenzungstendenzen geschürt werden. Erzieherinnen brauchen Wissen über die individuelle kindliche Entwicklung, sozial-integratives Wissen und integrationspädagogische Handlungskonzepte. (Kobelt Neuhaus, 2001, S. 43).

3.1 Planung pädagogischer Hilfen zur Förderung der sozialen Beteiligung

Pädagogische Interventionen zur Förderung der sozialen Integration behinderter Kinder lassen sich unterscheiden in Maßnahmen zur individuellen Unterstützung der Beteiligung am Spiel und Gruppengeschehen sowie zur gezielten Förderung der sozialen Kompetenzen eines Kindes (▶ Abb. 6).

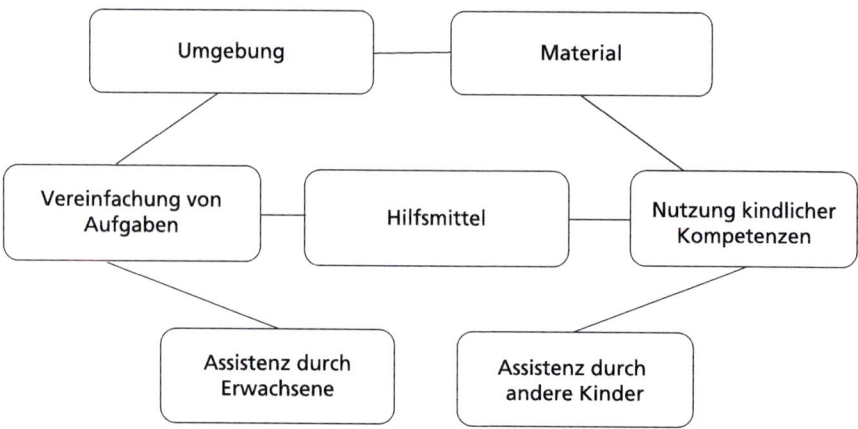

Abb. 6: Ansatzpunkte für pädagogische Maßnahmen zur Unterstützung der sozialen Teilhabe von Kindern mit Behinderungen

Die Übersicht über die Einflussfaktoren, die über das Gelingen der sozialen Integration und Entwicklungsförderung in integrativen Settings entscheiden, hat gezeigt, dass die Aufnahme des Kindes allein noch nicht gewährleistet, dass das Kind an den Aktivitäten in der Gruppe teilhat. Je nach Behinderungsform und individuellem Hilfebedarf des Kindes sind gezielte pädagogische Maßnahmen nötig, damit es sich erfolgreich am Spiel und Gruppengeschehen beteiligen kann. Diese pädagogischen Anpassungen und Hilfen müssen individuell geplant werden. Individualisierung der pädagogischen Förderung bedeutet nicht Einzelförderung des Kindes, sondern Abstimmung des pädagogischen Handelns in der Gruppe auf den Entwicklungsstand und Hilfebedarf jedes Kindes. Auf diese Weise entstehen viele, über den Tag verteilte Lerngelegenheiten für das Kind, in denen es in »natürlichen«, motivierenden Zusammenhängen einzelne Fertigkeiten üben oder neue Kompetenzen erwerben kann. Diese »in das Alltagsgeschehen eingebetteten« Lerngelegenheiten ergänzen die Einzelförderung, die das Kind außerhalb der Gruppe – zu Hause oder in einer Förder- oder Therapiesituation – erhält. Wichtig ist dabei, dass die Mitarbeiter des Kindergartens um den Entwicklungsstand, die individuellen Förderziele des Kindes und seinen Hilfebedarf wissen.

Umgestaltung des Gruppenraums. Pädagogische Entscheidungen können sich auf die Gestaltung des Gruppenraums beziehen. So müssen Hindernisse im Raum entfernt werden, die einem blinden Kind die Mobilität erschweren würden oder Nebenräume genutzt werden, damit ein sehr leicht irritierbares Kind zeitweise in einer Kleingruppe spielen kann. Wenn ein Kind Schwierigkeiten hat, sich auf den Wechsel von einer Gruppenaktivität zur nächsten einzustellen, können Bildkarten an der Wand befestigt werden, die ihm die Tagesstruktur verdeutlichen, sodass es sich besser daran orientieren kann, was aufeinander folgt (»Visualisierungshilfen«).

Zugänglichkeit von Spielsachen. Pädagogische Entscheidungen können auch darin bestehen, Spielsachen so zugänglich zu machen, dass auch ein körperbehindertes Kind im Rollstuhl sie selbstständig aus dem Regal holen kann. Sie können (z. B. mit rutschfester Folie) so stabilisiert werden, dass sich auch ein Kind mit eingeschränkten feinmotorischen Fähigkeiten erfolgreich mit ihnen beschäftigen kann. Spezielle Hilfsmittel können genutzt werden, z. B. eine Gehhilfe für ein Kind mit einer Cerebralparese oder eine elektronische Kommunikationshilfe für ein Kind, das noch nicht oder wenig sprechen kann.

Vorbereitung von Spielabläufen. Individualisierte Hilfe bedeutet auch, nach Aktivitäten zu suchen, die an die Vorlieben des Kindes angepasst sind. Seine Motivation zur Beteiligung kann gefördert werden, indem die Vorlieben des einzelnen Kindes genutzt werden, um es in Kontakt mit den anderen Kindern der Gruppe zu bringen. Komplexe Spiele am Tisch oder in der Kreisrunde können vereinfacht werden, indem sie in mehrere Teilschritte gegliedert werden, damit auch ein Kind mit einschränkten kognitiven Fähigkeiten an ihnen teilnehmen kann. Rollenspiele in der Puppen- oder Bauecke können mit einem Kind vorbereitet werden, indem es eine Anleitung im Sinne eines Drehbuchs oder Skripts für einzelne, wiederkehrende Spielthemen erhält. So weiß es, was von ihm erwartet wird, wenn es sich daran beteiligen möchte.

Das erfordert eine individuelle Planung, die über die Tages- oder Wochenplanung hinausgeht, wie sie in Regelkindergärten üblicherweise geschieht. Das pädagogische Team muss Förderziele für das einzelne Kind auswählen und überlegen, welche Aktivitäten sich im Gruppenalltag für die Förderung eignen. Diese Förderziele sollten als Fähigkeit des Kindes – nicht als isolierte, z. B. auf ein einzelnes Spielzeug bezogene Fertigkeit – formuliert sein, die in unterschiedlichen Situationen und beim Umgang mit unterschiedlichen Dingen im Alltag geübt werden kann. Wenn das Förderziel z. B. »Kombinieren von Einzelteilen« lautet, so kann dies ebenso an Puzzles wie auch mit Legosteinen, in der Bauecke oder beim Schrauben an einer Werkbank geübt werden. Wenn das Förderziel »Wortschatzerweiterung« heißt, kann nicht nur das Betrachten von Bilderbüchern, sondern genauso das Tischdecken, Frühstücken, das Spiel mit Puzzles und Lottokarten oder das Versorgen einer Puppe in der Puppenecke dazu genutzt werden.

Professionelle Responsivität. Professionelle Responsivität[4] als Qualitätsmerkmal integrationspädagogischen Handelns bedeutet, die Aufmerksamkeitsrichtung des Kindes zu beobachten, um zu wissen, bei welcher Aktivität es gern mitmachen möchte, seinen Hilfebedarf einzuschätzen, ihm zu assistieren, mit ihm diejenigen Fertigkeiten einzuüben, bei denen es noch Schwierigkeiten hat, und seine Hilfe dann Schritt für Schritt auszublenden. Fachliche Kompetenz der pädagogischen Fachkraft ist gefordert, um möglichst viele Situationen im Alltag aufzugreifen und zu gestalten, in denen das jeweilige Förderziel verfolgt werden kann. Andere Kinder der Gruppe können in die Förderung einbezogen werden, indem die pädagogische Fachkraft ihnen erklärt, was das behinderte Kind gerade zu lernen versucht und wie sie ihm konkret helfen können. Wenn ihre Unterstützung immer mal wieder ausdrücklich anerkannt wird, übernehmen sie diese Aufgabe gern. Auf diese Weise kann auch einer Tendenz entgegengewirkt werden, das Kind übermäßig zu umsorgen. Die Kinder lernen einzuschätzen, was das behinderte Kind selbstständig tun kann und wo es auf Hilfe angewiesen ist.

> **Planung pädagogischer Hilfen**
>
> Die geplanten pädagogischen Interventionen sollten im Team gemeinsam erarbeitet und schriftlich festgehalten werden. Für die einzelnen Aktivitäten im Tagesablauf – Kreisrunde, Freispielzeit, Mahlzeiten, Kleingruppenspiel etc. – sollten stichwortartig Antworten zu folgenden Fragen notiert werden:
>
> - Welche Anregung soll das Kind bei dieser Aktivität erhalten?
> - Welche Anpassungen müssen vorgenommen werden, um ihm die Beteiligung zu erleichtern?
> - Welche pädagogischen Hilfen benötigt es?
> - Wer übernimmt die Verantwortung für die Umsetzung der Hilfen?
> - Woran können wir erkennen, dass die Unterstützung wirksam ist?

---

4 Zur Professionellen Responsivität sei auf folgenden Band in dieser Lehrbuchreihe verwiesen: Gutknecht, D. (2015). *Bildung in der Kinderkrippe. Wege zur Professionellen Responsivität* (2., überarb. Aufl.). Stuttgart: Kohlhammer.

3.2 Interventionen zur Förderung sozialer Kompetenzen

Die soziale Akzeptanz eines Kindes in der Gruppe hängt davon ab, ob es Interesse am gemeinsamen Spiel zeigt, seine Beiträge zur Verwirklichung von Spielideen »ebenbürtig« und passend sind, es Spielabläufe (z. B. bei Rollenspielen) versteht, soziale Regeln beachtet und nur selten Verhaltensweisen zeigt, die die anderen Kinder bei ihrem Spiel stören oder ihnen bedrohlich erscheinen (Odom et al., 2002). Kinder, denen es an Strategien fehlt, um sich an einem laufenden Spiel zu beteiligen oder die keine eigenen Beiträge beisteuern können (bzw. nur die Rolle eines passiven Partners, z. B. des »Babys«, übernehmen können) werden als mögliche Spielpartner kaum beachtet; Kinder, deren Verhalten unverständlich, schwer vorhersehbar oder für das Spielgeschehen destruktiv ist, werden eher abgelehnt und ausgegrenzt. Wolfberg (2008) spricht in diesem Zusammenhang von »peer culture«. Auf welche Weise lassen sich für behinderte Kinder der Einstieg in eine gemeinsame Spielsituation bahnen und Spielkompetenz vermitteln, um diese Situation möglichst lange andauern zu lassen?

Pädagogische Interventionen hierarchisch gliedern

Neben Strategien, um Kontakt aufzunehmen und ein gemeinsames Spiel zu beginnen, sind Kompetenzen der Selbstregulation und des Verständnisses von Abläufen und Regeln erforderlich, um positive Beziehungen zu anderen Kindern der Gruppe entstehen zu lassen. Es ist daher wichtig, dass behinderte Kinder ein gewisses Maß an Selbstkontrolle über impulsive Reaktionen in frustrierenden oder konflikthaften Momenten lernen, emotionale Reaktionen und soziale Absichten der anderen Kinder erkennen, soziale Regeln beachten und Lösungen für Konflikte finden. Für die Förderung dieser sozialen Kompetenzen schlagen Brown, Odom und Conroy (2001) ein Konzept mit hierarchisch aufeinander aufgebauten pädagogischen Interventionen vor (▶ Abb. 7). Sie empfehlen, mit Interventionen im alltäglichen Gruppengeschehen zu beginnen, aber auf direktere Formen der Anleitung zurückzugreifen, wenn sich die Häufigkeit sozialer Kontakte und die sozialen Kompetenzen der behinderten Kinder dadurch nicht erkennbar verändern.

Förderung der positiven Haltung der nicht behinderten Kinder

Eine offene Haltung nicht behinderter Kinder gegenüber »anderen« Kindern, d. h. Kindern mit anderer Hautfarbe, anderer Sprache oder eben einer Behinderung, kann durch Geschichten oder Bücher gefördert werden, die Kinder mit Behinderungen vorstellen und ihre Fähigkeiten im Alltag beschreiben. Auch Erwachsene mit speziellen Behinderungen können in die Gruppe eingeladen werden, die über ihren Alltag berichten. Selbsterfahrungen, was es bedeutet, schlecht hören oder nicht sehen zu können, können simuliert werden, indem sich die Kinder mit verbundenen

3 Praxis der Förderung sozialer Partizipation und Kompetenz

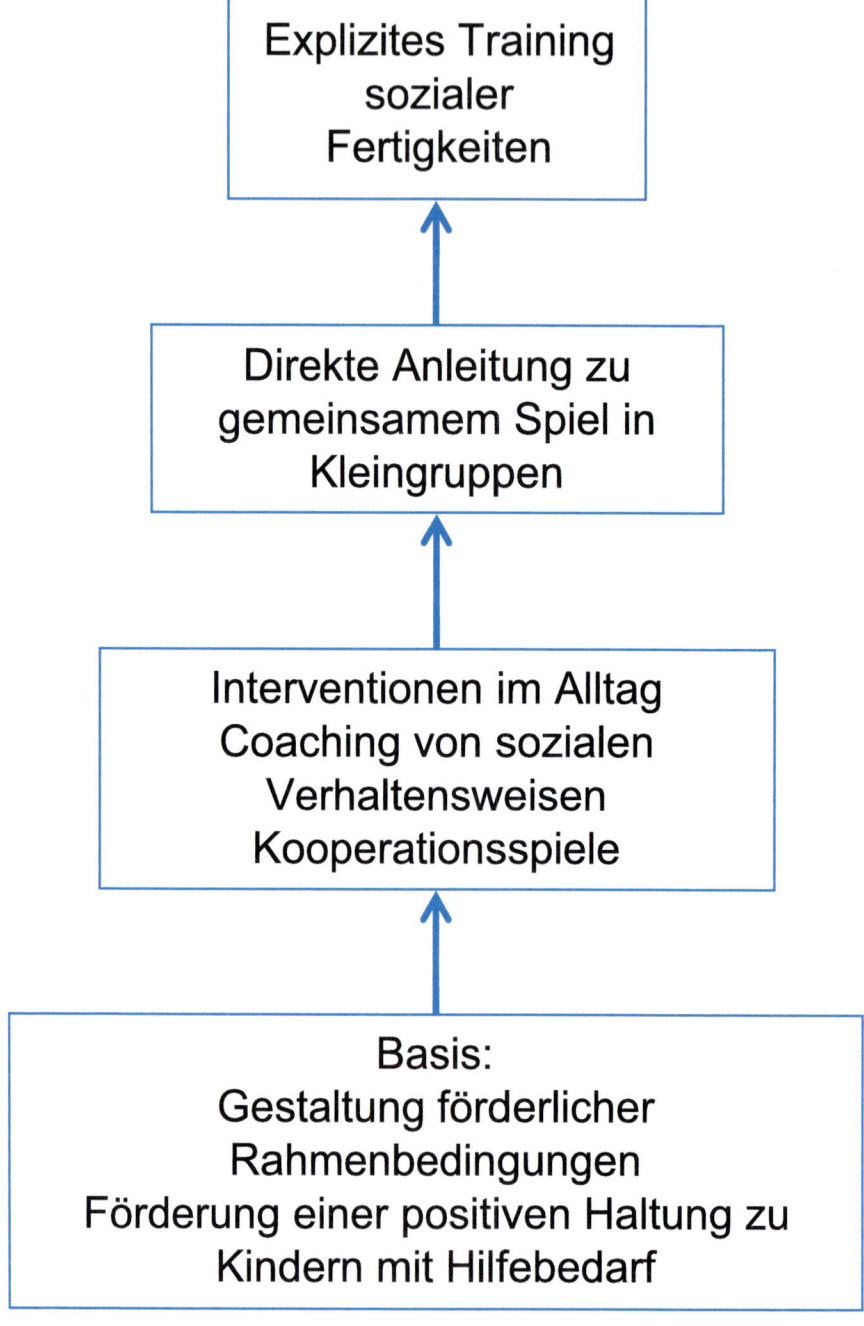

Abb. 7: Hierarchie von Strategien zur Förderung sozialer Beziehungen und Kompetenzen (Daten aus Brown et al., 2001)

Augen im Kindergarten orientieren oder mit Kopfhörern einer Geschichte folgen sollen (Favazza & Odom, 1997). Eine Kontrollgruppenstudie in sechs inklusiven Kindertageseinrichtungen zeigt allerdings, dass die Thematisierung von besonderen Bedürfnissen von Kindern mit Behinderungen – z. B. auf der Grundlage von ausgewählten Bilderbüchern – allein noch keine positive Auswirkung auf die Bildung von Freundschaften zwischen Kindern mit und ohne Behinderung hat (Meyer & Ostrosky, 2016).

Individuelles Coaching sozialer Fertigkeiten

Eine positive Grundhaltung ist offenbar nicht ausreichend, um die sozialen Kontakte tatsächlich zu stimulieren. »Coaching« von sozialen Verhaltensweisen erfordert von der pädagogischen Fachkraft, Alltagssituationen wahrzunehmen oder zu schaffen, in denen eine bestimmte soziale Kompetenz (Kontaktaufnahme, emotionale Selbstregulation, Kontrolle über impulsive Reaktionen, das Verstehen sozialer Zusammenhänge oder Entwicklung von Konfliktlösungen) gefragt ist und diese Gelegenheiten zu nutzen, um das einzelne Kind anzuleiten, wie es sich in dieser Situation verhalten könnte. Die dabei geübten Fähigkeiten und Fertigkeiten werden unmittelbar durch den Spaß am gemeinsamen Spiel und die positive Reaktion der anderen Kinder verstärkt. Die Erzieherin/der Erzieher kann dem Kind zeigen, wie es seinen Wunsch mitzumachen ausdrücken kann oder das Verhalten anderer Kinder kommentieren, sodass es ihre Reaktionen oder Absichten versteht. Mit Hilfe kognitiv-verhaltenstherapeutischer Techniken kann sie/er mit ihm Rituale zur Selbstkontrolle (z. B. die »Schildkrötentechnik«, bei der das Kind lernt, sich zunächst »in sein Haus« zurückzuziehen und nachzudenken, bevor es reagiert) einüben, um seine Reaktionen auf Misserfolge oder seinen Ärger zu kontrollieren. Sie kann mit ihm zusammen überlegen, welche Handlungsstrategien zur Lösung eines Konflikts geeignet sein könnten, und sie danach bewerten, ob sie fair und ungefährlich sind und wie sich alle Beteiligten dabei fühlen würden.

Soziale Anleitung in Kleingruppen

Eine stärker gelenkte Form der Förderung der sozialen Kompetenzen entsteht, wenn die pädagogische Fachkraft hin und wieder Kleingruppen bildet, in die sie neben dem behinderten Kind zwei oder drei nicht behinderte Kinder mit guten sozialen Kompetenzen einbezieht, und ein Rollenspiel (Verkleiden, Kochen, Geburtstagsparty, Besuch beim Doktor) oder andere gemeinsame Aktivitäten (Malen, Bauen in der Bauecke, Spiel mit dem Bauernhof oder mit Dinosauriern) organisiert. Dazu plant sie eine Spielsequenz von 5-15 Minuten Dauer, schlägt das Thema vor, stellt passende Materialien bereit, ordnet die Rollen zu und gibt Hinweise, wie die Kinder miteinander spielen können. Sie beteiligt sich aber nicht selbst am Spiel, sondern zieht sich behutsam zurück. Die Kinder entscheiden selbst, ob sie danach weiter miteinander spielen möchten. Aufgrund der Strukturierung des Ablaufs durch den Erwachsenen durch solche »sozialen Skripts« (Drehbücher) hat das behinderte Kind die Möglichkeit, zum gemeinsamen Spiel beizutragen, und kann gleichzeitig am

Modell der anderen Kinder der Kleingruppe lernen. Wenn es sich zunächst wenig beteiligt, kann die pädagogische Fachkraft ihm Unterstützung geben, indem sie die Spielidee variiert, das Spiel der anderen Kinder kommentiert oder es explizit zu einzelnen Handlungen auffordert.

Das Training sozialer Kompetenzen kann sich entweder allein auf die Kinder in der Gruppe richten, die behindert sind, auf die nicht behinderten Kinder (um ihre Fähigkeiten zu fördern, auf jene zuzugehen und mit ihren Reaktionen umzugehen), oder beide. Dabei wählt die pädagogische Fachkraft jeweils eine spezifische soziale Kompetenz aus, die geübt werden soll (z. B. Teilen, Vorschläge aushandeln und ein Spiel organisieren, Helfen, Konflikte lösen), demonstriert, was gemeint ist, und lässt die Kinder dann in der Gruppe die besprochene Fähigkeit und Fertigkeit üben. Sie erinnert die Kinder daran, welches Verhalten von ihnen erwartet wird und beschränkt sich mit der Zeit darauf, sie zu bestärken, wenn sie von allein an die jeweils gemeinte Verhaltensweise gedacht haben.

Eine positive Wirkung solcher pädagogischen Interventionen auf die Entwicklung sozialer Kompetenzen und den sozialen Status retardierter Kinder ist vielfach belegt (Frea, Craik-Unkefer, Odom & Johnson, 1999; Odom, McConnell, McEvoy & Peterson, 1999). Beilinson und Olswang (2003) konnten auf diese Weise z. B. die Fähigkeiten und Fertigkeiten von Kindern mit allgemeinen Entwicklungsstörungen und Autismus-Spektrum-Störungen fördern, sich an einem laufenden Spiel anderer Kinder zu beteiligen. Sie lernten durch Modellierung, sprachliche Anleitung und Bildkarten als Erinnerungshilfe, wie sie auf eine Gruppe zugehen, das Spiel beobachten, sich selbst ein Spielzeug nehmen, die anderen Kinder nachahmen und schließlich einen Spielvorschlag machen konnten. Goldstein, Wikstrom, Hoyson, Jamieson und Odom (1988) steigerten durch ein solches »Script-Training« die sozialen und kommunikativen Interaktionen bei Kindern mit Spracherwerbsstörungen, Down-Syndrom und Hörschädigungen untereinander und mit nicht behinderten Kindern. Gronna, Serna, Kennedy und Prater (1999) übten mit blinden Kindern auf diese Weise, wie sie andere Kinder in der Gruppe begrüßen und mit ihnen ein Gespräch beginnen können. Craig-Unkefer und Kaiser (2002) sowie Stanton-Chapman und Brown (2015) leiteten dreijährige Kinder mit Spracherwerbsproblemen an, sich an Rollenspielen zu beteiligen.

> **Soziale Fähigkeiten als Förderziele**
>
> Spiel organisieren: ein Kind auf sich aufmerksam machen, ihm ein Spielzeug anbieten, ihm einen Spielvorschlag machen
> Teilen: von sich aus ein eigenes Spielzeug anbieten, auf die Bitte eines anderen Kindes um einen Spielzeugtausch eingehen
> Helfen: wahrnehmen, wenn ein anderes Kind Hilfe braucht; ihm zeigen, wie es etwas machen kann; es trösten, wenn es unglücklich ist
> Abwechseln: darum bitten, abwechselnd mit einem Spielzeug spielen zu dürfen; Spiele initiieren, bei denen es hin und her geht
> Sich entschuldigen: wissen, wann eine Entschuldigung angebracht ist; Bedauern und fehlende Absicht ausdrücken

3.2 Interventionen zur Förderung sozialer Kompetenzen

> **Studie: Rollenspieltraining für Kinder mit Spracherwerbsproblemen (Craig-Unkefer & Kaiser, 2002)**
>
> Ein Rollenspieltraining umfasst drei Komponenten und findet drei- bis viermal wöchentlich für je 20 Minuten statt. Zunächst entwickelt die pädagogische Fachkraft zusammen mit den Kindern eine Art Drehbuch für das Rollenspielthema, das für den jeweiligen Tag ausgewählt ist. Sie überlegt mit den Kindern gemeinsam, welche Gegenstände benötigt werden, welche Rollen vorgesehen sind. Zum Beispiel: »Tom, du könntest derjenige sein, der einkaufen kommt, Lena, du könntest an der Kasse stehen.« Sie übt mit ihnen, was die Spielpartner/-innen in ihrer jeweiligen Rolle sagen könnten (z. B. Sag der Verkäuferin: »Ich möchte drei Bananen«). Es schließt sich eine zehnminütige Spielphase an, während der die pädagogische Fachkraft »am Rand« präsent bleibt, aber sich nicht aktiv beteiligt, sondern das Spielgeschehen kommentiert, um die Aufmerksamkeit der Kinder bei der Sache zu halten, oder konkrete Vorschläge macht, wenn ein mitspielendes Kind nicht weiterweiß bzw. dann mögliche Aktionen vorspielt. In den letzten fünf Minuten der Spielsitzung setzt sie sich wieder näher zu den Kindern und bespricht mit ihnen rückblickend, was sie gespielt haben (z. B. »Was hast du zu Lena gesagt, als du ins Geschäft gekommen bist?«).

Anleitung der nicht behinderten Kinder

Wenn sich ein solches Training auf die nicht behinderten Kinder bezieht und ihre Kontaktaufnahme zu behinderten Kindern unterstützten soll, spricht man von »peer-mediated teaching« (Odom et al., 1992). Es wurde z. B. unter dem Motto »Stay, play, and talk with your buddy« von der Arbeitsgruppe um Goldstein entwickelt und evaluiert. Ausgewählt wurden jeweils Verhaltensweisen, die mit einer relativ hohen Wahrscheinlichkeit zu einer reziproken, balancierten Interaktion führten und die behinderten Kinder nicht in eine unterlegene Rolle brachten. Die behinderten Kinder wurden danach häufiger und beharrlicher angesprochen, entwickelten mehr soziale Initiative und stiegen in der Beliebtheit innerhalb der Gruppe (English, Goldstein, Shafer & Kaczmarek, 1997; Goldstein, English, Shafer & Kaczmarek, 1997).

Odom et al. (1999) verglichen die Wirksamkeit verschiedener Ansätze zur Förderung miteinander. Sie bildeten fünf Gruppen aus insgesamt 98 retardierten Kindern (mittleres Lebensalter 58.5 Monate; mittleres Entwicklungsalter 32.2 Monate). Für die erste Gruppe wurde die Umgebung so gestaltet, dass sie viele Gelegenheiten zu sozialen Kontakten bot. Die zweite Gruppe erhielt spezifische Anleitung in ausgewählten Bereichen der sozialen Kompetenz. Bei der dritten Gruppe bestand die Intervention in einer Anleitung der nicht behinderten Partnerkinder. In der vierten Gruppe wurden die Interventionen kombiniert, eine fünfte stellte eine Kontrollgruppe dar. Die soziale Kompetenz der Kinder wurde in Ratingskalen von den pädagogischen Fachkräften eingeschätzt, soziometrische Erhebungen wurden durchgeführt und die Häufigkeit und Dauer sozialer Interaktionen mit anderen Kindern direkt beobachtet. Eine Follow-up-Untersuchung erfolgte zu Beginn des nächstfolgenden Kindergartenjahres. Die Anleitung der nicht behinderten Kinder hatte die stärksten und nachhaltigsten Effekte auf die Häufigkeit der sozialen Interaktionen in der Gruppe (▶ Abb. 8). Der soziale Status der behinderten Kinder, d. h. ihre soziale Akzeptanz in soziometrischen Befragungen, wurde am stärksten durch die spezifische Anleitung in Kleingruppen beeinflusst.

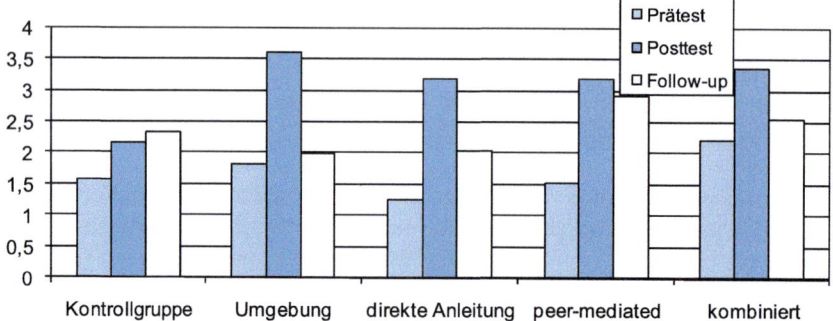

Abb. 8: Häufigkeit sozialer Interaktionen bei 98 retardierten Kindern bei vier unterschiedlichen Interventionsformen (Daten aus Odom et al., 1999)

> **»Training Buddy Skills to Preschoolers« (English et al., 1997)**
>
> Das Trainingsprogramm beginnt mit einer gemeinsamen Betrachtung von Videoaufnahmen, bei der die nicht behinderten Kinder dafür sensibilisiert werden sollen, wie viele unterschiedliche Formen es gibt, Wünsche mitzuteilen. Anschließend wird gemeinsam besprochen, wie man reagieren kann, wenn das Verhalten eines Spielpartners unklar ist. An beispielhaften Rollenspielszenen wird dann die Kontaktaufnahme zu einem behinderten Kind der Gruppe nach dem Motto eingeübt »Stay with your friend – play with your friend – talk with your friend«. Im Gruppenalltag werden ihnen dann einzelne behinderte Kinder als Partnerkind zugewiesen, bei denen sie das besprochene Vorgehen in ausgewählten Alltagssituationen einüben sollen. Von der Gruppenleiterin/vom Gruppenleiter erhalten sie Hilfen zur Erinnerung und positives Feedback. Der Effekt dieser Anleitung wird durch die Erfassung sozialer Kontakte zwischen behinderten und nicht behinderten Kindern dokumentiert. Spezifische Hindernisse für die Kontaktaufnahme können geklärt werden, bevor dann die pädagogischen Hilfen allmählich ausgeblendet werden.

3.3 Vorbereitung der Aufnahme eines neuen Kindes

Eine enge Zusammenarbeit mit den Eltern ist eine Voraussetzung für das Gelingen der sozialen Integration eines behinderten Kindes. Die Eltern kennen ihr Kind am besten und sind deshalb die wichtigsten Gesprächspartner der pädagogischen Fachkraft, um Informationen über die Behinderung des Kindes, seinen Hilfebedarf und seine individuellen Besonderheiten zu erhalten. Gleichzeitig haben sie Erwartungen und Ängste bei der Anmeldung ihres Kindes in einer KiTa. Je klarer diese Erwartungen und Sorgen besprochen werden, umso eher gelingt es, eine realistische Planung für die Zukunft des Kindes in der Einrichtung zu formulieren und ein Fundament für eine konfliktfreie Zusammenarbeit zwischen Eltern und pädagogischer Fachkraft zu legen.

3.3.1 Welche Fragen und Erwartungen haben die Eltern?

Erwartungen der Eltern kennen

Wenn Eltern sich auf die Suche nach einer Kindertageseinrichtung für ihr Kind begeben, stehen sie vor schwierigen Entscheidungen. Sie müssen sich darauf vorbereiten, ihr Kind über beträchtliche Zeit des Tages jemandem anzuvertrauen, den sie noch nicht kennen und hoffen, dass er über die fachliche und persönliche Kompetenz verfügt, um den emotionalen Bedürfnissen und dem Hilfebedarf ihres Kindes gerecht zu werden. Sie wünschen sich einerseits die bestmögliche Förderung für ihr Kind, andererseits eine möglichst große Normalität in seinem (und ihrem) Leben. Sie wägen – sofern in ihrer Region Alternativen angeboten werden – die Vor- und Nachteile von homogenen Gruppen in einem heil- oder sonderpädagogischen Kindergarten, in dem ihr Kind gemeinsam mit anderen behinderten Kindern in kleineren Gruppen von Fachkräften mit einer entsprechenden Ausbildung gefördert wird, gegenüber (größeren) integrativen Gruppen gegeneinander ab. Sie können sich dabei auf die Beratung durch die Fachkraft der Frühförderung stützen, stellen aber womöglich fest, dass verschiedene Fachleute – z. B. die Kinderärztin oder der Psychologe im Sozialpädiatrischen Zentrum und die Frühpädagogin – jeweils eine andere Empfehlung geben. Und nicht zuletzt treffen sie bei der Klärung der Möglichkeiten einer integrativen Förderung je nach Bundesland auf unterschiedlich hohe bürokratische Hürden bei der Frage der Finanzierung und der Anmeldung des Kindes. Es ist wichtig, dass die Mitarbeiter der Einrichtung, in der das Kind angemeldet werden soll, sich beim Erstgespräch mit den Eltern diese Hintergründe bewusst machen. Die Übersicht auf der folgenden Seite soll eine Orientierungshilfe für diese Gespräche bieten. Die Fragen müssen jedoch an die individuellen Probleme des Kindes angepasst werden (▶ Kap. 4).

> **Fragen von Eltern an die Mitarbeiter einer Kindertageseinrichtung**
>
> - Wenn das Kind auf einen Rollstuhl angewiesen ist: Sind die Räume groß genug und barrierefrei zugänglich, sodass mein Kind an allen Aktivitäten in der Gruppe teilnehmen und sich im Raum fortbewegen kann? Können die räumlichen Gegebenheiten so angepasst werden, dass das möglich wird?
> - Wenn das Kind noch Windeln benötigt: Sehen die Mitarbeiter ein Problem darin, das Kind zu wickeln, und sind die räumlichen Gegebenheiten so, dass das möglich ist?
> - Wie ist die personelle Besetzung der Gruppe? Besteht die Bereitschaft, sich ggf. gemeinsam mit den Eltern um eine zusätzliche Assistenzkraft als Integrationshilfe zu bemühen, wenn das Kind einen umfangreichen Hilfebedarf hat?
> - Sind die Mitarbeiter bereit, sich damit auseinanderzusetzen, welche äußeren Bedingungen das Kind braucht, um durch das Geschehen in der Gruppe nicht überfordert zu werden (z. B. Reduzierung des Geräuschpegels oder der visuellen Ablenkungsreize an den Wänden, Nutzung von Nebenräumen für Kleingruppenaktivitäten)?
> - Sind die Mitarbeiter bereit, sich auf die individuelle Belastbarkeit des Kindes einzustellen und ggf. einer zunächst reduzierten Betreuungszeit (z. B. an drei Tagen in der Woche oder nur für einige Stunden am Vormittag) zuzustimmen?
> - Haben die Mitarbeiter Vorerfahrungen mit der Aufnahme behinderter Kinder? Waren sie positiv oder sind daraus Vorbehalte gegen eine erneute Aufnahme entstanden?
> - Sind die Mitarbeiter offen für eine Zusammenarbeit mit Fachkräften aus Frühförderung und Therapie, die das Kind außerhalb des Kindergartens betreuen oder betreut haben?
> - Wenn das Kind einen besonderen Pflegebedarf hat: Sind die Mitarbeiter bereit, sich im sachgerechten Umgang mit einer Magensonde oder Trachealkanüle anleiten zu lassen, bzw. die Medikamentengabe zu übernehmen? Wenn sie sich durch diese Aufgaben überfordert fühlen, sind sie offen für die Möglichkeit, dass eine Pflegefachkraft das Kind in den Kindergarten begleitet?

Familien unterscheiden sich in der Einschätzung, was ihnen für ihr Kind wichtig ist. Für einige Eltern ist es vorrangig, dass ihr Kind ein möglichst hohes Maß an Förderung (im Sinne direkter Anleitung durch eine Fachkraft) erhält, um seine Spielkompetenzen, seine sprachlichen Kompetenzen oder seine lebenspraktischen Fertigkeiten (Essen, An- und Ausziehen, Toilettengang u. ä.) zu erweitern. Ihnen liegt auch sehr daran, dass neben dem Kindergartenbesuch individuelle Therapien (z. B. Physiotherapie oder Ergotherapie) in gleicher Intensität fortgeführt werden wie vor der Aufnahme. Sie wünschen sich flexible zeitliche Absprachen mit den Mitarbeitern, um diese Termine weiter wahrnehmen zu können. Andere Eltern sehen die Teilhabe ihres Kindes am Gruppengeschehen, die damit verbundenen Lerngelegenheiten im Alltag und die Förderung seiner sozialen Kontakte und Beziehungen mit anderen Kindern als das wichtigste an.

Die Erwartungen der Eltern an eine Einzelförderung ihres Kindes sollten offen angesprochen werden, um zu prüfen, was mit dem Konzept des Kindergartens und den personellen Möglichkeiten vereinbar ist. Es ist wichtig, dass die Mitarbeiter im Kindergarten um die Ziele der Förderung des Kindes wissen. Sie bieten dem Kind spezifische Möglichkeiten, soziale Kompetenzen zu erwerben, und unterstützen Lernfortschritte in den kognitiven, kommunikativen und lebenspraktischen Fähigkeiten und Fertigkeiten. Es ist jedoch nicht ihre Aufgabe, individuelle Therapien – z. B. durch eine Physio- oder Sprachtherapeutin – zu ersetzen, wenn diese indiziert sind.

3.3.2 Welche Informationen brauchen die pädagogischen Fachkräfte über das Kind?

Vorinformationen über den Hilfebedarf des Kindes

Um die pädagogische Unterstützung des Kindes bei der Integration gezielt unterstützen zu können, müssen die pädagogischen Fachkräfte über die Diagnose des Kindes aufgeklärt sein. Ausführliche medizinische Berichte sind dabei in der Regel weniger hilfreich als Basisinformationen über die jeweilige Form der Behinderung. Wenn sie diese Informationen nicht direkt von den Eltern erhalten, können sie oft durch eine kurze Internet-Recherche gefunden werden. Für viele Behinderungen haben sich auch Eltern-Selbsthilfegruppen gebildet, die Broschüren zur Verfügung stellen, in denen wichtige Informationen über die Diagnose zusammengestellt sind.

Für die praktische Arbeit unerlässlich ist es, ein möglichst genaues Bild über den Hilfebedarf des Kindes im Alltag, seine Vorlieben und Verhaltensbesonderheiten zu erhalten sowie die Strategien, die sich im Umgang mit kritischen Situationen bewährt haben. Diese Informationen lassen sich sowohl von den Eltern wie auch von den Fachkräften erfragen, die bisher mit dem Kind gearbeitet haben. Die Eltern sollten also um die Adressen und Telefonnummern dieser Fachkräfte gebeten werden und zustimmen, dass die Mitarbeiter der Einrichtung mit ihnen Kontakt aufnehmen.

> **Fragen der pädagogischen Fachkräfte an die Eltern**
>
> - Welche Vorlieben hat Ihr Kind – was macht ihm besondere Freude?
> - Auf welche Anforderungen reagiert es – Ihrer Erfahrung nach – empfindlich und rasch überfordert?
> - In welchen Alltagsbereichen braucht es Hilfe (z. B. Essen, Toilettengang, Fortbewegung, Kommunikation)? Wie teilt es seine Bedürfnisse mit?
> - Erhält Ihr Kind Frühförderung und/oder Einzeltherapien? Gibt es eine individuelle Ziel- und Förderplanung?
> - Welche Anpassungen im Kindergartenalltag halten Sie – soweit Sie es einschätzen können – für notwendig, damit Ihr Kind sich gut am Geschehen beteiligen kann?

- Welche kritischen Verhaltensweisen kennen Sie von Ihrem Kind im Alltag? Gibt es spezielle Vorgehensweisen, die Sie uns im Umgang damit empfehlen können?
- Brauchen wir spezielle Kenntnisse oder Anleitungen im Pflegebereich, um den Bedürfnissen Ihres Kindes gerecht zu werden (z. B. Umgang mit Hilfsmitteln, Lagerung des Kindes, Versorgung mit einer Nahrungssonde)?

Am besten ist es, bereits vor Aufnahme des Kindes ein gemeinsames Gespräch mit den Eltern und einer Fachkraft zu führen, die das Kind bereits längere Zeit kennt. Viele Frühförderstellen bieten dies als Unterstützung für den Übergang in den Kindergarten von sich aus an. Berichte über die Ergebnisse der letzten entwicklungsdiagnostischen Untersuchung, die durchgeführt worden ist, sind nützlich, um eine Orientierungshilfe zum Entwicklungsalter des Kindes im Bereich der Motorik, Kognition, Sprache und Selbstständigkeit zu erhalten. Sie geben Aufschluss über sein Entwicklungsprofil, d. h. seine Stärken und Schwächen. Konkrete Hinweise zu Förderzielen und zu Strategien, wie sie erreicht werden können, finden sich in individuellen Förderplänen. Frühpädagogische und therapeutische Fachkräfte erstellen diese Förderpläne in recht unterschiedlicher Differenziertheit und Qualität. Wenn das Kind parallel zum Kindergarten weiter von einer Frühförderstelle betreut wird oder individuelle Therapien erhält, sollte dieses Gespräch in regelmäßigen Abständen fortgeführt werden, um die Förderziele aufeinander abzustimmen und die verschiedenen Hilfen zu koordinieren.

Obligatorische Vorgespräche bei Kindern mit einer Sinnesbehinderung

Obligatorisch ist ein solches Gespräch mit der sonderpädagogischen Fachkraft, bevor ein Kind mit einer schweren Hör- oder Sehschädigung aufgenommen wird. Bei Kindern mit einer Hörschädigung müssen die Mitarbeiter informiert sein darüber, über welches Resthörvermögen das Kind verfügt, wie die Funktionsfähigkeit von Hörgeräten überprüft werden kann, ob das Kind zusätzlich zur lautsprachlichen Verständigung an Gebärden gewöhnt ist und welche Hilfen im Alltag erforderlich sind, um ihm das Verstehen von Sprache zu erleichtern (▶ Kap. 4.2). Bei einem Kind mit einer Sehschädigung müssen sie wissen, wie sein funktionales Sehvermögen ist (das sich nicht immer aus den augenärztlichen Untersuchungsbefunden ablesen lässt, sondern einer speziellen Beobachtung des Kindes durch den Blinden- und Sehbehindertenpädagogen bedarf), ob es Hindernisse im Raum oder Gegenstände in herkömmlichen Bilderbüchern erkennen kann und welche Anpassungen vorgenommen werden sollen, um ihm die Orientierung zu erleichtern (▶ Kap. 4.1).

3.3.3 Information der anderen Kinder und Eltern der Gruppe

Ein Gruppenklima, in dem die Kinder mit dem Thema »Vielfalt« vertraut sind, ist eine günstige Voraussetzung für das Gelingen einer Integration. Es macht Gespräche über Behinderungen leichter, wenn den Kindern bewusst ist, dass es vielfältige Unterschiede zwischen Menschen gibt – der Hautfarbe, der Herkunft und der Sprache. Wenn das neue Kind in der Gruppe vorgestellt und begrüßt wird, lässt sich daran anknüpfen. Es ist in erster Linie ein neues Kind, in diesem Fall nun eines, das nicht sehen kann, ein Hörgerät trägt, auf einen Rollstuhl angewiesen ist oder sich nur am Boden fortbewegen kann, das noch nicht oder nur schlecht sprechen kann, das manchmal nicht so gut versteht, was man ihm sagt, anders reagiert, als man es gewohnt ist, oder sehr stürmisch ist, ohne viel nachzudenken.

Grundinformationen für die anderen Kinder und Eltern der Gruppe

Die anderen Kinder brauchen eine fachliche, aber für sie verständliche Information über das jeweilige Handicap, um seine Reaktionen nicht falsch zu verstehen und seinen Hilfebedarf richtig einzuschätzen. Hin und wieder ist es wichtig, Regeln zu formulieren, wann sie ihm helfen und was sie es selbstständig machen lassen sollen, um es nicht »wie ein Baby« zu behandeln. Wichtig ist, dass das Gruppenklima so ist, dass sie sich trauen, offen Fragen zur Behinderung des neuen Kindes zu stellen. Eine sachgerechte, ihrem Verständnis angepasste Erklärung – z. B. warum das Kind einen Rollstuhl braucht oder ein Hörgerät benutzt – hilft, anfängliche Unsicherheiten abzubauen. Die meisten Kinder in diesem Alter akzeptieren »Anderssein« sehr schnell und finden meist allein heraus, welche Art von Spiel miteinander möglich ist, wenn sie mit dem Thema »Vielfalt« vertraut sind.

Die Eltern der anderen Kinder in der Gruppe erfahren aus den Erzählungen zu Hause, dass ein neues Kind aufgenommen ist. Auch sie sollten beim nächsten Elternabend eine kurze Information zur Behinderung und zum Hilfebedarf des neuen Kindes erhalten, um diese Erzählungen richtig einschätzen und auf Fragen ihrer Kinder antworten zu können. Dabei ist es wichtig darauf zu achten, immer über das Kind persönlich zu sprechen. Eine Formulierung wie »Ein Kind mit Down-Syndrom ...« oder »Ein Kind, das autistische Verhaltensweisen zeigt ...« stellt in den Mittelpunkt, dass es sich um ein Kind handelt, das – neben vielen anderen individuellen Eigenschaften – auch die Eigenschaft »Down-Syndrom« hat, während Verallgemeinerungen wie Aussagen über »Down-Kinder« ihrer Individualität nicht gerecht werden.

Am besten ist es, wenn die Eltern des behinderten Kindes über ihr Kind selbst berichten und Fragen der anderen Gruppeneltern beantworten. Das ist nicht allen Eltern gleichermaßen gut möglich; oft wünschen sich Eltern, die noch sehr große Schwierigkeiten mit der Anerkennung der Diagnose haben oder Eltern mit Migrationshintergrund, die sich nur eingeschränkt in deutscher Sprache verständigen können, dass die die pädagogische Fachkraft dies übernimmt. Ein offenes und entspanntes Gesprächsklima trägt dazu bei, dass aus einem solchen Elternabend einzelne persönliche Kontakte entstehen, die dann auch Chancen für Begegnungen außerhalb des Kindergartens bieten.

3.4 Spezifische Aspekte bei der Integration im Krippenalter

Chance zur Kompensation zusätzlicher sozialer Entwicklungsrisiken

Die Forderung nach einem Ausbau von Krippenplätzen ist nicht nur durch den Anspruch auf frühe Bildung für die Kinder und Vereinbarkeit von Familie und Beruf für die Eltern begründet. Die Aufnahme in eine Krippe kann zudem zusätzliche Entwicklungsgefährdungen kompensieren helfen, die für Kinder bestehen, die in Familien mit multiplen Belastungen aufwachsen. Aus vielen Studien (zu einem Überblick s. Sarimski, 2017) ist bekannt, dass Kinder, die in Armutslagen unter sehr ungünstigen sozialen Lebensumständen aufwachsen, ein höheres Risiko für die Ausbildung von kognitiven und sozial-emotionalen Entwicklungsstörungen haben (▶ Abb. 9). Dazu gehören z. B. Kinder, deren Mütter psychisch erkrankt sind, alkohol- oder drogenabhängig sind oder aufgrund ihres jugendlichen Alters mit der Betreuung des Kindes überfordert sind. Kinder mit biologischen Risiken – z. B. aufgrund einer Behinderung oder einer sehr unreifen Geburt – sind besonders vulnerabel, sodass die negativen Auswirkungen auf ihre Entwicklung in diesen Fällen kumulieren. Selbstverständlich lassen sich die Entwicklungsprobleme dieser Kinder nicht allein durch eine frühe Krippenaufnahme lösen, sondern müssen mit familienorientierten Hilfen kombiniert werden. Gerade behinderten Kindern dürfen die kompensatorischen Chancen, die eine Krippenversorgung bietet, nicht vorenthalten werden. Kinder, die unter diesen kritischen Lebensumständen aufwachsen, brauchen ein Hilfekonzept, bei dem eine familien- und beziehungsorientierte Frühförderung mit einer frühen außerfamiliären Betreuung in qualitativ hochwertigen Krippen kombiniert wird (Sarimski, 2017).

Vorbehalte gegen eine frühe Krippenaufnahme behinderter Kinder

Eltern, Pädagoginnen/Pädagogen, Ärztinnen/Ärzte und Therapeutinnen/Therapeuten stehen einer frühen Aufnahme behinderter Kinder in eine Krippe nicht selten mit Skepsis gegenüber aus Sorge, dass es nicht möglich sein könnte, den spezifischen Bedürfnissen des Kindes in der Gruppe gerecht zu werden. Diese Sorgen müssen sehr ernst genommen werden. Die Eltern haben vor allem die Sorge, dass die die pädagogische Fachkraft in der Krippe nicht die nötige fachliche Qualifikation für eine gute Betreuung und Förderung des Kindes hat. In dieser Sorge werden sie von Ärzten, Therapeuten (Krankengymnasten, Ergotherapeuten, Sprachtherapeuten) und Frühpädagogen bestärkt, die den jeweils gewählten Therapie- und Förderkonzepten zumindest im frühen Kindesalter eine hohe Priorität einräumen und die Erwartung vermitteln, dass die Ausprägung der Behinderung durch Einzeltherapie und Frühförderung nur dann vermindert werden kann, wenn sie früh und intensiv durchgeführt wird. Es ist hier nicht der Ort, um die offenen Fragen zu Nachweisen der Wirksamkeit der verschiedenen Therapiekonzepte auf die Entwicklung behinderter Kinder zu diskutieren. Es dürfte aber unbestritten sein, dass ein großer Teil der

3.4 Spezifische Aspekte bei der Integration im Krippenalter

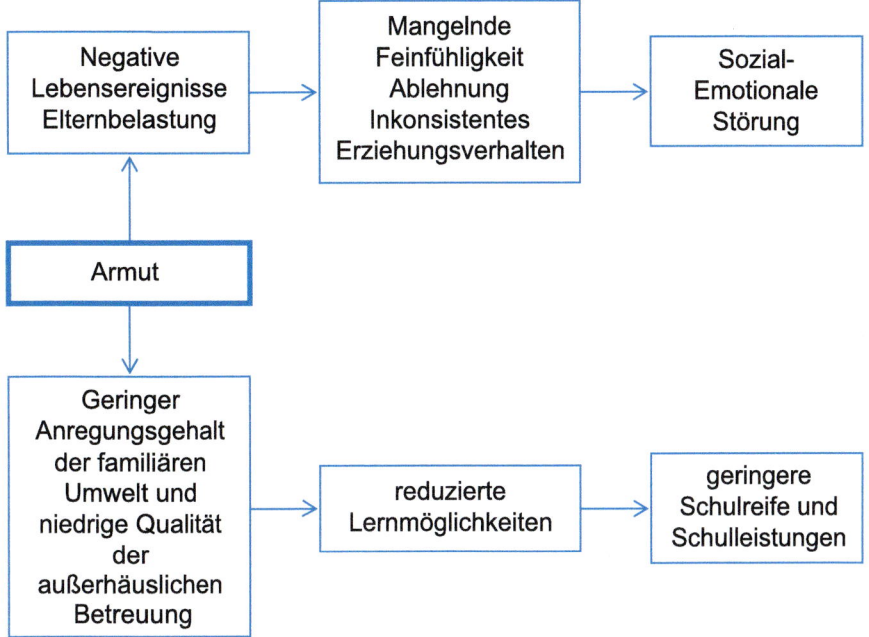

Abb. 9: Zusammenhang zwischen Armut und der Ausbildung von sozial-emotionalen Störungen, bzw. niedrigen Schulleistungen (Sarimski, 2017)

Therapieeffekte nicht durch die ein- oder zweimal wöchentliche Therapiestunde entsteht, die nur einen sehr kleinen Teil der aktiven Wachzeiten eines Säuglings oder Kleinkindes ausmacht, sondern dadurch, dass die Strategien der Förderung von den Eltern übernommen werden und so vielfältige Lern- und Übungsgelegenheiten für das Kind im Alltag entstehen. Die Entscheidung für eine Krippenaufnahme bedeutet also keinen Verzicht auf therapeutische Bemühungen, sondern eine Herausforderung an alle Beteiligten, auch in der Krippe Bedingungen zu schaffen, unter denen das Kind die Lern- und Übungsgelegenheiten erhält, die es für eine optimale Entwicklung benötigt. Das impliziert, dass Therapeuten und Frühpädagogen nicht nur Eltern anleiten und beraten, sondern auch den Fachkräften in der Krippe diese fachliche Unterstützung zur Verfügung stellen.

Eine zweite Sorge von Eltern behinderter Kinder ist, dass ihr Kind eines besonderen Schutzes vor dem impulsiven Verhalten anderer Kinder oder vor ansteckenden Krankheiten bedarf, der in Krippen nicht gewährleistet werden könne. Dies gilt besonders für Säuglinge und Kleinkinder mit Einschränkungen in ihrer Mobilität oder besonderer körperlicher Fragilität. In der Tat zeigen die Statistiken eine erhöhte Anfälligkeit für Kinderkrankheiten und Infekte in der ersten Zeit bei Kindern, die eine Krippe besuchen, allerdings auch eine gewisse Immunisierung im weiteren Verlauf. Sie erkranken im dritten Lebensjahr dann eher seltener als Kinder, die mit drei Jahren oder später erstmals in einem Kindergarten aufgenommen werden. Zweifellos gehört ein bestmöglicher Gesundheitsschutz und die Beachtung der besonderen körperlichen Bedürfnisse einzelner behinderter Kinder zu den vordringlichen Qualitätsmerkmalen einer guten Krippenversorgung. Das ist möglich. Gross (1993) zeigte z. B., dass frühgeborene Kinder, die im Alter von 12-36 Monaten qualitativ gute Krippen besuchen, nicht häufiger krank waren als Kinder, die zu Hause aufwuchsen.

Professionelle Responsivität, günstige Personal- und Raumausstattung und Kooperation mit sonderpädagogischen Fachkräften

Pädagogische Fachkräfte in Krippeneinrichtungen haben ihrerseits Vorbehalte gegen die Aufnahme behinderter Kinder. Sie gehen davon aus, dass eine spezielle fachliche Ausbildung erforderlich sei, um dieser Gruppe von Kindern gerecht zu werden, und der zeitlich erhöhte Betreuungsbedarf dieser Kinder nicht mit den Bedürfnissen der anderen Kinder der Gruppe vereinbar sei. In dieser Diskussion ist es wichtig deutlich zu machen, dass von ihnen nicht erwartet wird, sich umfängliches sonderpädagogisches oder therapeutisches Wissen anzueignen. Vielmehr gilt es, um Offenheit für Beratungsangebote und eine enge Zusammenarbeit mit Eltern und frühpädagogischen oder therapeutischen Fachkräften zu werben. Mit ihnen können sie gemeinsam planen, welche Anpassungen in der Gruppe und welche individuellen Hilfen bei der Aufnahme des Kindes erforderlich sein werden, das angemeldet wird. In dieser Hinsicht unterscheidet sich ihre Situation nicht von der Situation der pädagogischen Fachkraft im Kindergarten, die gleichfalls auf eine Kooperation mit Fachdiensten angewiesen sind. Auch die Träger der Einrichtungen müssen überzeugt werden, die räumlichen und personellen Voraussetzungen zu finanzieren, die für eine erfolgreiche Integration der Kinder nötig sind.

Die wichtigste Voraussetzung für das Gelingen ist das Bemühen der Fachkräfte, im Gruppenalltag eine Vielzahl von Entwicklungsanregungen und Lerngelegenheiten zu bieten und das behinderte Kind an allen diesen Aktivitäten zu beteiligen. Dabei geht es nicht nur oder in erster Linie um pädagogische Lernangebote. Anziehen, Waschen, gemeinsames Essen und viele andere Tätigkeiten im Alltag sind Aktivitäten, in denen Säuglinge und Kleinkinder basale Fähigkeiten der Kommunikation, motorische Fertigkeiten und ein erstes Verständnis für Zusammenhänge in ihrer Umwelt erwerben können. Diese Lernmomente sind für Kinder mit und ohne Behinderungen gleichermaßen wichtig. Die pädagogischen Fachkräfte können ihre Entwicklung wirksam unterstützen, wenn sie sich darauf einstellen, dass ein Kind mit einer Behinderung womöglich mehr Zeit benötigt, um mit ihnen diese lebenspraktischen Tätigkeiten zu vollziehen. Professionelle Responsivität bedeutet, auf die Interessen eines Kindes einzugehen, seinen Hilfebedarf wahrzunehmen und Eigeninitiative und Lernprozesse gezielt zu unterstützen. Pädagogische Fachkräfte in Krippen sind daran gewöhnt, dass die Kinder ihrer Gruppe unterschiedlich alt sind und damit sehr unterschiedliche Fähigkeiten und Fertigkeiten haben, auf die es jeweils angemessen einzugehen gilt. Diese pädagogische Grundhaltung ist für Kinder mit und ohne Behinderung gleichermaßen wichtig.

Es ist auch nicht ungewöhnlich, dass Kinder in Krippen individuell unterschiedliche Bedürfnisse haben (z. B. nur an spezielle Speisen beim Essen gewöhnt sind, eine Milchunverträglichkeit haben oder aus kulturellen Gründen einzelne Speisen nicht essen dürfen). Wenn die Fachkräfte auch darauf eingestellt sind, wird sie die Aufnahme eines behinderten Kindes meist nicht vor neue Probleme stellen. Sollte das Kind im Einzelfall einen speziellen Pflegebedarf haben, z. B. spezielle Hilfen beim Füttern zu beachten sind oder das Kind auf technische Hilfen zur Grundversorgung angewiesen ist, lassen sich diese Probleme durch eine intensive Absprache mit Eltern und sonderpädagogischen oder therapeutischen Fachkräften ebenso lösen, wie es im Kindergarten möglich ist. Auch ein besonderer Pflegebedarf sollte daher kein grundsätzliches Hindernis für die Aufnahme in eine Kinderkrippe sein.

Die räumlichen Bedingungen sollen so gestaltet sein, dass alle Kinder der Gruppe genügend Bewegungsfreiheit haben und eine ständige Aufsicht möglich ist. Auch in dieser Hinsicht unterscheiden sich die Anforderungen bei der Aufnahme behinderter Kinder nicht von denen anderer Säuglinge und Kleinkinder. Ein barrierefreier Zugang ist in der Regel nicht Voraussetzung, da Kleinkinder mit einer Bewegungsstörung in diesem Alter meist noch nicht mit einem Rollstuhl versorgt sind.

Generell gilt eine Ausstattung mit Explorations- und Spielmaterialien, die vielfache Erfahrungsmöglichkeiten für kleine Kinder bieten, als Qualitätsmerkmal einer Krippe. Eine Ergänzung durch »behinderungsspezifisches« Spielmaterial ist nur in seltenen Fällen erforderlich. Weitaus wichtiger ist, dass sich die pädagogischen Fachkräfte bewusst sind, dass ein Kind mit einer Behinderung u. U. mehr individuelle Unterstützung benötigt, um seine Umgebung aktiv zu erkunden und sich aufmerksam und zielgerichtet mit einzelnen Gegenständen zu beschäftigen. Zur professionellen Responsivität gehört es, die Interessen des Kindes zu erkennen, günstige Momente zur Anregung im Alltag wahrzunehmen und eine Balance zwischen Stärkung der Eigeninitiative und Lenkung seiner Aktivität zu finden. Es geht dabei nicht um das systematische Einüben einzelner Fertigkeiten, wie es in der Einzelförderung durch eine Physio- oder Ergotherapeutin geschehen kann; wohl aber ist es nützlich, um die individuellen Förderziele zu wissen, die jeweils für ein Kind formuliert sind, und den Erwerb von Fertigkeiten im Alltag zu unterstützen.

Zu den Aufgaben einer pädagogischen Fachkraft gehört es auch, die sozialen Beziehungen zwischen den Kindern zu fördern. Selbstverständlich verfügen Säuglinge nur über ein eng begrenztes Repertoire an sozialen Fähigkeiten, um Kontakte zu initiieren, aufrechtzuerhalten und Konflikte zu lösen. Sie zeigen ihr Interesse an anderen Kindern aber sehr wohl durch Beobachten, Anlächeln, Berühren, suchen ihre Nähe und können erste Turn-Taking-Momente entstehen lassen. Kleinkindern sind schon ausgedehntere reziproke Interaktionen möglich, z. B. beim Fangen, Verstecken oder Ballspielen. Sie beginnen, andere Kinder nachzuahmen, und haben Interesse an ersten Rollenspielen, z. B. Tischdecken oder Versorgen einer Puppe, die sie für sich, aber auch mit einem Partnerkind gestalten. Solche Gelegenheiten lassen sich pädagogisch nutzen, um entwicklungsverzögerte Kinder, Kinder mit einer motorischen Behinderung oder Kinder mit einer Sinnesschädigung einzubeziehen und schon in diesem frühen Alter ihre sozialen Kontakte zu nicht behinderten Kindern zu fördern.

Entwicklungsförderung im Gruppenalltag setzt eine ausreichende personelle Ausstattung der Krippe voraus. Säuglinge und Kleinkinder ohne Behinderungen haben vielfältige Bedürfnisse – sie haben Hunger und Durst, brauchen individuelle Zuwendung, Hilfe, Trost oder ein Pflaster, wenn sie sich wehgetan haben –, die zeitlich nicht vorhersehbar sind. Wenn nur zwei pädagogische Fachkräfte eine Gruppe führen, würde das bedeuten, das alle diese Aufgaben von nur einer erfüllt werden müssten, wenn sich die andere dem Kind zuwendet, das wegen einer Behinderung ihrer speziellen Unterstützung bedarf. Auf keinen Fall sollten daher in einer Gruppe weniger als drei pädagogische Fachkräfte zur Verfügung stehen, wenn ein oder mehrere Kinder mit Behinderungen aufgenommen werden. Mitunter wird bei der Aufnahme eines behinderten Kindes vereinbart, dass eine Integrationshelferin – in der Regel eine nicht pädagogisch ausgebildete Assistenz – das Kind begleitet. Auch wenn diese Lösung gewählt wird, ist es zu empfehlen, dass alle Fachkräfte der Gruppe sich gleichermaßen mit den Bedürfnissen des behinderten Kindes vertraut machen und sich die Verantwortung für seine Betreuung mit klaren Absprachen aufteilen. Auf diese Weise kann verhindert werden, dass das Kind eine Sonderstellung erhält, bei der es zwar in der Gruppe anwesend, aber vorwiegend von der Assistenzkraft betreut und damit nicht in das soziale Geschehen integriert ist.

Eine enge Zusammenarbeit mit den Eltern des Kindes und frühpädagogischen oder therapeutischen Fachkräften ist schließlich essenziell. Eltern sind auch hier die wichtigsten Ansprechpartner, denn sie kennen ihr Kind am besten und können den Mitarbeitern der Krippe viele Hinweise geben, die den Umgang mit dem Kind erleichtern und zu seinem Wohlbefinden in der Gruppe beitragen. Offene und regelmäßige Zusammenarbeit mit den frühpädagogischen und therapeutischen Fachkräften macht es möglich, die behinderungsbedingten Probleme und den Hilfebedarf des individuellen Kindes zu verstehen und Lösungen für alltägliche Fragen zu finden. Verlässliche Kooperationsformen mit diesen Fachleuten sind nötig, um Unsicherheiten der pädagogischen Fachkräfte in der Krippe entgegenzuwirken. Sie sind geeignet, individuell für den Einzelfall passende Lösungen zu finden, und müssen allgemeine Fortbildungen für pädagogische Fachkräfte zu Konzepten integrativer Pädagogik ergänzen.

Erste Belege für das Gelingen auch im Krippenbereich

Merkmale der Strukturqualität von integrativen Krippen dokumentierten Heimlich und Behr (2007) aus einem Projekt, das mit Münchener Kinderkrippen durchgeführt wurde. Seitz, Korff und Thim (2010) berichteten über die Integration von 46 behinderten Kindern in 38 Kindertageseinrichtungen (davon 29 Kinder in Einzelintegration). 13 Kinder wurden für ausführliche Einzelfallanalysen ausgewählt. Diese Kinder wurden zu zwei Zeitpunkten für 150-180 Minuten im Gruppenalltag beobachtet. Zwischen den beiden Beobachtungen lagen ca. fünf Monate. Im Freispiel, beim Frühstück und bei der morgendlichen Ankunft in der Gruppe wurden die sozial-emotionalen Kompetenzen der Kinder sowie die Quantität und Qualität ihrer sozialen Kontakte analysiert. Zusätzlich wurde mit einem standardisierten und normierten Erhebungsbogen der Entwicklungsstand der Kinder beurteilt, und die Gruppenleitungen, Einrichtungsleitungen und Fachkräfte der Frühförderung wurden in Interviews zu ihren Erfahrungen bei der Integration in der Krippe befragt. Die

Ergebnisse sprechen dafür, dass allen Kindern die Teilhabe am Alltag der Kindertageseinrichtung gelingt, der Grad der Teilhabe sich zwischen den Beobachtungszeitpunkten intensiviert, die Ausprägung der positiven Effekte aber sehr unterschiedlich ist. Sie schienen weniger von der Gruppenkonstellation abhängig zu sein als von den spezifischen pädagogischen Interventionen, die von den pädagogischen Fachkräften eingesetzt wurden, um die Kinder zu unterstützen.

3.5 Zusammenfassung

Pädagogische Interventionen zur Unterstützung sozialer Teilhabe behinderter Kinder können eine Umgestaltung des Raums, eine Verbesserung der Zugänglichkeit von Spielsachen und gezielte Vorbereitungen auf Spielabläufe umfassen. Professionelle Responsivität ist gefordert, um Lerngelegenheiten für behinderte Kinder im Alltag erkennen und nutzen zu können. Sie können hierarchisch gegliedert werden nach Maßnahmen zur Förderung einer positiven Haltung der nicht behinderten Kinder, individuellem Coaching sozialer Fertigkeiten, Anleitungen in Kleingruppen und Anleitung der nicht behinderten Kinder. Zur Vorbereitung der Aufnahme eines neuen Kindes müssen die pädagogischen Fachkräfte die Erwartungen der Eltern und den Hilfebedarf des Kindes kennen. Grundsätzlich sollte auch eine frühe Aufnahme in eine integrative Krippe erwogen werden, wenn soziale Entwicklungsrisiken die Entwicklung des Kindes zusätzlich zu gefährden drohen.

3.6 Empfohlene Literatur zur Vertiefung

Brown, W., Odom, S. & Conroy, M. (2001). An intervention hierarchy for promoting young children's peer interactions in natural environments. *Topics in Early Childhood Special Education, 21*, 162-175.
Der Artikel beschreibt die verschiedenen Formen pädagogischer Interventionen und gibt durch den hierarchischen Aufbau eine brauchbare Orientierungshilfe für pädagogische Fachkräfte, um zu entscheiden, welche Maßnahmen indiziert sind.

Goldstein, H., English, K., Shafer, K. & Kaczmarek, L. (1997). Interaction among preschoolers with and without disabilities: Effects of across-the-day peer intervention. *Journal of Speech, Language, and Hearing Research, 40*, 33-48.
Der Artikel stellt ein gutes Beispiel dar, wie das methodische Vorgehen bei der Förderung sozialer Interaktionen nachvollziehbar beschrieben und in ihrer Wirksamkeit auf die Entwicklung sozialer Kontakte im Alltag evaluiert werden kann.

Kreuzer, M. & Ytterhus, B. (Hrsg.). (2008). »Dabeisein ist nicht alles«. Inklusion und Zusammenleben im Kindergarten. München: Reinhardt.
Dieser Sammelband enthält konzeptionelle und empirische deutsche und skandinavische Arbeiten zur sozialen Partizipation von behinderten Kindern im Kindergarten. Es werden

sowohl Analysen zu den sozialen Kontakten innerhalb der Gruppe wie auch Erfahrungen mit pädagogischen Interventionsansätzen ausführlich beschrieben.

Sarimski, K. (2019a). Psychosoziale Entwicklung von Kindern und Jugendlichen mit Behinderung. Prävention, Intervention und Inklusion. Göttingen: Hogrefe.

In dieser Gesamtdarstellung der psychosozialen Entwicklung und sozialen Teilhabe von Kindern und Jugendlichen mit Behinderung werden die Interventionen zur Förderung sozialer Kontakte in Kindertagesstätten (und Schulen) differenziert beschrieben und die Belege für ihre Wirksamkeit bewertet.

Seitz, S., Korff, N. & Thim, A. (2010). Inklusive Pädagogik in Kindertageseinrichtungen mit Kindern unter drei Jahren – Herausforderungen, Erkenntnisse, Perspektiven. In U. Schildmann, (Hrsg.), *Umgang mit Verschiedenheit in der Lebensspanne* (S. 79-86). Bad Heilbrunn: Klinkhardt.

Im Kapitel geben die Autorinnen einen knappen Überblick über die Erfahrungen, die sie bei der Begleitung eines Modellprojekts in inklusiven Krippen gemacht haben, und leiten daraus Empfehlungen ab, die sich auf die Altersgruppe der Kinder unter drei Jahren beziehen.

4 Behinderungsspezifische Hilfen zur sozialen Integration

Eine flächendeckende wohnortnahe Integration erfordert heilpädagogisches und behinderungsspezifisches Know-how in den Einrichtungen. Dies ist entweder langfristig und dauerhaft bei Fachkräften anderer Disziplinen einzufordern oder die pädagogischen Fachkräfte müssen es sich selbst aneignen. (Kobelt Neuhaus, 2001, S. 50)

Dieses Zitat aus der bereits erwähnten Elternbefragung von Kobelt Neuhaus (2001) spiegelt die Erwartungen vieler Eltern an die Mitarbeiter in Kindertageseinrichtungen wider. In den folgenden Kapiteln soll versucht werden, für jede Behinderungsform einen Eindruck von den Auswirkungen auf den Entwicklungsverlauf im Allgemeinen, vor allem auf die Entwicklung der sozialen Kompetenzen und Kontakte zu anderen Kindern zu vermitteln und daraus Empfehlungen für die pädagogische Praxis abzuleiten, wie die soziale Integration eines Kindes mit der jeweiligen Behinderung in Kindertageseinrichtungen systematisch gefördert werden kann. Selbstverständlich kann es sich dabei nicht um allgemeingültige »Rezepte« handeln. Vielmehr sollten diese Grundsätze individuell auf den Hilfebedarf des einzelnen Kindes abgestimmt werden. Dafür ist eine Zusammenarbeit mit Fachkräften aus Frühförderung und Therapie empfehlenswert.

4.1 Sehgeschädigte Kinder

David ist dreieinhalb Jahre alt. Er ist seit Geburt blind. Seit einem halben Jahr besucht er einen integrativen Kindergarten. In der Anfangszeit fiel es den anderen Kindern schwer, Kontakt zu ihm zu finden. Sie waren irritiert, dass er viele Äußerungen, die er hörte, echolalierte und auf ihre Einladungen zum Mitspielen nicht einging. Stattdessen beschäftigte er sich bevorzugt mit Steckspielen, die er aus der Frühförderung kannte. Die Erzieherin widmete ihm in den ersten Wochen viel Zeit und führte ihn durch die Räume des Kindergartens, bis er sich orientieren konnte. Bei ihr konnten die anderen Kinder auch beobachten, wie sie ihm immer wieder ankündigte, was um ihn herum geschah. Mit der Zeit übernahmen die Kinder dies und stellten fest, dass er sehr wohl Interesse am Mitspielen hatte, aber eben viel mehr Hinweise brauchte, um zu wissen, was von ihm erwartet wurde.

Um welche Gruppe von Kindern geht es?

Das Spektrum von Sehschädigungen bei Kindern reicht von einer Fehlsichtigkeit, die mit einer Brillenversorgung gut ausgeglichen werden kann, bis zu einer schweren Sehbehinderung oder angeborenen Blindheit des Kindes.

> **Definition: Sehschädigung**
>
> Von einer hochgradigen Sehschädigung spricht man, wenn die Sehschärfe weniger 1/20, von Blindheit, wenn sie weniger als 1/50 der normalen Sehschärfe beträgt. Das bedeutet, dass das betreffende Kind einen Gegenstand, der einen Meter entfernt ist, in etwa so erkennen kann wie ein normalsichtiges Kind einen Gegenstand, der 20, bzw. 50 Meter entfernt ist. Die Ursachen einer schweren Sehbehinderung können angeboren sein (und u. U. mit anderen Entwicklungsstörungen kombiniert sein) oder auf eine pränatale Infektion, bzw. eine perinatale Schädigung nach sehr unreifer Geburt zurückzuführen sein. Ein Teil der Kinder ist »kortikal blind«. Bei ihnen geht die Sehbehinderung nicht auf eine Schädigung des Auges oder Sehnervs zurück, sondern auf eine neurologische Störung, die dazu führt, dass Informationen, die über die Sehbahnen weitergeleitet werden, vom visuellen Cortex nicht oder nicht zuverlässig verarbeitet werden können (zentral bedingte Sehbehinderung). Bei diesen Kindern kann ein systematisches Training eine Besserung der Funktionsfähigkeit erreichen.

Prävalenzschätzungen in westlichen Ländern gehen von einem Anteil von 0.02-0.03 von Geburt an hochgradig sehbehinderten und blinden Kindern pro Jahrgang aus, d. h. 150-200 Kinder in Deutschland. Die häufigsten Formen sind zentral bedingte Sehbehinderung, die Retinopathie oder die Opticus-Atrophie. Bezogen auf das gesamte Kindesalter ist die Gesamtzahl der Kinder mit einer solchen schwerwiegenden Behinderung jedoch größer und umfasst auch Kinder, die erst nach der Geburt, z. B. aufgrund einer degenerativen Erkrankung oder einer Tumorerkrankung, erblinden. Ein großer Teil der blinden Kinder weist eine Mehrfachbehinderung auf. In einer epidemiologischen Studie, die in Kanada durchgeführt wurde, waren etwa 25 % geistig behindert, mehr als 10 % zusätzlich hörbehindert und 7 % körperbehindert (Jan, Freeman & Scott, 1977).

4.1.1 Welche Auswirkungen hat eine Sehschädigung auf die Entwicklung?

Unterschiedliche Auswirkungen auf die verschiedenen Entwicklungsbereiche

Die meisten Informationen über Gegenstände und Ereignisse in der Außenwelt werden über den Sehsinn aufgenommen. Er erlaubt das Erkennen von Gegenständen als Ganzes, ein rasches Erfassen der Größe oder der Entfernung von Objekten und ist daher für eine sichere Fortbewegung im Raum von großer Bedeutung. Diese Informationen können durch andere Sinneskanäle (Hören, Tasten) nicht ersetzt werden. Zwar kann auch das Hörvermögen Informationen über die Richtung und die Entfernung liefern, in denen sich Gegenstände befinden, es vermittelt jedoch keinen Eindruck von anderen Eigenschaften des Objekts. Um entfernte Objekte als solche erkennen zu können, muss das Kind außerdem den Höreindruck mit taktilen Erfahrungen verbinden, die es bereits mit dem entsprechenden Gegenstand gemacht hat. Das Ertasten der Umgebung erfordert wiederum, dass das Kind einen unmittelbaren Kontakt mit dem Gegenstand herstellt. Die simultane Aufnahme von Informationen durch Tasten ist durch die Reichweite des Armes bzw. die Spanne des Abstands zwischen den Fingerspitzen eng begrenzt, sodass sich das blinde Kind von Gegenständen, die zu weit entfernt oder zu groß sind, um vollständig erfasst zu werden, zunächst keine Vorstellung machen kann. Das gilt auch für viele Aspekte des sozialen Verhaltens eines Gegenübers, z. B. dessen flüchtiger Mimik, seiner Körpersprache oder seiner Gesten.

Eine besondere Herausforderung stellt die Etablierung einer gemeinsamen Aufmerksamkeitsrichtung zwischen Kind und Erwachsenem dar. Die Entwicklung dialogischer Spielformen und das Verständnis von sprachlichen Bezeichnungen, die der Erwachsene einführt, sind damit erschwert. Sie ist aber offenbar nicht bei allen Kindern mit Sehschädigungen im gleichen Maße beeinträchtigt. In einer Befragung zu sehbehinderten Kindern in den ersten drei Lebensjahren gaben etwa die Hälfte ihrer Eltern an, dass es gut gelinge, die Aufmerksamkeit im Spiel zu koordinieren; immerhin ein Viertel der Eltern blinder Kinder maßen ihrem Kind diese Fähigkeit zu (Dale, Tadic & Sonksen, 2013).

Die große Bedeutung des Sehvermögens für Lernen macht verständlich, dass viele Entwicklungsschritte blinden Kindern erst sehr viel später gelingen als sehenden Kindern. Das betrifft z. B. Fähigkeiten und Fertigkeiten im Bereich der Mobilität (z. B. Krabbeln, Aufrichten und freies Laufen, Treppensteigen), der Feinmotorik (z. B. Bauen, Aufstecken, Auffädeln), der sensomotorischen Verarbeitung (z. B. Erfassen von Objektpermanenz oder räumlicher Zusammenhänge) und der Selbstständigkeit (z. B. selbstständiges Essen mit dem Löffel oder Anziehen). In anderen Bereichen vollzieht sich die Entwicklung – wenn keine zusätzlichen Behinderungen vorliegen – zwar qualitativ anders, aber nicht unbedingt wesentlich langsamer als bei sehenden Kindern.

Letzteres gilt insbesondere für den Bereich der Sprache. Blinde Kinder haben zwar anfangs mehr Schwierigkeiten, die Bedeutung von Wörtern zu erfassen, weil sie das gehörte Wort mit den ihnen verfügbaren taktilen und akustischen Informationen über den Gegenstand verbinden müssen. Später finden sich jedoch nur noch qualitative Auffälligkeiten. Dazu gehört eine Unsicherheit in der Verwendung von Wörtern mit referentiellem Charakter (z. B. Personalpronomen, örtliche Präpositionen wie »auf«, »unter« oder hinweisende Wörter wie »hier« und »dort«). Auch neigen einige blinde Kinder dazu, in der frühen Phase des Spracherwerbs viele Äußerungen der Gesprächspartner zu echolalieren und sprachliche »Floskeln« zu übernehmen, um auf diese Weise den Kontakt mit ihm aufrecht zu erhalten.

In einer Längsschnittstudie (»Bielefelder Entwicklungsstudie«), in der zehn blinde Kinder engmaschig bis zum 6. Lebensjahr begleitet wurden, erwiesen sich über 70 %

der Kinder in den grob- und feinmotorischen Bereichen als stark entwicklungsverzögert, aber nur wenige Kinder in der sprachlichen Entwicklung (Brambring, 2005). Allerdings kann bereits ein geringes Restsehvermögen den Entwicklungsverlauf beeinflussen. Hatton, Bailey, Bunchinaland und Ferrell (1997) analysierten die Entwicklung von 186 Kindern, die zwischen einem und sechs Jahre alt waren und eine Sehschädigung unterschiedlichen Grades, aber keine zusätzliche Behinderung hatten. Blinde Kinder verfügten im Durchschnitt erst im Alter von 30 Monaten über die Fertigkeiten, die sehende Kinder bereits mit 18 Monaten erreichten. Kinder, die über ein geringes Restsehvermögen verfügten, hatten zu diesem Zeitpunkt die Fähigkeiten von 22 Monate alten Kindern erreicht; solche, deren Sehrest größer war, waren mit einem motorischen Entwicklungsstand von 26 Monaten kaum verzögert gegenüber sehenden Kindern.

4.1.2 Was bedeutet eine Sehschädigung für die sozialen Interaktionen mit anderen Kindern?

Eingeschränkte Teilhabe am sozialen Spiel

Der Grad der Sehschädigung und das verfügbare (Rest-) Sehvermögen hat unmittelbare Auswirkungen auf das Spielverhalten der Kinder. Blinde Kinder neigen zu einem wenig variationsreichen, stereotypen Umgang mit Spielsachen, zeigen nur selten Ansätze zu symbolischem Spiel. Skellenger, Rosenblum und Jager (1997) beobachteten das Spielverhalten bei 24 Kindern im Kindergarten und stellten eine generell niedrige Rate von sozialen Interaktionen mit anderen Kindern fest. Preisler (1993) beobachtete neun blinde Kinder über einen Zeitraum von vier Jahren. Die blinden Kinder gewöhnten sich nur sehr langsam in die neue Umgebung ein und stellten die pädagogischen Fachkräfte – die kaum auf diese besondere Aufgabe vorbereitet waren – vor große Probleme. Differenzen im Spielverhalten blieben über den gesamten Zeitraum bestehen; so kam es in Freispielzeiten auch zu Ende dieser Zeit nicht zu kooperativem, gemeinsamen Spiel mit sehenden Kindern. Janson und Merenyi (1992) analysierten das Spielverhalten von acht blinden Kindern zwischen 3;6 und 6 Jahren mit gleichalten Kindern. Sie beteiligten sich wenig am gemeinsamen Spiel, reagierten eher auf die Vorschläge der anderen Kinder, statt selbst die Initiative zu ergreifen, tauschten seltener mit ihnen Spielsachen aus und lächelten selten. Die Mehrzahl ihrer sozialen Initiativen bezog sich auf die pädagogische Fachkraft. Wenn diese am Spiel teilnahm, orientierten sich die blinden Kinder vorwiegend an ihr und suchten ihre Hilfe.

Crocker und Orr (1996) sowie McGaha und Farran (2001) analysierten die sozialen Verhaltensweisen sehgeschädigter Kinder in integrativen Gruppen. Auch sehgeschädigte Kinder initiierten soziale Kontakte wesentlich seltener als sehende Kinder und reagierten eher auf die Kontaktangebote anderer Kinder in der Gruppe. Mit zunehmender Vertrautheit mit der Umgebung kann sich die soziale Beteiligung jedoch verbessern. In einer explorativen Studie, bei der acht Kinder mit einer hochgradigen Sehbehinderung, die bereits seit längerer Zeit in allgemeine Kindergärten integriert waren, zeigten sich in videografierten Freispielsituationen und im Morgenkreis kaum Einschränkungen in ihren sozialen Kontakten (Sarimski, 2014).

> **Studie: Spielverhalten von sehgeschädigten Kindern**
>
> Erwin (1993) analysierte das Spielverhalten von 30 sehgeschädigten Kindern im Alter von 3-6 Jahren, die je zur Hälfte einen Sonderkindergarten und eine integrative Einrichtung besuchten. Es wurden fünf verschiedene Kategorien sozialer Beteiligung am Spiel kodiert. In beiden Umgebungen spielten die Kinder etwa 40% der Zeit allein. In etwa 15% der Zeit waren sie auf die pädagogische Fachkraft bezogen. Im integrativen Setting war der relative Anteil der Zeit, in der sie mit einem Spielpartner agierten, wesentlich höher; die Kinder im Sonderkindergarten waren viel öfter unbeschäftigt. Allerdings waren die individuellen Unterschiede in beiden Gruppen sehr groß (▶ Abb. 10). In beiden Settings waren die Kinder mit zusätzlichen Behinderungen signifikant seltener im Einzelspiel beschäftigt und häufiger passiv.
>
>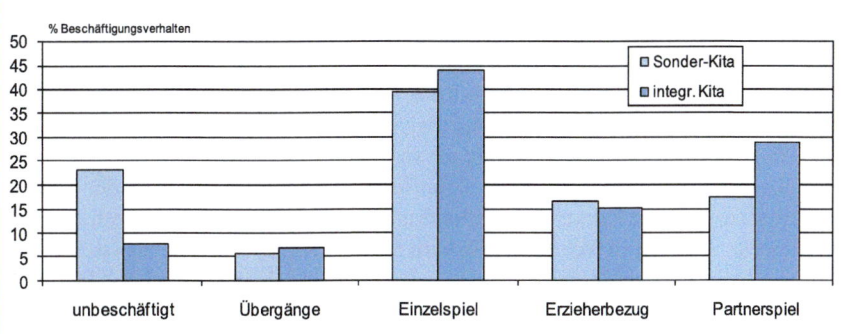
>
> **Abb. 10:** Beschäftigungsverhalten von 30 sehgeschädigten Kindern im Sonder- vs. integrativen Kindergarten (Daten aus Erwin, 1993)

Dies kann sich aber mit wachsender Vertrautheit mit dem Spielpartner verändern. D'Allura (2002) verglich das soziale Verhalten von Kindern in Sonderkindergärten mit Kindern in einem integrativen Setting über mehrere Monate. Während die sehgeschädigten Kinder am Anfang im integrativen Setting weniger als 5% der gemeinsamen Freispielzeit mit den anderen Kindern in sozialem Kontakt waren, war der entsprechende Anteil einige Monate später ebenso hoch wie bei sehenden Kindern (21%). Sie richteten etwa 60% ihrer sozialen Initiativen an ein anderes Kind und 14% an die Gruppe als Ganzes. Innerhalb der 30-minütigen täglichen Beobachtungsintervalle stieg die durchschnittliche Zahl ihrer sozialen Initiativen von 2.8 auf 9.3. Die Kinder im Sonderkindergarten veränderten sich im Beobachtungszeitraum in ihrem sozialen Kontaktverhalten nicht, beschäftigten sich überwiegend allein oder blieben auf die pädagogische Fachkraft bezogen (▶ Abb. 11). Allerdings muss angemerkt werden, dass die hier dokumentierte Veränderung im sozialen Verhalten nicht allein auf die Anwesenheit nicht behinderter Spielpartner zurückzuführen ist. Die sehgeschädigten Kinder erhielten gezielte Anleitung zur sozialen Kontaktaufnahme durch die pädagogischen Fachkräfte.

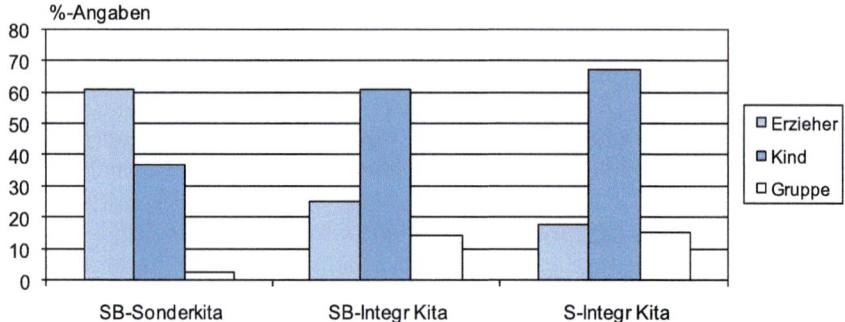

Abb. 11: Kontaktpartner für soziale Initiativen bei sehbehinderten Kindern (SB) vs. sehenden Kindern (S) in Sonder- bzw. integrativen Gruppen (Daten aus D'Allura, 2002)

Ein weitgehender Rückzug auf isoliertes Spiel droht auch bei blinden Kindern mit insgesamt gut entwickelten Fähigkeiten in integrativen Einrichtungen, wenn keine solche gezielte pädagogische Intervention erfolgt. In einer differenzierten Einzelfallstudie beschrieb Celeste (2006) das Spielverhalten eines 4;5 Jahre alten Mädchens. In 50 % der Freispielzeit beschäftigte sie sich allein mit Spielsachen, führte Selbstgespräche und erzählte sich selbst elaborierte Geschichten, in 20 % der Zeit beschäftigte sie sich mit Konstruktionsmaterialien parallel zu den anderen Kindern in der Bauecke, und nur in weiteren 20 % kam es zu kooperativem Spiel, bei dem sie mit den anderen Kindern sprach oder sie z. B. auf der Schaukel anschob. Wenn die anderen Kinder ihre Aufmerksamkeit suchten oder sie um Hilfe baten, ging sie überwiegend nicht darauf ein.

Zusammenfassend lässt sich sagen, dass das fehlende Sehvermögen eine gravierende Einschränkung für die sozialen Kontakte mit Gleichaltrigen in Kindergruppen bedeutet, auch blinde Kinder sich aber am gemeinsamen Spiel in der Gruppe beteiligen können, wenn sie mit den anderen Kindern vertraut geworden sind und intensive pädagogische Unterstützung erhalten.

4.1.3 Welchen Hilfebedarf sehen die pädagogischen Fachkräfte?

Herausforderungen für pädagogische Fachkräfte

Brambring (2001) befragte 72 Erzieherinnen in Kindergärten über ihre Erfahrungen bei der Integration von 24 blinden und 16 sehbehinderten Kindern. Die Integration blinder Kinder empfanden die pädagogischen Fachkräfte anfangs als große Herausforderung. Viele befürchteten zunächst große Orientierungsschwierigkeiten und eine erhöhte Verletzungsgefahr blinder Kinder im Raum sowie eine geringe Akzeptanz durch die anderen Kinder der Gruppe. Diese Befürchtungen bestätigten sich in den meisten Fällen nicht. Mit der Zeit fühlten sie sich im Umgang mit dem Unterstützungsbedarf der Kinder bei der Beteiligung an Spielaktivitäten mit kognitiven und feinmotorischen Anforderungen sowie bei der Orientierung und Mobilität außerhalb des Gruppenraum sicherer (▶ Tab. 4). Durchweg wurden die Schwierigkeiten blinder Kinder als größer eingeschätzt als die Schwierigkeiten sehbehinderter Kinder. Fast alle pädagogischen Fachkräfte wünschten sich ein höheres Maß an Beratung durch sonderpädagogische Fachkräfte, um den spezifischen Bedürfnissen blinder und sehbehinderter Kinder bei der Integration gerecht werden zu können.

Tab. 4: Schwierigkeiten der Beteiligung an Aktivitäten im Kindergarten bei blinden Kindern (N = 24) (Daten aus Brambring, 2001)

	Angaben in %
Handwerkliche Tätigkeiten	62,5
Puzzles und kognitives Spiel	47,8
Orientierung im Raum	33,3
Stereotype Bewegungen	29,2
Spielzeugauswahl	29,2
Betrachten von »Bilderbüchern«	29,2
Gemeinsames Spiel mit anderen Kindern	25,0
Ausflüge	25,0

4.1.4 Wie kann die soziale Integration gezielt unterstützt werden?

Anpassung der Umgebung und sprachliche Vermittlung

Blinde Kinder oder Kinder mit einer schweren Sehschädigung sind aufgrund des fehlenden oder eingeschränkten Sehvermögens weniger gut in der Lage, durch Beobachtung anderer Kinder oder beiläufig zu lernen. In allen Bereichen der Entwicklung (Kennenlernen der Umwelt, Spiel, Mobilität, Selbstversorgung und soziale Kompetenzen) sollten daher Gelegenheiten (»teachable moments«) zur gezielten Anleitung genutzt werden. Bei Kindern mit Sehschädigungen können dabei auch Bilderbücher einbezogen werden, wenn sie besonders kontrastreich und übersichtlich gestaltet sind und sich auf die reale Lebenswelt des Kindes beziehen; sie benötigen aber längere Zeit als sehende Kinder, um die Einzelheiten auf den Abbildungen erkennen zu können. Bei blinden Kindern sollten möglichst viele Gegenstände aus dem Alltag einbezogen werden; im Einzelfall können sonderpädagogische Fachkräfte auch Modelle und Tastbilderbücher beisteuern. Die Einführung von solchen Materialien und die Vorbereitung des Kindes auf die Blindenschrift erfordern aber spezielle Fachkenntnisse und sollte dem Blindenpädagogen/der Blindenpädagogin der Frühförderstelle vorbehalten bleiben.

> **Fördern durch Anpassung der Umgebung**
>
> Informieren Sie sich genau, über welches Sehvermögen das Kind verfügt, welche Einschränkungen vorliegen und welche Lichtverhältnisse für das Kind am günstigsten sind. Aufgrund der großen individuellen Unterschiede der Kinder können hierzu nur wenige allgemeine Empfehlungen gegeben werden.
> Bei sehbehinderten Kindern sollte darauf geachtet werden, möglichst kontrastreiche Objekte zu nutzen und sie auf Unterlagen so zu platzieren, dass sie sich gut voneinander abheben. Das Licht sollte hell sein und dem Kind über die Schulter fallen. Bei blinden Kindern sollte darauf geachtet werden, dass der Raum möglichst klar strukturiert ist und die Möbel möglichst so gestaltet sind, dass die Verletzungsgefahr für das Kind gering ist. Bestimmte Markierungen am Boden und Raumteiler können bei der Orientierung helfen. Arbeits- und Spielmaterialien sollten immer an den gleichen Orten zu finden sein. Sie sollten auch am Tisch auf einem Tablett platziert sein, damit sich das Kind leichter orientieren kann, wo sie sich befinden. Bei konstruktiven Aktivitäten können z. B. Haftunterlagen helfen, das Bauwerk zu stabilisieren.

> **Fördern durch sprachliche Vermittlung**
>
> Je stärker die Sehbehinderung ist, umso schwieriger ist es für das Kind, sich in der Gruppe zu orientieren. Um es ihm leichter zu machen, das Geschehen zu verfolgen, sollten Aktivitäten in seiner Umgebung ausdrücklich vorher angekündigt und mit einfachen Worten beschrieben werden. Solche Hinweise zur Antizipation und der Aufbau von Ritualen für täglich wiederkehrende Abläufe geben ihm Sicherheit. Aufträge an das Kind sollten konkrete Hinweise enthalten, wo der benötigte Gegenstand zu finden ist. Dabei sollten referenzielle Begriffe vermieden werden, die für ein nicht oder wenig sehendes Kind besonders schwer zu verstehen sind (z. B. »vor« und »hinter«, »nahe bei«, »da«).

> **Gelegenheiten zur Erweiterung des Wissens**
>
> Wenn sich die Gelegenheit ergibt, sollte das Kind mit Gegenständen vertraut gemacht werden, die ihm noch fremd sind. Dazu sollte es eine direkte Unterstützung erhalten, indem der Erwachsene den Gegenstand mit ihm zusammen ertastet (die Hand des Kindes kann dabei zunächst auf der Hand des Erwachsenen liegen). Die begleitenden Kommentare sollten sich auf die wichtigsten Merkmale der Gegenstände bzw. der Handlungen beziehen.

Unterstützung zur Teilhabe am sozialen Rollenspiel

Sprachliche Kommentare zu dem, was andere Kinder in seiner näheren Umgebung machen, lenken die Aufmerksamkeit auf mögliche Spielpartner. Blinde Kinder benötigen aber eine aktive Anleitung, wie sie ein anderes Kind zum Mitspielen einladen oder sich an einer laufenden Beschäftigung beteiligen können. Um einen Einstieg in Rollenspiele mit anderen Kindern zu finden, ist es hilfreich, mit ihnen im Sinne von »Scripts« – wie bei einem Drehbuch – den typischen Ablauf beliebter Spielformen einzuüben (z. B. An- und Ausziehen sowie Versorgen von Puppen, Tischdecken, Einkaufen). Allerdings liegen keine Erfahrungen darüber vor, ob blinde Kinder in diesem Alter bereits in der Lage sind, diese Anregungen zu einem »So-tun-als-ob-Spiel« zu nutzen. Es ist nicht bekannt, ob sie sich bereits ein inneres Bild von der jeweiligen Situation vorzustellen und verschiedene Rollen zu übernehmen vermögen oder ob sie die vorgegebenen Elemente dieser »Scripts« zunächst nur imitieren, um auf diese Weise in das gemeinsame Spiel einbezogen zu sein. In diesem Fall bleibt ihre Beteiligung dann eher kurz und unflexibel. Auch im Freispielgelände im Garten sollten Gelegenheiten zu sozialem Spiel aufgegriffen werden. Blinde Kinder neigen dazu, sich auf die Schaukel oder in den Sandkasten zurückzuziehen, weil dies für sie die »sichersten« Plätze im unübersichtlichen Gelände sind.

Zusammenfassend lässt sich sagen, dass Hilfen für sehgeschädigte und blinde Kinder und eine systematische Anleitung zur Orientierung im Raum und Mobilität individuell auf die Bedürfnisse des einzelnen Kindes abgestimmt werden müssen. Sie sollten daher immer in enger Zusammenarbeit mit einem Sonderpädagogen mit entsprechender fachlicher Erfahrung geplant werden.

4.2 Hörgeschädigte Kinder

> Tina besucht seit einem Jahr eine integrative Gruppe. Sie hat eine hochgradige Schallempfindungsschwerhörigkeit und ist im Alter von einem Jahr mit einem Cochlea Implantat versorgt worden. Jetzt ist sie vier Jahre alt und kann sich schon recht gut sprachlich verständigen. Ihre Aussprache ist für die anderen Kinder aber immer noch schwer verständlich. Tina beteiligt sich gern an Spielen am Tisch und Rollenspielen in der Puppenecke. Immer wieder einmal bricht der Kontakt zu ihren Spielkameraden ab, wenn diese ihr etwas sagen, was sie nicht versteht. Manchmal wiederholen die anderen Kinder dann, was sie von ihr möchten, und machen dazu Gesten, um ihr das Verstehen zu erleichtern. Tina bemüht sich sehr, ihre Äußerungen dann zu »entschlüsseln«, und freut sich, wenn sie erkannt hat, was gemeint ist. In der Kreisrunde, wenn die Sprecher rasch wechseln, fällt ihr das aber noch viel schwerer.

4.2.1 Um welche Gruppe von Kindern handelt es sich?

Hörschädigungen von Kindern können einen sehr unterschiedlichen Schweregrad haben. Kinder mit einer schweren Hörschädigung oder Gehörlosigkeit haben einen deutlichen höheren Hilfebedarf bei der Integration in die Gruppe als Kinder mit einer leichten oder mittelgradigen Hörschädigung. Die Einteilung orientiert sich am Hörverlust des Kindes (mit dem besser hörenden Ohr), welches beim Facharzt für Hals-Nasen-Ohrenheilkunde oder Phoniatrie durch eine audiometrische Untersuchung bestimmt wird.

> **Definition Hörschädigung**
>
> Ab einem Hörverlust von 60-80 db (Dezibel) spricht man von hochgradiger Schwerhörigkeit, bei einem Verlust von 80-90 dB von Resthörigkeit, bei einem Hörverlust von mehr als 90 dB von Gehörlosigkeit (Taubheit). Unterschieden wird darüber hinaus zwischen einer Schallleitungsstörung und einer Schallempfindungsstörung.
> Die durchschnittliche Lautstärke sprachlicher Äußerungen liegt bei 40-50 dB. Die einzelnen Laute unterscheiden sich in ihrer Frequenz (Hz; Hörschwingungen pro Sekunde). Ein – m – hat z. B. eine Frequenz von 250 Hz, ein – p – etwa 1000 Hz, ein – f – etwa 4000 Hz. Das bedeutet, dass Kinder mit einer Hörminderung von mehr als 40 dB bereits in ihrer Sprachwahrnehmung eingeschränkt sind. Da die Hörminderung für verschiedene Frequenzbereiche im Einzelfall variieren kann, ist auch diese Information von Bedeutung. Bestimmte Laute können dann von einem Kind sehr wohl wahrgenommen werden, andere aber nicht.

Die Häufigkeit des Auftretens (Prävalenz) variiert mit dem Schweregrad der Hörschädigung. Eine Hörminderung von mehr als 40 dB liegt bei etwa 1.2/1000 Kindern (d. h. etwa 0,1 %) eines Geburtsjahrgangs vor. Die Hörschädigung gehört damit zu den häufigeren kindlichen chronischen Krankheiten und Behinderungen. Der Anteil gehörloser Kinder wird im internationalen Vergleich mit 0,04-0,05 % angegeben, ist also deutlich niedriger. Dennoch bedeutet diese Zahl, dass mit 300-350 gehörlosen Kindern pro Geburtsjahrgang im Bundesgebiet zu rechnen ist.

Häufigkeit hörgeschädigter Kinder in Deutschland

Große (2003) geht von insgesamt 2500-4000 hörgeschädigten Kindern im Vorschulalter aus, die von Frühförderstellen in Deutschland (mit-) betreut werden. Bei einer Befragung von 99 Fördereinrichtungen meldeten die Mitarbeiter 1292 Kinder in allgemeinen Kindergärten und 1060 Kinder in Kindergärten und Vorschulen für Hörgeschädigte. Unter den integrativ betreuten Kindern fanden sich 591 schwerhörige, 11 gehörlose und 77 mehrfach behinderte Kinder.
Auch die Ursachen variieren mit dem Schwergrad und dem Ort der Hörschädigung. Eine Schallleitungsschwerhörigkeit besteht z. B. dann, wenn der äußere Ge-

hörgang verstopft oder die Funktion des Trommelfells eingeschränkt ist. Dies kann z. B. leicht geschehen, wenn ein Kind mehrfach Mittelohrentzündungen hat. Schallleitungsprobleme sind häufig bei Kindern mit bestimmten genetischen Syndromen (z. B. Down-Syndrom oder Craniofaziale Syndrome), können aber auch bei ansonsten völlig gesunden Kindern auftreten. Sie führen höchstens zu mittelgradigen Hörminderungen und können durch Medikamente oder Operationen (Einlage eines Paukenröhrchens) gut behandelt werden. Wichtig ist aber zu wissen, dass auch sie das Sprachverstehen eines Kindes deutlich beeinträchtigen können.

Eine Schallempfindungsschwerhörigkeit führt meist zu einer schweren Hörminderung und kommt gehäuft vor bei Kindern mit körperlichen Behinderungen (z. B. einer Cerebralparese) oder bei Kindern, die extrem früh zur Welt gekommen sind oder eine schwere (z. B. Hirn-) Erkrankung in den ersten Lebensjahren durchgemacht haben, die die Cochlea, das Innenohr oder die Hörnervenbahnen betroffen hat. Sie kann aber auch genetisch verursacht sein, d. h. im Rahmen eines übergeordneten genetischen Syndroms auftreten oder isoliert ererbt sein. Etwa 10 % aller gehörlosen Kinder haben daher gehörlose Eltern. Schallempfindungsschwerhörigkeiten sind permanent. Auch bei Kindern mit einer schweren Hörminderung können aber durch ein Hörgerät oder ein Cochlea Implantat wesentliche Verbesserungen der Hör- und Sprachaufnahme erreicht werden.

4.2.2 Welche Hilfsmittel gibt es für Kinder mit Hörschädigungen?

Während es vor einigen Jahren leider noch nicht selten war, dass auch hochgradige Hörschädigungen erst mit dem Ausbleiben des Spracherwerbs im Alter von zwei Jahren und leichtere Hörminderungen noch wesentlich später diagnostiziert wurden, hat sich die Früherkennung – und damit auch die frühe Versorgung von Kindern mit Hörschädigungen – in den letzten Jahren wesentlich verbessert. Entscheidend dafür ist ein frühes Hörscreenings unmittelbar nach der Geburt. Es ist seit dem 1.1.2009 als flächendeckende Maßnahme auch in Deutschland eingeführt und wird von den Krankenkassen finanziert. Dabei kann durch eine einfache Untersuchung (»Oto-akustische Emissionen«, OAE) ein Verdacht auf eine Hörschädigung gestellt werden, der dann durch Kontrolluntersuchungen überprüft und ggf. bestätigt werden muss. Es ist zu erwarten, dass viele Kinder mit hochgradiger Hörschädigung auf diese Weise zuverlässig im ersten Lebenshalbjahr diagnostiziert werden können. Bei Hörschädigungen, die erst im Verlauf der frühkindlichen Entwicklung eintreten, wird der Diagnosezeitpunkt natürlich weiterhin später liegen.

Kinder mit mittel- und hochgradiger Schwerhörigkeit werden möglichst bald nach der Diagnose mit einem Hörgerät oder einem Cochlea Implantat versorgt. Da eine sichere Prognose der Sprachwahrnehmung schwierig ist, gilt das auch für Kinder mit geringen Hörresten, dass sie zunächst als gehörlos klassifiziert werden. Ein batteriebetriebenes Hörgerät besteht aus einem Mikrophon, das die Schallwellen aufnimmt, und einem Verstärker, der die elektrischen Signale verstärkt und über die Hörbahnen an die entsprechenden Hirnareale zur Verarbeitung weiterleitet. Bei Kindern werden meist sog. Hinter-dem-Ohr-Geräte verwendet. Ein Cochlea-Implantat ist eine elektronische Innenohrprothese, die die ausgefallenen Funktionen des Innenohres ersetzen soll und operativ unter die Kopfhaut eingesetzt wird. Es besteht aus einem Empfänger, Elektroden, einem Mikrofon, Sprachprozessor, Batterieteil und Sendespule. Der Sprachprozessor verarbeitet die ankommenden Signale nach bestimmten Kodierungsstrategien und sendet sie als Muster von elektronischen Impulsen zur Sendespule, von der aus sie durch die Haut zum Empfänger übertragen, dort an die Hörschnecke weitergeleitet werden, von der aus der Hörnerv stimuliert wird und Aktionspotenziale zum Gehirn sendet.

4.2.3 Welche Auswirkungen hat eine Hörschädigung auf die Entwicklung?

Die meisten Kinder mit Hörschädigungen verfügen über unbeeinträchtigte kognitive Fähigkeiten. Das bedeutet, dass sie jeweils altersgemäße Spielfähigkeiten entwickeln und sich mit nonverbalen Mitteln zu verständigen vermögen. Ihr Umgang mit Spielsachen unterscheidet sich nicht von dem hörender Kinder. Sie beginnen schon früh, Gesten zu benutzen, um etwas mitzuteilen. Sie zeigen auf Dinge, die ihnen wichtig sind, machen Inhalte pantomimisch deutlich und gebrauchen Kopfschütteln und Nicken zur Ablehnung oder Zustimmung. Einzelne Kinder entwickeln dabei einen sehr umfangreichen »Gesten-Wortschatz« und kombinieren spontan Gesten, um das auszudrücken, was sie »sagen« wollen.

Allerdings ist der Anteil von Kindern, die neben einer Hörschädigung noch weitere Behinderungen aufweisen, nicht gering. Nach epidemiologischen Studien, die in England und Italien durchgeführt wurden, weisen fast 20 % der Kinder mit Hörschädigungen zusätzliche intellektuelle oder motorische Behinderungen auf. Bei ihnen verläuft die Entwicklung in allen Bereichen deutlich langsamer (Leigh, Ching, Crowe, Cupples, Marnane & Seeto, 2015).

Erschwerte Entwicklung von Sprachverstehen und Sprachproduktion

Bei allen Kindern mit Hörschädigungen sind die Verarbeitung von Hörreizen, das Sprachverständnis und die Entwicklung der expressiven Sprache erschwert. Der Grad ihrer Einschränkungen hängt natürlich zunächst einmal vom Grad ihrer Hörminderung ab, aber auch vom Zeitpunkt der Versorgung und der Anpassung der Eltern-Kind-Interaktion an die spezifischen Bedürfnisse des Kindes im Rahmen der Frühförderung.

In Deutschland wird in vielen Frühförderstellen der lautsprachliche, hörgerichtete Ansatz in der Förderung von hörgeschädigten Kleinkindern bevorzugt. Obwohl ein Cochlea-Implantat hinsichtlich Frequenzen und zeitlicher Auflösung von akustischen Reizen nicht annähernd die Leistungsfähigkeit eines menschlichen Ohres hat, hat sich die Chance für einen günstigeren Spracherwerbsverlauf bei Kindern mit schwerer Hörbehinderung durch diese technische Entwicklung und eine intensive Frühförderung wesentlich verbessert.

Bei dieser Form der Förderung ist das Ziel, die Aufmerksamkeit des Kindes auf die Wahrnehmung und die Verarbeitung von Lautsprache zu lenken. Sie kann durch natürliche Gesten und das Üben des Ablesens von den Lippen unterstützt werden. Bei gebärdensprachlicher Förderung wird von Beginn an eine Verständigung über die Deutsche Gebärdensprache (DGS) angebahnt und die Verarbeitung von Lautsprache als Zweitsprache gefördert (bilinguale Förderung). Dieser Ansatz kann z. B. bei Familien sinnvoll sein, in denen die Eltern selbst gehörlos sind und die Gebärdensprache benutzen. Darüber hinaus sind Kombinationen möglich. Laut- und Gebärdensprache können simultan in der Förderung eingesetzt werden, oder die Verarbeitung der Lautsprache kann durch visuelle Hilfen unterstützt werden, bei denen Einzellaute und Silben von speziellen Handzeichen begleitet werden (lautsprachunterstützende Gebärden, LUG). Die Begleitung durch visuelle Hilfen oder die Entscheidung für die Gebärdensprache wird meist erst dann erwogen, wenn ein Kind keine befriedigenden Fortschritte beim Erwerb der Lautsprache macht. Es ist jedoch unbestritten, dass alle hörgeschädigten Kinder von einer bilingualen Förderung profitieren können.

Kinder mit mittelgradiger Hörminderung lernen das Gegenüber zu verstehen, wobei sie den Blick auf die Lippenbewegungen und weitere visuelle Hinweise aus dem Kontext nutzen, um ihre eingeschränkte auditive Diskriminationsfähigkeit zu kompensieren.

Von großer Bedeutung ist der Zeitpunkt, zu dem die Hörschädigung bei einem Kind diagnostiziert und eine Versorgung mit einem Hörgerät oder CI vorgenommen wird. Yoshinaga-Itano, Sedey, Coulter und Mehl (1998) untersuchten 150 Kinder in Colorado im zweiten und dritten Lebensjahr. Diejenigen Kinder mit schwerer Hörstörung, bei denen die Diagnose vor dem 6. Lebensmonat erfolgte, verfügten über sprachliche Fähigkeiten, die den hörenden Kindern annähernd gleichkamen (▶ Abb. 12). Dies galt unabhängig davon, ob das Kind mäßig oder schwer hörgeschädigt war und ob es in einer ungünstigen sozio-ökonomischen Umgebung aufwuchs.

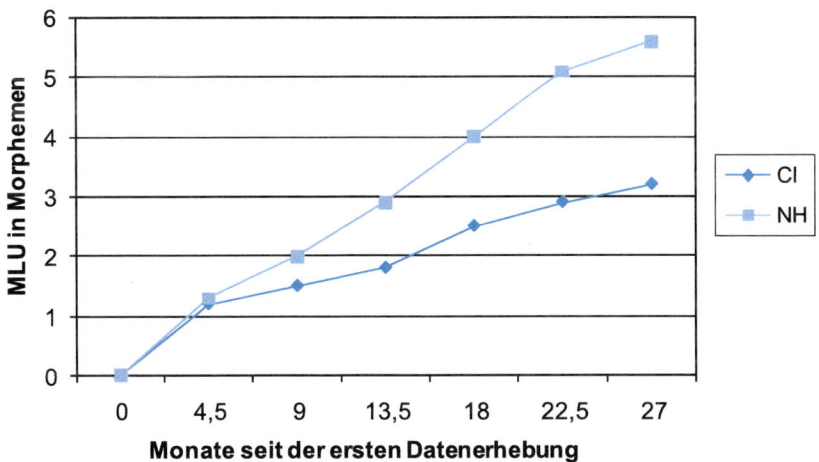

Abb. 12: Sprachentwicklungsquotient in Abhängigkeit vom Zeitpunkt der Identifikation der Hörbehinderung NH = normalhörend (Daten aus Yoshinaga-Itano et al., 1998)

Zahlreiche Langzeitstudien belegen mittlerweile, dass viele Kinder einen im Wesentlichen altersgemäßen Spracherwerbsstand erreichen, wenn die Versorgung und Frühförderung vor dem sechsten Lebensmonat begonnen wurde (Hintermair & Sarimski, 2014; Ullherr & Ludwig, 2014). Sie zeigen aber auch eine beträchtliche individuelle Variabilität in der Entwicklung des Wortschatzes, der syntaktischen und morphologischen Kompetenzen. Als Einflussfaktoren auf den Spracherwerb haben sich folgende Faktoren belegen lassen:

- Zeitpunkt der Diagnose der Hörschädigung
- Zeitpunkt der Versorgung mit einem Hörgerät oder CI
- Qualität der Anpassung und Kontinuität der Nutzung der Hörhilfen
- Zeitspanne, die seit der Anpassung vergangen ist (das »Höralter« der Kinder)
- allgemeine Qualität der familiären Umgebung, die u. a. vom Bildungsgrad der Eltern abhängt
- elterliche Anpassung an die besonderen Bedürfnisse des hörgeschädigten Kindes in der alltäglichen Interaktion.

Hilfebedarf von gebärden-kommunizierenden Kindern

Eine gebärdensprachliche oder bilinguale Förderung hörgeschädigter Kinder setzt voraus, dass sich die Eltern und alle anderen Bezugspersonen mit der Gebärdensprache vertraut machen. Auch dann, wenn Erzieher sich bemühen, sich einzelne Gebärden anzueignen, werden sie allerdings nie die flüssige Gebärdenkompetenz erreichen können, die für eine hinreichend intensive Förderung eines Kindes in diesem Bereich nötig ist.

Daraus leitet sich ein klares Argument für den Fortbestand von sonderpädagogischen Einrichtungen zur gebärdensprachlichen Förderung ab, die als Wahlmöglichkeiten für Eltern verfügbar bleiben muss (Deutscher Gehörlosen-Bund, 2012). Die Kinder werden leichter soziale Beziehungen zu den anderen Kindern der Gruppe entwickeln können, wenn diese ebenfalls gebärden. Auch ist die Wahrscheinlichkeit höher, dass sie Modelle für erfolgreiche Alltagsbewältigung erleben, da in diesen Kindergärten nicht selten Mitarbeiter sind, die selbst hörgeschädigt sind, bzw. die Mitarbeiter sich um Kontakte zu erwachsenen gehörlosen Menschen bemühen. Sie übernehmen eine wichtige Modellfunktion für die Kinder (und die Beratung ihrer Eltern).

Neben der Kommunikationsmodalität spielt auch der biografische Hintergrund der Eltern für die Kindergartenentscheidung eine Rolle. Eltern, die selbst gehörlos sind, fühlen sich oft wohler, wenn ihr Kind einen Sonderkindergarten und später eine Sonderschule besucht. Sie sehen darin eine Möglichkeit, es früh mit der »Deaf Community« vertraut zu machen, die von vielen gehörlosen Menschen als die ihnen gemäße soziale Bezugsgruppe angesehen wird. Auch Eltern mit Migrationshintergrund entscheiden sich häufiger für Sondereinrichtungen. Dies mag einerseits darauf zurückzuführen sein, dass sie aufgrund eigener Sprachbarrieren über die verfügbaren Alternativen weniger gut informiert werden, andererseits glauben, dass ihr Kind in dieser Umgebung eher vor Überforderung geschützt sein wird.

Grundsätzlich sollte aber auch bei Kindern, die primär gebärden-sprachlich gefördert werden, eine Integration nicht von vornherein als unmöglich betrachtet werden; sie haben aber ebenso Anspruch auf eine kompetente Hilfe wie Kinder, die aus anderen Gründen (z. B. schweren körperlichen Einschränkungen) auf alternative Kommunikationsformen angewiesen sind. Einzelne Studien belegen, dass Erzieher durchaus bereit sind, sich intensiv mit dem Erwerb der Gebärdensprache zu beschäftigen, wenn sie in integrativen Gruppen nach einem »Team-Teaching-Ansatz«, d. h. gemeinsam mit einem Sonderpädagogen die Gruppe führen (Jiminez & Antia, 1999; Hofmann & Hennies, 2015).

4.2.4 Was bedeutet Hörschädigung für die sozialen Interaktionen mit Gleichaltrigen?

Erschwerte soziale Kontakte

Im Kindergartenalter haben hörgeschädigte Kinder oft Schwierigkeiten, soziale Zusammenhänge zu verstehen, Emotionen zu erkennen und einzuordnen und für Konfliktsituationen im Alltag sozial angemessene Handlungsmöglichkeiten zu entwickeln (Hintermair & Sarimski, 2016). Es fällt ihnen schwerer, Interaktionen mit gut hörenden Kindern in angemessener Form einzuleiten und aufrecht zu erhalten. Sie nehmen im gemeinsamen Spiel eher eine passive Rolle ein, werden von den anderen Kindern oft nicht verstanden und in ihren Bemühungen um einen sozialen Kontakt nicht beachtet (Xie, Potmesil & Peters, 2014; Batten, Oakes & Alexander, 2014). Sie sind als Spielpartner weniger beliebt als hörende Kinder (Antia & Kreimeyer, 1996).

Ihre sozialen Initiativen zur Kontaktaufnahme mit gut hörenden Kindern schlagen häufiger fehl. Antia und Ditillo (1998) beobachteten das Spiel von hörenden und hörgeschädigten Kindern. Beide Gruppen machten etwa gleich viele Initiativen zum gemeinsamen Spiel. Gehörlose oder hörgeschädigte Kinder waren in dieser Studie jedoch weniger erfolgreich bei ihren Versuchen, Kontakte zu initiieren. Während die hörenden Kinder auf ihre Initiativen meist positive Antworten erhielten, erlebten die hörgeschädigten Kinder ebenso oft Misserfolge wie Erfolge bei ihren Versuchen, die anderen Kinder anzusprechen. Weisel, Most und Efron (2005) machten die gleichen Beobachtungen bei zwei- bis dreijährigen Kindern in Spielgruppen, obwohl drei der vier Kinder früh mit Hörgeräten versorgt, ausschließlich lautsprachlich gefördert waren und Worte und erste Wortkombinationen zur Verständigung einsetzen konnten. Sie ermittelten eine Rate von 75 % Fehlschläge beim Versuch der Kontaktaufnahme zu den anderen Kindern der Gruppe.

Rodriguez und Lana (1996) sowie Levine und Antia (1997) untersuchten die Komplexität des Spielverhaltens und der sozialen Interaktionen in integrativen Kleingruppen. Hörbehinderte Kinder beteiligten sich eher an komplexen sozialen Interaktionen, z. B. an Rollenspielen, wenn ihre Spielpartner ebenfalls hörbehindert waren und sie sich mit ihnen mit Gebärden verständigen konnten, ließen sich aber auch zum Mitspielen motivieren, wenn hörende Spielpartner die Initiative dazu ergriffen und Spielvorschläge machten. Ihre sprachlichen Äußerungen bleiben allerdings mehr auf die Spielgegenstände selbst bezogen als auf den Ablauf des Spielgeschehens (Brown, Prescott, Rickards & Paterson, 1994). Hörbehinderte Kinder sind offenbar auf flüssige Verständigungsmöglichkeiten oder die Assistenz hörender Kinder bei der Ausgestaltung komplexerer (Rollen-) Spiele angewiesen.

Einflussfaktoren auf die soziale Teilhabe

Die soziale Teilhabe von Kindern mit Hörbehinderungen variiert mit ihrer kommunikativen Kompetenz, der Komplexität der sozialen Situationen und der Vertrautheit unter den Spielpartnern. Hoffman, Quittner und Cejas (2015) fanden einen engen Zusammenhang zwischen sprachlichen Fähigkeiten und diesen sozialen Kompetenzen in einer Studie bei zwei bis fünfjährigen Kindern und einer Kontrollgruppe. Die hörgeschädigten Kinder waren ihren Altersgenossen in ihren sozialen Kompetenzen signifikant unterlegen. Je besser ihre sprachlichen Kompetenzen entwickelt waren, desto besser waren auch die sozialen Kompetenzen der Kinder ausgebildet. Hintermair, Krieger und Mayr (2011) belegten signifikante Korrelationen zwischen einem allgemeinen Maß für die kommunikative Kompetenz der Kinder und der Einschätzung ihrer Kontaktfähigkeit, ihrer Fähigkeit zur Selbststeuerung, Selbstbehauptung und affektiven Selbstregulation aus Sicht der Erzieherinnen im Kindergarten.

Martin, Bat-Chava, Lalwani und Waltzman (2010) verglichen die Interaktion hörgeschädigter Vorschulkinder mit jeweils einem Kind und die Interaktion mit mehreren Kindern, die bereits in Kontakt miteinander waren. Es zeigte sich, dass die hörgeschädigten Kinder signifikant häufiger Probleme hatten, die »Dreier-Situation« erfolgreich zu bewältigen.

Auch die Vertrautheit der Spielpartner spielt für das Gelingen der Kontakte natürlich eine gewisse Rolle. Der Effekt zunehmender Vertrautheit zeigte sich z. B. in einer Beobachtungsstudie von Kluwin und Gonsher (1994), die sich über ein ganzes Kindergartenjahr erstreckte. Anders als am Anfang waren die hörbehinderten Kinder gegen Ende dieser Zeit als Spielpartner ebenso beliebt wie die hörenden Kinder und es hatten sich gemischte Gruppen gebildet. Auch zeigt sich, dass sich hörende Spielpartner im Kontakt mit hörbehinderten Kindern an deren Bedürfnisse anpassen, wenn sie mit ihnen vertraut sind; selbst wenn sie nicht selbst Gebärden lernen, benutzen sie zunehmend mehr Gesten und Mimik, um die Verständigung zu erleichtern (Lederberg, Ryan & Robbins, 1986).

Die einzige Studie, die im deutschsprachigen Raum zur (Einzel-) Integration hörgeschädigter Kinder im Vorschulalter veröffentlicht wurde, bezieht sich auf zehn Kindern mit unterschiedlichem Sprachstand und Grad der Hörschädigung (Diller, 2009). Es handelte sich um eine Verlaufsstudie, bei der der Sprachfortschritt der Kinder mit standardisierten Verfahren gemessen, ihre sozialen Interaktionen in der Gruppe beobachtet und Erzieher und Eltern nach ihren Erfahrungen im Integrationsprozess befragt wurden.

Die Beobachtungen sprechen für einen hohen Anteil gemeinsamer Spielzeiten (65-85 %). Nur selten beschäftigen sich danach die Kinder allein; vermehrt jedoch neben anderen Kindern (Parallelspiel). Die Interaktionen mit gut hörenden Kindern nehmen den größten Raum ein, ihre Länge nimmt über den Zeitraum des Kindergartenbesuchs zu. Etwa die Hälfte von ihnen umfassen sprachliche Anteile (oft in Kombination mit Gesten und Gebärden). Dies gilt auch für Kinder mit niedrigem Spracherwerbsstand. Diese Kinder sind aber vermehrt auf ein hörgeschädigten-gerechtes Verhalten der Erzieherinnen angewiesen, die auf Antlitzgerichtetheit im Gespräch und eine bewusst deutliche, aber natürliche anregende Sprache (mit eventuellen lexikalischen oder syntaktischen Vereinfachungen) achten.

4.2.5 Zusammenfassung

Zusammenfassend zeigen diese Studien, dass die Häufigkeit und das Gelingen sozialer Interaktionen zwischen hörenden und hörgeschädigten Kindern in hohem Maße vom Gelingen der wechselseitigen Verständigung – über Gebärden oder Lautsprache – abhängt. Die verbesserten Perspektiven des (Laut-) Spracherwerbs durch Früherkennung und frühe Versorgung mit einem CI haben dazu geführt, dass heute viele hörgeschädigte Kinder im frühen Kindesalter ausschließlich lautsprachlich (»oral«) gefördert und einen im Wesentlichen altersgemäßen Spracherwerb zeigen. Der raschere Spracherwerb und die bessere Verständlichkeit der Äußerungen von Kindern, die mit einem CI versorgt sind, stellt eine wesentliche Erleichterung für die soziale Integration dar, bedeutet aber nicht, dass ihre Integration quasi von allein, d. h. ohne spezifische Hilfen gelinge. Auch wenn hörgeschädigte Kinder durch intensive Sprachförderung und gute technische Versorgung das Potential haben, Sprache zu verstehen und sich sprachlich zu äußern, bleibt das Verstehen für sie im normalen Schallfeld erschwert und die Verständlichkeit ihrer Äußerungen im Vergleich zu hörenden Kindern beeinträchtigt.

4.2.7 Wie können die Kommunikation und die sozialen Kontakte gezielt gefördert werden?

Umgebungsgestaltung und Unterstützung der Aufmerksamkeit für Sprache

Das Verstehen der Äußerungen der Erzieher und der anderen Kinder der Gruppe hängt zu einem gewissen Teil von der akustischen Umgebung ab. Sie fällt hörgeschädigten Kindern in Räumen sehr viel schwerer, in denen der Geräuschpegel und die akustischen Ablenkungen hoch sind und der Schall vom Boden oder den Wänden stark reflektiert wird. Unter diesen Bedingungen erfordert das Verstehen von Sprache mehr Anstrengungen, so dass das Kind rascher ermüdet. Selbstverständlich lässt sich der Geräuschpegel in einer lebendigen Kindergartengruppe nur begrenzt kontrollieren, die Bildung von Kleingruppen für Tätigkeiten, die ein hohes Maß an Aufmerksamkeit und Sprachverstehen erfordern, macht es aber dem hörgeschädigten Kind leichter, sich erfolgreich zu beteiligen. Störende Außenreize sollten so gut wie möglich reduziert werden (s. Kasten).

4 Behinderungsspezifische Hilfen zur sozialen Integration

> **Strategien zur Erleichterung der sprachlichen Verständigung**
>
> **Fördern durch Gestalten der Umgebung**
>
> Achten Sie auf die akustischen Effekte im Raum und sorgen Sie evtl. für Vorhänge, Teppichböden oder Polster, um den Geräuschpegel zu reduzieren; versuchen Sie, Störreize (z. B. Musik, Dauerton elektrischer Geräusche oder Straßenlärm) zu reduzieren.
>
> **Fördern durch Unterstützen der visuellen Aufmerksamkeit**
>
> Machen Sie es dem Kind leichter, seine Aufmerksamkeit auf den Sprecher zu lenken und das Mundbild zum Verstehen seiner Äußerungen zu nutzen, indem Sie
>
> - auf eine optimale Sitzposition des Kindes achten (nahe beim Erzieher, mit der Möglichkeit, Blickkontakt zu halten, und in der Mitte einer Stuhlreihe bei Gesprächen im Kreis)
> - ungünstige Gegenlicht- oder Schattenwürfe vermeiden.
> - auf klare und hinreichend laute Sprache achten, ohne die Lautstärke zu übertreiben,
> - dafür sorgen, dass das Kind Sie anschaut, bevor Sie es ansprechen.
> - ihm in der Kreisrunde jeweils deutlich machen, wer gerade spricht, so dass es die Äußerungen besser verfolgen kann.
>
> **Fördern der Kommunikation mit Kindern mit noch wenig entwickelten Sprachkompetenzen**
>
> - Benutzen Sie eine natürliche Sprache mit normalem, dem Alter angemessenen Wortschatz und Komplexitätsgrad, aber mit guter Resonanz und variationsreicher Mimik und Stimme.
> - Folgen Sie der Blickrichtung des Kindes und greifen Sie seine jeweilige Interessensrichtung auf, um einen Dialog zu beginnen.
> - Sprechen Sie langsam und setzen Sie längere Pausen, um ihm die Verarbeitung zu erleichtern.
> - Unterstützen Sie das, was sie ihm sagen möchten, mit Gesten, und
> - Seien Sie darauf vorbereitet, Äußerungen zu wiederholen oder umzuformulieren, wenn Sie sehen, dass das Kind sie nicht verstanden hat.
> - Greifen Sie alle kommunikativen Initiativen des Kindes auf und expandieren Sie seine Äußerungen, so dass es ein gutes Sprachmodell erhält.

Optimale Ausnutzung technischer Hilfen

Zweitens hängt die Verständigung von der optimalen Ausnutzung der technischen Hilfen ab. Das bedeutet zunächst einmal, dass ein Kind, das mit einem Hörgerät versorgt ist, das Hörgerät wirklich kontinuierlich trägt, seine Gehörgänge frei und nicht durch Ohrschmalz verstopft sind und das Gerät selbst funktionsbereit ist. Das ist leider nicht zuverlässig vorauszusetzen. Es gehört daher zu den Aufgaben des Erziehers, in Absprache mit den Eltern die Funktionsfähigkeit (Sitz, Batterieladung) des Geräts regelmäßig zu überprüfen. Bei kleinen Kindern kann ein stabiler Sitz z. B. durch ein kleines Klebeband gesichert werden, mit dem das Hörgerät befestigt wird. Kleine Kinder sind zudem noch nicht in der Lage, selbst auf ihr Hörgerät zu achten. Wenn es häufiger verlorengeht, so sollte ein Ersatz verfügbar sein, um eine wirklich kontinuierliche Versorgung mit der Hörhilfe sicherzustellen.

Eine sogenannte FM-Anlage (d.i. eine drahtlose Signalübertragungsanlage) kann eine weitere Erleichterung bedeuten. Es handelt sich dabei um ein Verstärkersystem, bei dem der Sprecher ein Mikrophon benutzt und die Sprache direkt zum Empfänger übertragen wird. Das reduziert Störreize und macht es dem Kind sehr viel leichter, sich auf die Sprachäußerung des Gegenübers zu konzentrieren. Eine solche Anlage, die es einem Schulkind erleichtert, dem Unterricht zu folgen, ist im Kindergarten bei Aktivitäten nützlich, die stark vom Erzieher gelenkt sind (z. B. Kreisgespräche oder Betrachtung von Bilderbüchern), kann aber für die Verstärkung der Äußerungen der anderen Kinder der Gruppe nur bedingt benutzt werden.

Einsatz dialogischer und kommunikativer Spielmittel

Die Häufigkeit sozialer Interaktionen zwischen hörenden und hörgeschädigten Kindern kann gezielt gefördert werden, wenn viele Spielsachen zur Verfügung stehen, die zu dialogischen und kooperativen Spielformen einladen. Beim Besprechen von Bilderbüchern ist es wichtig, daran zu denken, dass ein hörgeschädigtes Kind kaum gleichzeitig das Bild anschauen und die Kommentare des Erziehers aufnehmen kann, sondern darauf angewiesen ist, dass es Zeit hat, das Bild zunächst zu betrachten, bevor es seine Aufmerksamkeit dem Erzieher zuwendet und seinem Kommentar lauscht. Für die Beteiligung an Rollenspielen sind feste »Scripts« hilfreich, bei denen der Erzieher – wie bei einem Drehbuch im Theater – mit dem Kind den Ablauf von typischen Situationen (z. B. Einkaufen, Versorgen und Ankleiden von Puppen) einübt, so dass es weiß, welche Handlungen aufeinander folgen und mit welchen Worten es einem Spielpartner einen Spielvorschlag machen kann. Da davon ausgegangen werden kann, dass hörgeschädigte Kinder sich beim »So-tun-als-ob-Spiel« die gleichen kognitiven Repräsentationen von Spielszenen bilden, können so sprachliche Barrieren für die Beteiligung am Spiel überwunden werden.

4.3 Kinder mit schweren Spracherwerbsproblemen

Stefan ist fünf Jahre alt. Sein Spracherwerb ist sehr verzögert verlaufen. Heute äußert er sich meist in kurzen Sätzen, kennt aber viele Begriffe noch nicht und macht viele grammatische Fehler und Wortstellungsfehler. Die anderen Kinder beziehen ihn zwar immer wieder in ihr Spiel ein, er selbst ist aber sehr zurückhaltend und geht von sich aus kaum auf andere Kinder zu. Oft steht er nur neben der Gruppe und findet keinen Weg, den anderen mitzuteilen, dass er gern mitspielen möchte. Wenn es mal zum Streit um Spielsachen kommt, reagiert er oft impulsiv, schubst das andere Kind weg, statt mit ihm zu verhandeln, wer wie lange mit den Dingen spielen darf.

4.3.1 Um welche Gruppe von Kindern handelt es sich?

Für die meisten Kinder mit unterschiedlichen Formen von Behinderungen stellt der Spracherwerb eine große Herausforderung dar. Dies gilt für Kinder mit Down-Syndrom oder anderen anlagebedingten Störungen, die mit einer verlangsamten kognitiven Entwicklung einhergehen, ebenso wie für Kinder mit einer schweren Bewegungsstörung oder Kinder mit einer Sinnesbehinderung. In diesem Kapitel soll es jedoch primär um Kinder gehen, bei denen eine spezifische Spracherwerbsstörung (sogenannte SSES) vorliegt, die Entwicklung in den anderen Bereichen aber weitgehend normal verläuft.

Von einer »Spezifischen Sprachentwicklungsstörung« (SSES) spricht man, wenn das Kind die Sprache wesentlich langsamer entwickelt, ohne dass Sinnesbehinderungen, schwerwiegende neurologische Schädigungen, emotionale oder kognitive Störungen vorliegen. Die Sprachprofile von Kindern mit Spracherwerbsstörungen können asynchron sein mit isolierten Störungen der Aussprache, der Semantik und des Wortschatzes oder der Grammatik, sie können aber auch eine übergreifende Störung in allen Sprachebenen aufweisen.

Die Probleme der Kinder zeigen sich zunächst in einem verlangsamten Lexikonerwerb. Kinder mit verspätetem Erwerb der ersten Wörter, bei denen der produktive Wortschatz mit zwei Jahren noch unter 50 Wörtern liegt und noch keine Wortkombinationen produziert werden, werden als »Late talker« bezeichnet. Der Anteil von Late Talkern an der Gesamtpopulation zweijähriger Kinder beträgt bis zu 18 % (Rescorla, 1989; Tomblin, Records, Buchwalter, Zhang, Smith & O'Brien, 1997). Nur ein Teil der Kinder, die erst spät zu sprechen beginnen, hat aber eine Spracherwerbsstörung im engeren Sinne. 35-50 % von ihnen holen bis zum Erreichen des dritten Geburtstages auf und durchlaufen anschließend einen weitgehend unauffälligen Spracherwerb (»Late Bloomer«). Mindestens 50 % dieser »Late talker« bilden jedoch eine »Spezifische Sprachentwicklungsstörung« (SSES) aus.

Die Probleme der Kinder zeigen sich aber auch bei der Grammatikentwicklung. Denn diese hängt auch vom Lexikonerwerb ab, also von der Anzahl der erworbenen Wörter und dem zur Verfügung stehenden sprachlichen Input. Das hat zur Folge, dass bei einem langsameren Lexikonaufbau auch der Erwerb grammatischer Strukturen erschwert ist. Auch wenn im weiteren Verlauf ein altersentsprechender Wortschatz allmählich aufgebaut wird, bleiben grammatische Auffälligkeiten: reduzierte Äußerungslänge, Einschränkungen der syntaktischen Komplexität. Im weiteren Verlauf bleiben trotz allmählichen Aufbaus eines altersentsprechenden Wortschatzes grammatische Auffälligkeiten: reduzierte Äußerungslänge, Einschränkungen der syntaktischen Komplexität und fehlende oder falsche morphologische Markierungen, vor allem bei der Subjekt-Verb-Kongruenz (z. B. »Die Mädchen spielt Puppe«) Die Kinder gebrauchen vorwiegend unflektierte Verben, lassen die Hilfsverben »sein« und »haben« aus (z. B. »Tine nach Hause gegangen«), haben häufig Probleme mit Modalverben und Präpositionen (z. B. »Das Auto steht in dem Tisch«), verwenden falsche Artikel (z. B. »Der Kiste ist leer«) und machen Wortstellungsfehler (z. B. »Papa Auto fährt«).

Die Spracherwerbsprobleme sind nicht auf ein defizitäres oder verarmtes Sprachangebot zurückzuführen. Störungen beim Aufbau des rezeptiven und/oder produktiven Lexikons sind vielmehr die Folge von Beeinträchtigungen des Kindes in grundlegenden Mechanismen der Sprachverarbeitung und Speicherung, sodass das Sprachangebot nicht altersgemäß analysiert und nur in größeren Einheiten gespeichert werden kann. Das verlangsamt den Wortschatzerwerb. Die reduzierte Fähigkeit zur Gliederung des sprachlichen Inputs in seine Elemente bedeutet gleichzeitig, dass das normale Sprachangebot im Alltag nicht effizient genutzt werden kann, um daraus morpho-syntaktische Regeln abzuleiten. Stattdessen verfestigen sich ganzheitliche Sprachverarbeitungsstrategien und veränderungsresistente Sprachstrukturen, die die soziale Kommunikation im Kindergarten erschweren können.

Von den Kindern mit einer spezifischen Spracherwerbsstörung zu unterscheiden sind Kinder, die zwar über eine differenzierte Sprachverarbeitung verfügen und deshalb auch beim Sprachverstehen kaum Probleme haben, aber große Schwierigkeiten haben, selbst Worte und Sätze zu artikulieren. Dabei handelt es sich in erster Linie um Kinder mit schweren cerebralen Bewegungsstörungen. Sie sind auf alternative Kommunikationsformen angewiesen, die ebenfalls hier angesprochen werden sollen.

4.3.2 Welche Auswirkung hat eine Sprachstörung auf die soziale Entwicklung?

Kinder mit einer spezifischen Spracherwerbsstörung unterscheiden sich in der Quantität und Qualität ihrer sozialen Interaktionen von Kindern mit unbeeinträchtigtem Spracherwerb. Sie suchen weniger häufig von sich aus Kontakt zu anderen Kindern, beteiligen sich seltener an Gesprächen und haben mehr Schwierigkeiten, Lösungsvorschläge für Konflikte zu entwickeln, die in der Gruppe auftreten. Teilweise nehmen sie auf sozial unerwünschte Weise Kontakt auf, indem sie z. B. andere Kinder stoßen oder ihnen Spielsachen abrupt aus der Hand nehmen, oder sie reagieren nicht auf Einladungen zum Mitspielen, weil sie die Spielvorschläge der anderen Kinder nicht verstehen. Solche Probleme der sozialen Verständigung finden sich häufiger bei Kindern mit einer allgemeinen Sprachstörung (vor allem bei denen, bei denen auch das Sprachverständnis eingeschränkt ist) als bei Kindern mit einer isolierten Artikulationsstörung oder Störung des Redeflusses (Craig, 1993; Guralnick et al., 1996).

Beobachtungen des Freispiels im Kindergarten zeigen dann auch, dass Kinder mit sprachlichen Auffälligkeiten häufiger isoliert von den anderen sind und ziellos in der Gruppe umherwandern (Fujiki, Brinton, Isaacson & Summers, 2001).

> **Studie: Kommunikatives Verhalten sprachauffälliger und sprachunauffälliger Kinder im Vorschulalter in integrativen Einrichtungen**
>
> Rice, Sell und Hadley (1991) untersuchten die sozialen Interaktionen von 26 Kindern zwischen 3;3 und 5;7 Jahren. Ein Teil der Kinder hatte Spracherwerbsstörungen, andere verfügten über eingeschränkte Ausdrucksfähigkeiten aufgrund einer anderen Muttersprache. Die sozialen Interaktionen wurden bei unterschiedlichen Aktivitäten im Kindergarten beobachtet. Einerseits zeigte sich, dass sich die Kinder mit unauffälligem Spracherwerb an die eingeschränkten sprachlichen Fähigkeiten dieser Kinder anzupassen vermochten. Andererseits bevorzugten sie deutlich diejenigen Kinder als Spielpartner, die ebenfalls in ihrem Spracherwerb unauffällig waren. Die Kinder mit sprachlichen Problemen richteten ihre kommunikativen Verhaltensweisen vorwiegend an die Erwachsenen in der Gruppe und reagierten mit kurzen Äußerungen oder Gesten, wenn sie etwas gefragt wurden. Sofern sie Kontakt zu Gleichaltrigen suchten, bevorzugten sie ihrerseits ebenfalls Kinder mit gutem Sprachvermögen. Diese sind offenbar – so wie Erwachsene – eher in der Lage, ihre Initiativen aufzugreifen und Dialoge entstehen zu lassen als Kinder, die ebenfalls Spracherwerbsstörungen haben. Gertner, Rice und Hadley (1994) führten mit der gleichen Gruppe eine Follow-up-Studie durch, um die soziale Akzeptanz der verschiedenen Kinder mittels soziometrischer Verfahren zu messen. Kinder mit Spracherwerbsproblemen gehörten häufiger zu den Kindern, die wenig beliebt waren oder abgelehnt wurden.

Risiko für die Ausbildung von sozial-emotionalen Störungen

Für Kinder mit sprachlichen Problemen besteht die Gefahr, in eine ungünstige Wechselwirkungsspirale hineinzugeraten: Sie werden seltener als Spielpartner/-in gesucht und vermeiden selbst aus Angst vor kommunikativen Fehlschlägen den Kontakt, sodass für sie immer weniger Gelegenheiten entstehen, ihre sozialen Kompetenzen zu erweitern und Sicherheit zu gewinnen. Longitudinalstudien zeigen dann auch, dass sich diese Probleme selten von allein auflösen.

Bereits im Vorschulalter besteht ein höheres Risiko, psychische Auffälligkeiten zu entwickeln. Van Daal, Verhoeven und van Balkom (2007) baten die Eltern von 71 fünfjährigen Kindern um ihre Einschätzung. 40 % der Eltern gaben Verhaltensauffälligkeiten an, wobei externalisierende und internalisierende Probleme etwa gleich häufig genannt wurden. Auch Yew und O'Kearney (2013) stellten bei 3-8-jährigen Kindern mit einer »Spezifischen Sprachentwicklungsstörung« eine doppelt so hohe Rate von emotionalen Problemen (vor allem ängstliche Verhaltensweisen) fest als bei Gleichaltrigen ohne Sprachauffälligkeiten.

Aufschlussreich sind in diesem Zusammenhang Untersuchungen an Kindern, die spät zu sprechen beginnen. Auch bei ihnen zeigen sich Defizite in den sozialen Kompetenzen schon vor dem Eintritt in den Kindergarten.

> **Studie: Später Sprechbeginn (»late talker«) und Verhalten**
>
> Horwitz, Iwin und Briggs-Gowan (2003) dokumentierten emotionale und soziale Verhaltensauffälligkeiten sowie soziale Kompetenz in der Interaktion mit Gleichaltrigen bei insgesamt 1189 Kindern über Fragebögen, die die Mütter ausfüllten. Im Alter zwischen zwei und drei Jahren wurde bei 18 % eine ausgeprägte Sprachverzögerung festgestellt. Diese Kinder wiesen im Vergleich zu den Kindern ohne Sprachauffälligkeiten etwa dreimal so häufig Probleme im Kontakt- und Spielverhalten mit Gleichaltrigen (geringes Nachahmungs- und auf andere Kinder bezogenes Spielverhalten; 25-30 %) auf. Die Rate internalisierender Probleme war mit 6,7 % in dieser Gruppe leicht erhöht, die Rate externalisierender Verhaltensauffälligkeiten – vor allem bei den Kindern über 30 Monate – mit 23,2 % deutlich erhöht gegenüber Kindern ohne Sprachverzögerung.

Zweijährige Kinder mit verzögertem Spracherwerb zeigen darüber hinaus mehr negative Verhaltensweisen (z. B. Weinen, Schlagen, Werfen von Gegenständen) im Spiel und bei Aufgaben (Aufräumen von Spielsachen) und sind häufiger passiv (Caulfield, Fishel, DeBarsyhe & Whitehurst, 1989). In Beobachtungen der spielerischen Interaktion mit ihren Müttern werden sie als sozial zurückgezogener und weniger interessiert eingeschätzt (Irwin, Carter & Briggs-Gowan, 2002). Verhaltenseinschätzungen durch die Eltern und pädagogische Fachkräfte von 147 Kindern im Alter von 3-5 Jahren belegten bei spracherwerbsgestörten Kindern dann eine geringere Ausdauer bei herausfordernden Aufgaben, geringere Frustrationstoleranz und eine stärkere Neigung, sich an den Erwachsenen zu orientieren und den Kontakt mit Gleichaltrigen eher zu vermeiden (McCabe, 2005). Kinder mit allgemeinen Sprachauffälligkeiten wiesen durchweg mehr Auffälligkeiten auf, während sich Kinder mit reinen Artikulationsstörungen kaum von den Kindern unterschieden, deren Spracherwerb unauffällig verlief.

> **Studie: Soziale Defizite von Kindern mit SSES**
>
> McCabe und Marshall (2006) verglichen 30 Kinder mit einer SSES und 18 Kinder mit unbeeinträchtigtem Spracherwerb im Alter von 3;2-5;5 Jahren miteinander. Sie beobachteten die sozialen Verhaltensweisen der Kinder im Freispiel und baten die pädagogischen Fachkräfte sowie die Eltern, Fragebögen zu sozial-emotionalen Verhaltensmerkmalen (Aufgabenorientierung, Verhaltenskontrolle, Selbstsicherheit, soziale Fertigkeiten im Umgang mit anderen Kindern) auszufüllen und die Kinder auf Eigenschaftsskalen einzuschätzen.
> Die Skalen zur Aufgabenorientierung und Selbstsicherheit differenzierten die beiden Kindergruppen relativ eindeutig. Bei den Verhaltensbeobachtungen zeigte sich, dass Kinder mit SSES andere Kinder seltener ansprachen, sich (im Gegensatz zu der Kontrollgruppe) häufiger an Erwachsene als Gesprächspartner wendeten und öfter Kontaktangebote ignorierten. Sie beschäftigten sich eher parallel zu den anderen Kindern, während sich Kinder mit unbeeinträchtigtem

> Spracherwerb häufiger an gemeinsamen Rollenspielen beteiligten. Sie vermieden somit sozial herausfordernde Situationen und orientierten sich stärker auf Erwachsene.

4.3.3 Wie können Kinder mit verzögertem Spracherwerb unterstützt werden?

Förderung von Sprachkompetenzen im Alltag. Bei der Unterstützung von Kindern mit eingeschränkten sprachlichen Ausdrucksfähigkeiten sind Strategien zur Förderung der Sprachkompetenzen selbst zu unterscheiden von Strategien zur Förderung sozialer Kompetenzen im Allgemeinen.

> **Förderung von Sprachkompetenzen**
>
> **Erweiterung des Wortschatzes**
>
> Hilfen zur Wortschatzerweiterung sollten jeweils die Dinge oder Ereignisse aufgreifen, an denen das Kind Interesse zeigt (»Follow the Child's Lead«). Die Kommentare sollten Dinge und Handlungen prägnant benennen oder beschreiben. Achten Sie dabei auf Ihr Sprechtempo und nutzen Sie Wiederholungen, um dem Kind die Verarbeitung zu erleichtern. Laden Sie es zu Antworten ein, indem Sie nach Ihren Beiträgen längere Pausen einlegen, vermeiden Sie geschlossene Fragen (z. B. »Was ist das?«) zugunsten von offenen Fragen, die zu längeren Antworten motivieren (z. B. »Wie können wir das jetzt wieder reparieren?«).
>
> **Förderung der Satzbildung**
>
> Greifen Sie die Äußerungen des Kindes auf und erweitern Sie diese: Ergänzen Sie sie zu einem vollständigeren Satz (z. B. Kind: »Markus Ball?« – Antwort: »Ja, das ist der Ball von Markus«). Formulieren Sie – in Abhängigkeit vom Spracherwerbsstand des Kindes – dann komplexere Sätze (z. B. »Wenn wir gegessen haben, dann gehen wir auf den Spielplatz«).

Das Vorlesen und das gemeinsame Anschauen von Bilderbüchern stellen hohe Anforderungen an die Sprachverarbeitungskompetenzen von Kindern mit »Spezifischer Sprachentwicklungsstörung« (SSES). Bei diesen Aktivitäten sollten die Ablenkungen im Raum soweit wie möglich reduziert werden. Bücher mit relativ kurzen Texten und attraktiven Abbildungen zu Themen aus der Lebenswelt der Kinder eignen sich am besten. Für viele Kinder ist es hilfreich, wenn die erzählte Geschichte zusätzlich durch Handpuppen oder Miniaturfiguren veranschaulicht wird. Die Bücher, die in der Buchecke zur Verfügung stehen, sollten zuvor einzeln mit dem Kind oder in der Kindergruppe gemeinsam gelesen worden sein, sodass die Kinder bereits mit dem Inhalt vertraut sind, wenn sie sie selbst zur Hand nehmen.

Manche Kinder haben noch kein Interesse an gedruckten Texten entwickelt. Sie wissen noch nicht, wie man mit Büchern umgeht und dass der Text, der unter den Bildern steht, von Bedeutung ist, d. h. ihnen fehlt noch der Zugang zu ersten Formen von »Literacy«. Für diese Kinder ist es eine Überforderung, in der Gruppe zuzuhören, wenn ein Buch vorgestellt und vorgelesen wird, sodass sie sich dem regelmäßig entziehen. Sie brauchen eine individuelle Hinführung zu Büchern, z. B.

- indem zunächst Fotos von vertrauten Personen zu einem Album zusammengefügt werden,
- interessante Bilder aus alten Zeitschriften ausgeschnitten und aufgeklebt werden,
- beim Einkaufen typische Logos gesucht werden,
- die eigenen Sachen mit einem Namensschild versehen oder
- eine Kommunikationstafel hergestellt wird, an der das Kind auf bestimmte Bilder zeigen kann, um in der Kreisrunde zu entscheiden, welches Lied oder welches Spiel als nächstes gespielt werden soll.

4.3.4 Welche Hilfen brauchen Kinder, die auf alternative Kommunikationsmittel angewiesen sind?

Anleitung vom Gebrauch von alternativen Kommunikationsmitteln bei nicht-sprechenden Kindern

Bei einer (kleinen) Teilgruppe von Kindern mit schweren cerebralen Bewegungsstörungen muss davon ausgegangen werden, dass sie trotz intensiver Förderung und Therapie keine oder nur eine sehr begrenzte Lautsprache erwerben werden. Diese Kinder können lernen, alternative Mittel zur Kommunikation zu nutzen. Eine solche »Unterstützte Kommunikation« kann mit Kommunikationstafeln erfolgen, auf denen Bilder angeordnet sind, auf die die Kinder zeigen. Heutzutage stehen zudem elektronische Hilfsmittel (Sprachcomputer) zur Verfügung, die auch für körperlich schwer behinderte Kindern zu bedienen sind.

Leider werden diese Möglichkeiten im frühen Kindesalter zu selten genutzt und oft erst für den Gebrauch in der Schule erwogen. Pädagogische Fachkräfte haben oft die Vorstellung, dass ihr Einsatz die Entwicklung von Lautsprache hemmen könnte, weil das Kind die Motivation verliere, sich auf herkömmlichem Wege zu verständigen. Sie glauben, dass sie erst als »letzte Möglichkeit« eingesetzt werden sollten, wenn eine langjährige Sprachtherapie keinen Erfolg gezeigt habe.

Beide Argumente lassen sich empirisch widerlegen (Boehnisch, 2008; Cress & Marvin, 2003). Bei Kindern mit schweren cerebralen Bewegungsstörungen oder anderen Behinderungsformen, bei denen eine lautsprachliche Verständigung weitgehend ausgeschlossen ist, sollten die Möglichkeiten der »Unterstützten Kommunikation« deshalb unbedingt schon im Kindergarten genutzt werden, um den Kindern eine aktive Beteiligung am sozialen Geschehen zu erleichtern.

Der Gebrauch alternativer Kommunikationsmittel wird in der Regel im Rahmen einer logopädischen Behandlung, Sprachtherapie oder Frühförderung angebahnt. In vielen Regionen stehen spezialisierte Beratungsstellen (z. B. an Sozialpädiatrischen Zentren oder Schulen für körperlich und mehrfach behinderte Kinder) sowie Fachkräfte der Firmen zur Verfügung, die diese technischen Geräte vertreiben. Sie beraten die Eltern bei der Auswahl des geeigneten Gerätes und leiten sie im Gebrauch innerhalb der Familie an. Sie empfehlen dann in der Regel auch den Einsatz des Geräts im Kindergarten, um die Verständigungsmöglichkeiten des Kindes auch in diesem Kontext zu erweitern.

Für eine erfolgreiche Anbahnung von alternativen Kommunikationsformen müssen drei wesentliche Bedingungen erfüllt sein:

- Auswahl eines Systems, das auf die kindlichen Fähigkeiten und Fertigkeiten abgestimmt ist;
- systematische Anleitung des Kindes im Gebrauch;
- häufige Gelegenheiten zur Kommunikation.

Dabei ist es besonders wichtig, dass sich die pädagogischen Fachkräfte auf den besonderen Hilfebedarf des Kindes einstellen und lernen, wie sie im Alltag möglichst viele Kommunikationsanreize schaffen können. Das kann z. B. dadurch geschehen, dass gezielt Rituale in der Kreisrunde oder bei praktischen Tätigkeiten (z. B. Tischdecken) eingeführt werden, sodass das Kind gefragt werden kann, was es sich wünscht oder als nächstes erwartet.

Freispielzeiten, bei denen das Kind selbst wählen kann, womit es sich beschäftigen möchte, bieten ebenfalls viele Gelegenheiten, um mit ihm zu üben, Bildkarten oder elektronische Kommunikationshilfen zur Mitteilung von Wünschen einzusetzen. Bildtafeln können z. B. vor der Badezimmertür oder am Ausgang zum Spielplatz aufgehängt werden, um das Kind anzuregen, das gewünschte Objekt zu zeigen. Geräte mit Sprachaufnahme (z. B. »BigMack«) können mit einer Liedzeile oder einem Teil einer Geschichte besprochen werden, sodass das Kind sich in der Kreisrunde an geeigneter Stelle beteiligen kann.

Wenn die Unterstützte Kommunikation zunächst in der Interaktion mit dem Erwachsenen eingeführt ist, kann sie mit der Zeit auch auf den Kontakt mit den anderen Kindern der Gruppe übertragen werden. Sie zeigen meist Interesse an dem technischen Gerät und orientieren sich rasch daran, wie der Erwachsene das nicht sprechende Kind anspricht. Voraussetzung ist, dass den Kindern eindeutig vermittelt wird, dass das Gerät nicht als Spielzeug gedacht ist, sondern als Kommunikationsmittel verwendet werden soll.

Nicht selten ist allerdings festzustellen, dass die technischen Hilfen zur Kommunikation im Kindergarten kaum oder gar nicht eingesetzt werden und ein entsprechendes Gerät aufgrund mangelnder Kenntnisse der pädagogischen Fachkräfte über »Unterstützte Kommunikation« und der genannten Vorbehalte ungenutzt »im Schrank« verbleibt. Eine erfolgreiche Nutzung setzt daher eine enge Zusammenarbeit mit den Eltern voraus, um die Strategie des Vorgehens zu Hause und in der Gruppe aufeinander abzustimmen. Die pädagogischen Fachkräfte im Kindergarten sollten darüber hinaus – ähnlich wie bei Kindern mit speziellen Pflegebedürfnissen – in der Phase der Aufnahme des Kindes und danach in größeren Zeitintervallen die Möglichkeit zu einer Beratung mit einer sonderpädagogischen oder therapeutischen Fachkraft haben, die über entsprechendes Wissen im Einsatz alternativer Kommunikationsmittel verfügt.

4.4 Kinder mit Mobilitätseinschränkungen und/oder besonderem Pflegebedarf

Anna ist als extrem frühgeborenes Kind zur Welt gekommen und hat eine Hirnblutung erlitten, die zu einer schweren Cerebralparese geführt hat. Sie kann ihre Arme und Beine kaum bewegen und sitzt in einer angepassten Sitzschale in einem Rollstuhl. Als sie neu in den Kindergarten kam, wussten die anderen Kinder zunächst gar nicht, wie sie mit ihr spielen konnten. Die Erzieherin besprach mit ihnen, dass Anna von Musik ganz begeistert ist. So überlegten sie gemeinsam, wie Anna beim Musizieren aktiv mitmachen könnte. Jeweils ein Kind der Gruppe setzt sich seither neben Anna, wenn ein Lied mit Orff-Musikinstrumenten begleitet werden soll, und unterstützt Anna, sodass sie im rechten Moment ihre Klangkörper anschlagen kann. Jedes Mal, wenn Musik gemacht werden soll, strahlt Anna schon vor Vorfreude.

4.4.1 Um welche Kinder handelt es sich?

Mobilitätseinschränkungen und/oder ein besonderer Pflegebedarf können aus vielfältigen körperlichen Behinderungen entstehen. Eine große Gruppe stellen Kinder mit cerebralen Bewegungsstörungen dar. Sie gehen in den meisten Fällen auf eine angeborene oder während bzw. nach der Geburt erlittene Hirnschädigung (durch eine Infektion, Sauerstoffmangel oder eine Hirnblutung bei extrem unreif geborenen Babys) zurück, können aber auch zu einem späteren Zeitpunkt durch eine hypoxische Schädigung des Gehirns oder ein Schädel-Hirn-Trauma (z. B. nach Verkehrsunfällen) auftreten.

> **Definition Bewegungsstörung**
>
> Die Bewegungsstörungen können in einer spastischen Lähmung unterschiedlicher Schwere bestehen, die eine Körperhälfte (Hemiplegie), die Beine (Diplegie) oder alle vier Gliedmaßen (Tetraplegie) betreffen. In anderen Fällen kommt es zu athetotischen Bewegungsmustern (mit schwankender Muskelspannung und ruckartig ausfahrenden Bewegungen) oder ataktischen Störungen (mit schweren Koordinations- und Gleichgewichtsproblemen). Die Prävalenz cerebraler Bewegungsstörungen liegt bei 0,2 %, d. h. zwei Kinder unter 1000 Neugeborenen sind von einer solchen Entwicklungsstörung betroffen.

Viele Kinder mit einer cerebralen Bewegungsstörung sind in mehrfacher Hinsicht behindert. Die cerebrale Schädigung beeinträchtigt nicht nur die Bewegungssteuerung, sondern eine Vielzahl von körperlichen Vorgängen im Alltag (Nahrungsaufnahme, Verdauung, Atmung, Abhusten von Sekret in der Lunge). Sekundär kann es zu Muskelverkürzungen oder Kontrakturen kommen, denen durch eine intensive Physiotherapie auf neurophysiologischer Grundlage, Orthesen oder eine regelmäßige Botulinumtoxin-Behandlung (zur Reduktion der Spastik in besonders betroffenen Muskelgruppen) entgegengewirkt wird. Skoliosen sind bei einer asymmetrischen Spastik häufig. Sie verringern das Lungenvolumen und können chronische Schmerzen bereiten. Sie können durch ein Korsett oder eine frühzeitige, operative Stabilisierung der Wirbelsäule gelindert werden. Manche Kinder mit einer cerebralen Bewegungsstörung haben außerdem zusätzlich eine Seh- oder Hörbehinderung, leiden unter einem cerebralen Anfallsleiden (Epilepsie), was die tägliche Gabe von antikonvulsiven Medikamenten erforderlich macht, oder sind in ihrer kognitiven und sprachlichen Entwicklung beeinträchtigt. Der Hilfebedarf ist jedoch individuell sehr unterschiedlich. Ein Teil der Kinder mit einer cerebralen Bewegungsstörung ist zwar in seiner Mobilität und in feinmotorischen Fertigkeiten eingeschränkt, in der kognitiven und sprachlichen Entwicklung jedoch völlig unbeeinträchtigt.

Die Ernährung stellt ein zentrales Problem in der Betreuung und Pflege schwerbehinderter Kinder dar. Aufgrund der neurologischen Schädigung sind eine Schluckstörung, eine Störung der Oralmotorik, ein Gastroösophagealer Reflux (GÖR) und Einschränkungen der Darmbewegungen sowie eine Anämie durch einseitige Ernährung häufig. Es besteht ein erhöhtes Risiko, dass das Kind unzureichend mit Nährstoffen und Flüssigkeit versorgt wird. In einer Wechselwirkung von körperlich bedingten Schluck- und Verdauungsstörungen und aversiven Erfahrungen der Kinder bei der Nahrungsaufnahme kommt es nicht selten zu schweren Fütter- und Essproblemen mit Nahrungsverweigerung oder extrem selektivem Essverhalten mit oraler Überempfindlichkeit. Ein Teil der Kinder mit schwerer Behinderung muss mit einer Nasen- oder Magensonde ernährt werden.

Einige schwerbehinderte Kinder sind auch in anderen körperlichen Grundfunktionen auf spezielle Hilfen angewiesen. Bei einer Grunderkrankung, die mit einer Verletzung (Obstruktion) der Luftröhre oder des Kehlkopfes einhergeht, kann es notwendig sein, operativ einen künstlichen Luftweg zu schaffen, durch den das Kind frei atmen kann. Die daraus entstehende Öffnung wird Tracheostomie oder Stoma genannt und durch eine Trachealkanüle offengehalten. Eine Tracheostomie kann auch indiziert sein, um eine Langzeitbeatmung (durch Anschluss eines Beatmungsgeräts) zu ermöglichen, wenn Kinder die Fähigkeit zur ausreichenden Eigenatmung aufgrund einer Querschnittslähmung, chronischen Lungenerkrankung oder neuromuskulären Erkrankung, die die Atemmuskulatur oder das Zwerchfell lähmt, verloren haben.

Ein derart komplexer Hilfebedarf ist selten. Weitaus häufiger werden Kinder mit einer körperlichen Beeinträchtigung im Kindergarten angemeldet, die in ihrer Mobilität eingeschränkt sind, bei denen aber keine zusätzlichen Behinderungen vorliegen, die ihre kognitive und sprachliche Entwicklung hemmen. Dazu gehören z. B. Kinder mit einer Spina bifida, d. h. einer angeborenen Fehlbildung, die zu einer sensiblen und motorischen Lähmung der Beine und einer mangelhaften Kontrolle über die Ausscheidungsorgane führt. Einige Kinder mit Spina bifida lernen, mit Hilfsmitteln zu laufen, die meisten sind aber zur Fortbewegung auf einen Rollstuhl angewiesen. Dies gilt auch für Kinder mit einer degenerativen Muskeldystrophie (Typ Duchenne), die mit einem fortschreitenden Verlust der Muskelkraft und leider mit einer begrenzten Lebenserwartung verbunden ist.

Weiterhin gehören zur Gruppe der körperbehinderten Kinder die Kinder mit einer Skelettdysplasie (z. B. Achondrodysplasie oder Osteogenesis Imperfecta), die aufgrund einer Störung der Knochenentwicklung mit Kleinwuchs und einer Verschiebung der Körperproportionen einhergeht, und Kinder mit einer craniofazialen Fehlbildung, d. h. einer unvollständigen Entwicklung knöcherner Strukturen des Schädels.

Die bekannteste Form einer craniofazialen Fehlbildung ist die Lippen- oder Lippen-Kiefer-Gaumenspalte (LKG), deren Prävalenz bei etwa 0,5 % liegt. Eine solche Spaltbildung kann operativ geschlossen werden, sodass die Entwicklung der Kinder weitgehend normal verlaufen kann; viele Kinder brauchen aber eine intensive Sprachtherapie und bleiben in ihrer Artikulationsfähigkeit beeinträchtigt. Fehlbildungen des Kiefers, der Wangenknochen, des Mittelgesichts oder der Schädelform (z. B. beim Apert- oder Treacher-Collins-Syndrom) können ebenfalls durch chirurgische Eingriffe in ihrer Auswirkung auf die Entwicklung der Kinder gemildert werden. Die Kinder unterscheiden sich aber in ihrem Aussehen dauerhaft von Gleichaltrigen und bedürfen unterschiedlicher therapeutischer Hilfen. Wichtig ist festzuhalten, dass die kognitive Entwicklung der Kinder bei allen genannten Störungsbildern, die nicht auf eine cerebrale Schädigung, sondern auf andere Ursachen zurückgehen, im Wesentlichen unbeeinträchtigt ist.

4.4.2 Welche Auswirkungen hat eine körperliche Behinderung auf die Entwicklung?

Beeinträchtigung von Mobilität, Kommunikation und Selbständigkeit

Kinder mit einer schweren Bewegungsstörung kommen erst sehr viel später oder gar nicht zum Laufen. Auch wenn sie dieses Stadium erreichen, bleibt ihre motorische Koordination eingeschränkt und ihr Gangbild unsicher. In den meisten Fällen ist auch die Feinmotorik betroffen, sodass die Erkundung der Umwelt und das Spiel der Kinder in individuell unterschiedlicher Weise beeinträchtigt ist. Es gilt daher, die körperlichen Einschränkungen so gut wie möglich zu kompensieren, um den Kindern eine soziale Partizipation zu erleichtern. Kinder mit einer Muskeldystrophie sind ab einem (individuell unterschiedlichen) Zeitpunkt in ihrer Entwicklung immer auf den Rollstuhl angewiesen; bei ihnen steht der möglichst lange Erhalt von Fähigkeiten und Fertigkeiten im Vordergrund der therapeutischen Bemühungen.

Darüber hinaus hat die Bewegungsstörung bei vielen Kindern Auswirkungen auf den sozialen Kontakt und die Kommunikation. Bei insgesamt reduziertem Muskeltonus und der daher auch reduzierten Mimik (eingeschränkter Mundschluss, eingeschränkte Fähigkeit zum Lächeln) entsteht leicht der Eindruck, dass das Kind kein Interesse an einem Spielangebot oder am sozialen Kontakt habe. Wenn die

Sprache mitbetroffen ist, sind die Äußerungen des Kindes meist verzögert und schwerer zu verstehen. Beides kann dazu führen, dass das Kind in seinen kognitiven Fähigkeiten und in seinen Interessen zur Beteiligung am Geschehen unterschätzt und nicht gemäß seiner Fähigkeiten einbezogen wird. Wenn ein Kind zudem auf technische Hilfen (z. B. eine Trachealkanüle, Sonde oder ein Beatmungsgerät) angewiesen ist, behindert das den Zugang zu anderen Kindern zusätzlich. Ein komplexer Pflegebedarf kann auch mit sich bringen, dass sich die erwachsenen Bezugspersonen ganz auf die Sicherstellung der körperlichen Funktionen konzentrieren und die kommunikativen und sozialen Bedürfnisse des Kindes zu kurz zu kommen drohen.

Hinzu kommt eine eingeschränkte Selbstständigkeit des Kindes, das bei vielen alltäglichen Verrichtungen (z. B. An- und Ausziehen, Essen, Toilettengang) auf die Hilfe eines Erwachsenen angewiesen ist. Dies birgt das Risiko, dass ihm – auch weil die Verrichtungen auf diese Weise schneller erledigt sind – Handlungen, zu denen es selbst in der Lage wäre, abgenommen werden, sodass mit der Zeit die Motivation des Kindes zum Selbermachen wollen nachlässt und eine Grundhaltung »gelernter Hilflosigkeit« entsteht. Auch in dieser Hinsicht wird das Kind dann nicht gemäß seines Alters und seiner Fähigkeiten in das soziale Geschehen einbezogen, sondern wie ein wesentlich jüngeres Kind behandelt. Das gilt auch für die sozialen Kontakte mit den anderen Kindern der Gruppe, die sich am Modell der Erwachsenen orientieren.

Kinder mit einer Wachstumsstörung sind ebenfalls in der Gefahr, nicht entsprechend ihrer Fähigkeiten einbezogen, sondern – entsprechend ihrer Körpergröße – wie ein jüngeres Kind behandelt zu werden. Ein verändertes Äußeres durch eine craniofaziale Fehlbildung kann zunächst andere Kinder hemmen, Kontakt aufzunehmen. Die Erfahrung zeigt jedoch, dass sich diese Kontakthürde im Kindergarten rasch überwinden lässt, wenn die anderen Kinder der Gruppe angemessen über die Art und Ursache des veränderten Äußeren aufgeklärt werden und erleben, dass das Kind im Alltag und im Spiel über ähnliche Fähigkeiten verfügt wie sie selbst.

Einschränkungen der sozialen Teilhabe

Die soziale Teilhabe am Alltagsgeschehen unterscheidet sich bereits im Vorschulalter. Chiarello, Palisano, Orlin, Chang, Begnoche und An (2012) legten den Eltern von 85 Vorschulkindern mit Cerebralparese verschiedene Fragebögen zur sozialen Partizipation im Alltag, zu ihrer Selbstständigkeit sowie zu den Familienbeziehungen vor. Die häufigsten Aktivitäten in der Freizeit waren die Beschäftigung mit Spielsachen, TV schauen, Musik hören oder Vorlesen. Nur 10 % nahmen an außerfamiliären Aktivitäten wie einem Schwimmkurs oder einem Kurs in der Musikschule teil. Die Intensität der Teilhabe variierte mit dem Schweregrad der Bewegungsstörung – Kinder mit schwerer motorischer Behinderung hatten kaum Gelegenheiten zu freien Spielzeiten oder sozialen Kontakten – und der Selbstständigkeit der Kinder.

Risiko sozial-emotionaler Störungen

Emotionale Belastungen und Probleme der sozialen Teilhabe spiegeln sich auch in den Ergebnissen von Untersuchungen wider, bei denen die Häufigkeit psychischer Probleme bei Kindern und Jugendlichen mit einer Cerebralparese erhoben wurden. In einer internationalen multizentrischen Studie wurden z. B. bei 800 Kindern im Vorschulalter die Verhaltensmerkmale von pädagogischen Fachkräften mittels des »Strengths and Difficulties Questionnaire« (SDQ) eingeschätzt (Parkes, White-Koning, Dickinson, Thyen & Arnaud, 2008). Bei 40 % ergab sich ein auffälliger Gesamt-Problemwert, bei mehr als 25 % Hinweise auf emotionale Störungen (z. B. soziale Ängstlichkeit), eine ausgeprägte Impulsivität oder Probleme im Umgang mit Gleichaltrigen. Das Risiko für die Ausbildung von psychischen Auffälligkeiten erwies sich als besonders hoch bei Kindern mit zusätzlichen intellektuellen Beeinträchtigungen.

Dies bestätigt Erfahrungen aus der Untersuchung von Schulkindern. Eine umfangreiche Untersuchung an Kindern mit einer Hemiplegie, die in England durchgeführt wurde, ergab z. B. bei der Hälfte der Kinder gravierende und dauerhafte soziale Entwicklungsstörungen. Ein Drittel der Kinder hatte keinen einzigen Freund, 25 % fühlten sich von ihren Klassenkameraden/-kameradinnen abgelehnt, weitere 20 % zu wenig beachtet, 40 % hatten Ausgrenzung und Hänseleien in der Klasse erlebt (Goodman & Graham, 1996; Yude, Goodman & McConachie, 1998). Auch Kinder mit anderem Aussehen aufgrund einer craniofazialen Fehlbildung oder einer Wachstumsstörung finden weniger Anerkennung in der Gruppe und machen häufiger verletzende Erfahrungen (Sandberg, 1999).

4.4.3 Vor welchen Herausforderungen stehen die pädagogischen Fachkräfte bei der Integration von körperlich behinderten Kindern?

Vorbehalte der pädagogischen Fachkräfte bei komplexem Pflegebedarf

Wenn pädagogische Fachkräfte noch keine Erfahrungen in der Arbeit mit körperbehinderten Kindern haben, äußern sie oft Zweifel, ob sie den besonderen Hilfebedürfnissen der Kinder in der Gruppe gerecht werden können. Sie gehen davon aus, dass die körperliche Verfassung dieser Kinder sehr fragil ist, sie sich häufig verletzen und/oder wegen häufiger Klinikaufenthalte nicht regelmäßig am Gruppengeschehen teilnehmen können. Bei schweren körperlichen Beeinträchtigungen zweifeln sie daran, dass die Kinder sich an gemeinsamen Beschäftigungen beteiligen können. Wenn sie auf bestimmte Hilfsmittel (z. B. Rollstuhl, Schienen, Therapiestühle) angewiesen sind, haben sie die Sorge, dass sie diese unsachgemäß behandeln und es an verlässlichem Service (zur Reparatur) fehlt. Bei Kindern mit apparativem Pflegebedarf (z. B. Sonde, Trachealkanüle, Beatmungsgerät) gilt dies in besonderem Maße. Bei diesen Kindern kommt hinzu, dass die pädagogischen Fachkräfte fürchten, körperliche Krisen der Kinder womöglich nicht rechtzeitig zu erkennen oder in Notsituationen überfordert zu sein (Smith, Williams & Jager, 2003).

Über diese spezifischen Vorbehalte hinaus besteht ein allgemeiner Informationsbedarf, wie die Fähigkeiten und Fertigkeiten eines Kindes mit einer schweren Bewegungsstörung adäquat eingeschätzt, welche Selbstständigkeitsleistungen von ihm im Alltag erwartet werden können und welche Spielangebote für sie am besten geeignet sind. Fragen haben die pädagogischen Fachkräfte auch dazu, wie sie die Kinder am besten lagern können, welche Sitzpositionen geeignet sind, wie sie die Kinder aufnehmen und tragen können, ohne ihre eigene Gesundheit durch ungünstige Belastung zu gefährden und welche Erwartungen die Eltern und therapeutischen Fachkräfte, die mit dem Kind arbeiten, an sie haben.

Diese vielfältigen Vorbehalte machen es verständlich, dass nicht wenige Eltern von Kindern mit körperlicher Behinderung und komplexem Hilfebedarf zunächst auf wenig Bereitschaft zur Aufnahme stoßen, wenn sie ihr Kind im Regelkindergarten anmelden möchten (Markos-Capps & Godfrey, 1999). Sie lassen sich jedoch in vielen Fällen entkräften, wenn die pädagogischen Fachkräfte das Kind einige Zeit in der Gruppe der Gleichaltrigen beobachten und sehen, dass es durchaus von sich aus Kontakt zu den anderen Kindern sucht und von diesen auch als neues Kind in der Gruppe angenommen wird.

Entscheidend ist eine gute Vorbereitung der Aufnahme, um sich auf die speziellen Bedürfnisse des Kindes einstellen zu können, und eine enge und verlässliche Zusammenarbeit mit den Eltern und den therapeutischen und sonderpädagogischen Fachkräften, die mit dem Kind inner- oder außerhalb der Einrichtung arbeiten. Diese Personen verfügen über die nötigen Erfahrungen, um auf das Kind individuell abgestimmte Vorschläge für Hilfsmittel und das konkrete »Handling« im Alltag zu machen. Physiotherapeutinnen/-therapeuten können Fragen zur optimalen Lagerung, Sitzposition oder Mobilitätshilfen beantworten, Ergotherapeutinnen/-therapeuten die Fragen zur Unterstützung der feinmotorischen Fertigkeiten und Ansätze zur Selbstversorgung, Sprachtherapeutinnen/-therapeuten und Logopädinnen/Logopäden die Fragen, die sich auf die Kommunikation des Kindes und auf den Hilfebedarf beim Essen beziehen.

Wenn dieses Fachwissen der therapeutischen und sonderpädagogischen Fachkräfte allerdings nicht genutzt wird und es nicht zu verbindlichen, fachlich begründeten Absprachen zu individuellen Hilfen kommt, ist eine Aufnahme nicht zu verantworten. Unsachgemäße Lagerung, Sitzpositionen und Stehhilfen sowie Fehler bei der Essensgabe können die körperliche Gesundheit des Kindes gefährden, unzureichend auf seine Bedürfnisse abgestimmte Spielangebote oder falsche Erwartungen an seine Selbstständigkeit seine psychosoziale Entwicklung hemmen.

Anleitung in Pflegemaßnahmen

Eltern werden von Fachärzten/-ärztinnen und Pflegediensten in der Versorgung von Kindern mit apparativem Pflegebedarf (z. B. Ernährungssonde, Trachealkanüle, Beatmungsgerät) systematisch angeleitet. Sie müssen lernen, wie dem Kind das Essen zu geben ist, wie Sekret bei einem Kind mit einem Luftröhrenschnitt sicher und problemlos mittels Absauggerät und Katheter entfernt werden kann, was bei Atemnotzuständen durch Kanülenverstopfung oder Dislokation, Entzündungen und Verletzungen zu tun ist.

Die Integration eines körperlich fragilen Kindes mit einem solchen pflegerischen Hilfe- und besonderem Aufsichtsbedarf stellt eine besondere Herausforderung an die pädagogischen Fachkräfte eines Kindergartens dar. Ihm eine Aufnahme in den Kindergarten aber grundsätzlich zu verwehren, würde ihm wesentliche Anregungen für seine soziale Entwicklung und das Recht auf Bildung vorenthalten. Wenn die Eltern des Kindes eine Integration als Alternative zur Förderung in einem Sonderkindergarten anstreben, muss deshalb im Einzelfall sorgfältig geprüft werden, wie die erforderlichen Hilfen für das Kind organisiert werden können. So kann in diesen besonderen Fällen eine Begleitung durch eine pflegerische Fachkraft beantragt werden, die die Verantwortung für das körperliche Wohlbefinden des Kindes übernimmt. Auch eine Anleitung der pädagogischen Fachkräfte in der Gruppe in der Versorgung des Kindes ist denkbar, die viele dieser Aufgaben ebenso übernehmen können, wie sie Eltern von Kindern mit schwerer Behinderung – ohne dass ihnen dabei eine Wahl bleibt – innerhalb der Familie leisten. Dies setzt allerdings eine hinreichende Offenheit der pädagogischen Fachkräfte und Bereitschaft voraus, sich mit der besonderen Herausforderung auseinanderzusetzen, die die Integration körperlich fragiler Kinder mit sich bringt. Sie kann nicht an allen Orten erwartet, aber durch ein gut koordiniertes Team von fachkundigen Helferinnen und Helfern gefördert werden.

Unterstützung der sozialen Kommunikation

Wenn ein Kind mit schwerer und mehrfacher Behinderung soziale Teilhabe am Geschehen in einer Kindergruppe erleben soll, dann erfordert das von den Bezugspersonen ein besonderes Maß an fachlicher Kompetenz und Sensibilität. Sie müssen die Aufmerksamkeit des Kindes und seine Signale von Interesse, Wohlbehagen oder Unbehagen erkennen und sich in der Interaktion darauf einstellen. Von den anderen Kindern der Gruppe erfordert es die Bereitschaft, von sich aus ein Kontaktangebot zu machen, zunächst ausbleibende, verzögerte oder befremdlich unerwartete Reaktionen des Kindes zu tolerieren und – zunächst intuitiv – zu erkunden, in welcher Form das Kind mit einer schweren und mehrfachen Behinderung »ansprechbar« ist.

Beobachtungen in Gruppensituationen zeigen, dass die meisten Kinder mit schwerer und mehrfacher Behinderung durchaus ein soziales Interesse zeigen, das am Lächeln, Blickkontakt, Berührungen anderer Kinder oder Lautäußerungen zu erkennen ist. Soziale Kontakte gelingen jedoch meist nur mit den Erwachsenen der Gruppe, nur selten mit anderen Kindern (Arthur-Kelly, Foreman, Bennett & Pascoe, 2008; Foreman, Arthur-Kelly, Pasco & Smyth King, 2004; Rehm & Bradley, 2006).

Sarimski (2016) untersuchte die sozialen Interaktionen in integrativen Kindergärten und Schulkindergärten für Kinder mit Behinderungen. Die Videoaufzeichnungen umfassten pro Kind etwa 150 Minuten. In dieser Zeit kam es im Durchschnitt nur zu etwa zehn sozialen Kontakten zwischen ihnen und einem anderen Kind der Gruppe. Die Kontakte gingen etwa ebenso häufig von dem Kind mit einer schweren Behinderung wie von einem Partnerkind aus. Die häufigsten Kontakte ergaben sich in Freispielzeiten. Dabei zeigte sich auch ein signifikanter Effekt des Settings: Die Zahl der Kontakte in Freispielzeiten war höher in integrativen Gruppen, d. h. in Gruppen, in denen das Kind potenzielle Kontaktpartner/-innen ohne Behinderungen hatte.

Die Ergebnisse solcher Studien sprechen dafür, dass Kinder mit sehr schwerer und mehrfacher Behinderung sehr wohl Interesse und Bereitschaft an sozialem Kontakt haben. Wie häufig ein sozialer Kontakt entsteht, hängt offenbar auch von den Kontaktgelegenheiten ab, d. h. ob andere Kinder der Gruppe ihrerseits Kontaktangebote machen. Dafür bestehen in integrativen Kontexten potenziell günstigere Bedingungen.

4.4.4 Welche Hilfen sind bei Kindern mit schweren Bewegungseinschränkungen nützlich?

Lagerung und Handling

Eine optimale Lagerung oder Sitzposition ist die grundlegende Voraussetzung für eine erfolgreiche Beteiligung am sozialen Geschehen in der Gruppe. Viele Kinder sind mit Eintritt in den Kindergarten bereits mit einer orthopädisch angepassten Sitzschale oder einem Rollstuhl versorgt. Ist dies nicht der Fall und kann das Kind auf einem normalen Kindergartenstuhl sitzen, sollte auf eine zusätzliche Stabilisierung des Stuhls geachtet werden, um der Kippgefahr vorzubeugen. Wenn die Füße des Kindes dabei nicht den Boden berühren, sollten sie unterlegt werden (was z. B. durch ein dickes Buch auf einfache Weise geschehen kann), um eine stabile Sitzposition zu gewährleisten.

Bei liegenden Kindern muss auf bequeme Position und häufigen Lagewechsel geachtet werden, um Verspannungen oder Druckstellen zu vermeiden. Für viele Kinder ist eine stabile Seitenlage angenehmer als die Rückenlage, die mit Polstern hergestellt werden kann. Eine symmetrische Beugehaltung ist jeweils anzustreben. Das aktive Hinstellen oder Laufen mit Unterstützung ist bei Kindern, die diese Entwicklungsstufe noch nicht erreicht haben, unbedingt zu vermeiden.

Der sichere Umgang mit Kindern im Rollstuhl bedarf einer gewissen Übung. Andere Kinder der Gruppe sollten daher den Rollstuhl nur unter Aufsicht schieben; für sie ist er – wenn unbenutzt – auch kein Spielzeug. Bei einigen Kindern ist es erforderlich, den Oberkörper mit Gurten zu stabilisieren; sie müssen immer wieder auf optimalen Sitz geprüft werden. Kinder, die zur bipedalen Fortbewegung mit Schienen in der Lage sind, tragen diese Schienen oft nur für einen Teil des Tages. Es gehört zur Alltagsversorgung des Kindes, sich zeigen zu lassen, wie diese Schienen angezogen und abgelegt werden müssen; dies gilt auch für Kinder, die mit Arm- oder Beinprothesen versorgt sind. Bei Kindern, die wegen einer drohenden Skoliose ein Korsett tragen müssen, muss auf häufigen Wechsel verschwitzter Kleidung und die Hautpflege geachtet werden, da es zu Hautreizungen und schmerzhaften Entzündungen kommen kann.

Je nachdem, ob es sich um eine hypotone, spastische oder athetotische Bewegungsstörung (s. o.) handelt, sind unterschiedliche Formen zu empfehlen, wie das Kind in einer entspannten Beugehaltung getragen werden kann. Eine entsprechende Anleitung gibt jede Physiotherapeutin/jeder Physiotherapeut. Diese therapeutischen Fachkräfte können auch zeigen, wie ein Kind vom Boden oder aus dem Rollstuhl aufgenommen werden kann, ohne die eigenen Kräfte und den eigenen Rücken zu überlasten.

Anpassung des Spielzeugangebots

Zur Förderung der Bewegung im Raum, der Exploration von Spielmöglichkeiten und der aktiven Beschäftigung sind einige Anpassungen der Umgebung sinnvoll.

- Der Raum sollte groß genug sein, sodass sich ein Kind mit Rollstuhl möglichst selbstständig in ihm bewegen kann.
- Der Zugang sollte möglichst ebenerdig sein; wenn einzelne Treppen vorhanden sind, so ist eine Rampe nützlich, um den pädagogischen Fachkräften unnötige Belastungen durch das Heben des Kindes aus und in den Rollstuhl zu ersparen.
- Bei gemeinsamen Aktivitäten ist es wichtig, dass alle Kinder auf gleicher Augenhöhe sind und das körperbehinderte Kind nicht auf dem Boden ist, wenn alle anderen Kinder auf Stühlen sitzen bzw. im Hochstuhl, wenn alle anderen auf dem Boden kauern.
- Spielsachen sollten in Reichweite des Kindes sein. Wenn das Kind noch nicht mobil ist und am Tisch sitzt oder am Boden liegt, müssen interessante Spielmöglichkeiten so angeboten werden, dass es sie gut erreichen kann und sie nicht umfallen oder außer Reichweite rollen. Dazu bietet es sich an, die Spielsachen auf Tabletts oder in flachen Behältern zu platzieren, sodass sie in Reichweite bleiben, oder eine rutschfeste Unterlage darunter zu legen.
- Kleine Objekte, z. B. Puzzleteile, sind besser zu greifen, wenn sie mit einem größeren Griffknopf versehen sind. Bei konstruktiven Beschäftigungen oder beim Basteln lassen sich manche Gegenstände mit kleinen Magneten befestigen.
- Für Rollenspiele, z. B. Verkleiden oder das Versorgen einer Puppe, eignen sich z. B. Kleidungsstücke mit Klettverschlüssen, die nicht auf- und zugeknöpft werden müssen.
- Auch Pinsel oder Stifte können leichter benutzt werden, wenn ihr Griff verstärkt wird. Ein Klettband mit Gegenstück am Handgelenk des Kindes kann es auch körperlich schwachen Kindern möglich machen, sie längere Zeit zu halten.
- Bälle sind leichter zu fangen und zu werfen, wenn sie weich sind oder nicht voll aufgepumpt.
- Bilderbücher sind leichter umzublättern, wenn die einzelnen Seiten auf Pappe aufgezogen, mit einer Folie versehen und in einen Ringband eingefügt werden. Auf diese Weise sind sie auch vor unkontrolliertem Speichelfluss geschützt. Alle diese kleinen Anpassungen lassen sich mit einfachen Mitteln vornehmen.

> **Hilfen für Kinder, die nicht selbstständig essen können**
>
> Viele Kinder mit schweren Bewegungsstörungen sind auf Hilfe beim Essen angewiesen. Ihnen kann das Essen auf dem Schoß einer Erzieherin, im Hochstuhl oder in der Sitzschale in möglichst aufrechter Position mit stabiler Kopfkontrolle in der Mittellinie gegeben werden; in liegender Position besteht erhöhte Aspirationsgefahr (Gefahr, dass Speisereste in die Luftröhre und Lunge gelangen). Mit den Eltern und/oder den physio- oder sprachtherapeutischen Fachkräften sollte genau festgelegt sein, in welcher Position das Essen erfolgt, welcher Löffel o. ä.

benutzt werden kann, welche Konsistenz die Speisen haben sollten und mit welchen Reaktionen des Kindes (z. B. reflexhaftes Überstrecken, Zungenstoß, reflexhaftes Beißen auf den Löffel, Husten und Verschlucken) zu rechnen ist. Bei einigen Kindern sind speziell angefertigte Löffel oder Trinktassen zu empfehlen.

Darüber hinaus bietet das Essen eine besonders wichtige Gelegenheit zum sozialen Kontakt im Alltag.

- Setzen Sie sich deshalb so, dass Sie Blickkontakt mit dem Kind halten, sprechen Sie während der Mahlzeit mit ihm, gehen sie auf seine kommunikativen Signale ein und lassen Sie sich Zeit.
- Achten Sie darauf, dass Sie den Löffel jeweils halb füllen und auf der Zunge absetzen, sodass das Kind die Speise möglichst aktiv vom Löffel nimmt und seine Mund- und Zungenmotorik übt. Streifen Sie den Löffel nicht an der Oberlippe ab. Der Mundschluss kann durch leichten Druck am Kinn in Richtung auf die Unterlippe erleichtert werden.
- Wenn das Kind üben soll, selbstständig mit dem Löffel zu essen, achten Sie darauf, dass es den Löffel korrekt greift und es nicht zu einer asymmetrischen Überstreckung kommt.

Vorsicht bei körperlich fragilen Kindern

Körperlich fragile Kinder, die im Alltag auf apparative Hilfen (z. B. Absauggerät oder Beatmungshilfe) angewiesen sind, ermüden leichter und brauchen oft auch längere Zeit zum Essen. Der Tagesablauf muss darauf abgestimmt werden. Kinder, die per Magensonde ernährt werden, sollten wegen einer möglichen Aspirationsgefahr niemals ohne ausdrückliche Erlaubnis des Kinderarztes/der Kinderärztin etwas zum Essen (oral) angeboten bekommen. Viele von ihnen sind auf Medikamente angewiesen, die nach festem Plan zuverlässig gegeben werden müssen. Warnzeichen für eine Verschlechterung des körperlichen Zustandes (z. B. extreme Schläfrigkeit, Erbrechen, Atemnot) müssen bekannt sein. Für Notfälle sollte ein Kontakt zum Kinderarzt/zur Kinderärztin unmittelbar herstellbar sein (Handy-Nummer).

Sensibilisierung für individuelle kommunikative Ausdrucksformen

Kinder mit sehr schwerer Behinderung zeigen oft nur reaktive Verhaltensformen in der Interaktion, bei denen sie keine »Antwort« der Interaktionspartner erwarten (z. B. Kopf hindrehen zum Erwachsenen, wenn er den Raum betritt; Grimassieren beim Geschmack ungeliebter Speisen) oder einfache intentionale Verhaltensweisen (z. B. nach Spielsachen greifen, jemand berühren, um Kontakt aufzunehmen). Je weniger die Kinder eigene Initiative zur Erkundung der Umwelt zeigen und je geringer ihre Aufnahmemöglichkeiten für Sinnesreize sind, umso weniger Gelegenheiten entstehen zu einem kommunikativen Austausch.

Die pädagogischen Fachkräfte brauchen daher eine individuelle Beratung, um die individuellen Signale zu erkennen, mit denen das Kind Kontaktbereitschaft, Aufmerksamkeit, Interesse, Freude, Unbehagen und Abwehr mitteilt. Sie können in einer Veränderung der Körperspannung oder des Atemrhythmus, in unruhigen Bewegungen oder ihrem Innehalten, in einer Kopfdrehung, Augenbewegungen, Öffnen des Mundes, Zungenstoß, Zu- oder Abnahme der Lautbildung, Lächeln, Bewegungen eines Armes, dem Ausweichen vor Berührungen, Zu- oder Abwenden zu Gegenständen bestehen. Auch wenn diese körperlichen Zeichen vom Kind zunächst nicht mit der Absicht der Kommunikation eingesetzt werden, können sie von den Erwachsenen als Kommunikationsversuche interpretiert und beantwortet werden, sodass es mit der Zeit die Wirkung seines Verhaltens erkennt und sich damit an einem basalen kommunikativen Dialog beteiligen lernt. Wenn der Erwachsene die individuellen Signale des Kindes kennt, mit denen es Kontaktbereitschaft und den Wunsch nach Aufmerksamkeit mitteilt, und »der Führung des Kindes folgt«, kann auch bei sehr begrenzten kindlichen Aufmerksamkeits- und Kommunikationsfähigkeiten ein »Turn-taking«, ein wechselseitiger Dialog entstehen (▶ Abb. 13; Chen & Haney, 1999).

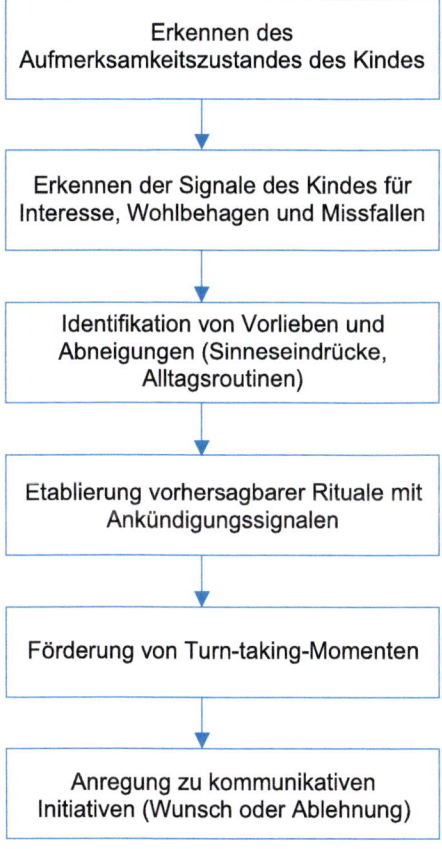

Abb. 13: Systematische Förderung basaler Kommunikation bei sehr schwer behinderten Kindern (»Promoting Learning through Active Interaction«, PLAI) (Daten aus Chen & Haney, 1999)

4.5 Kinder mit geistiger Behinderung

> Thorben ist geistig behindert. Er kann sich nur für sehr kurze Zeit konzentrieren. Er wirkt »aufgedreht«, spricht für Außenstehende schwer verständlich und grammatisch nicht richtig. Zusammenhänge scheint er oft nicht zu begreifen. Er lacht scheinbar unmotiviert, ruft häufig laut in die Gruppe hinein und kann seine Zuwendung gegenüber den anderen Kindern nicht immer kontrollieren. Manchmal stürmt er auf sie zu und umarmt sie, manchmal weint er auch ohne erkennbaren Grund. Mike, ein neues Kind in der Gruppe, reagiert auf seine impulsive und lautstarke Annäherung oft ablehnend: »Hau ab, du Blödmann!«

4.5.1 Um welche Gruppe von Kindern geht es?

> **Definition Geistige Behinderung**
>
> Kinder mit einer kognitiven Behinderung sind in ihren Fähigkeiten zum Lernen und Wissenserwerb sowie zur Bewältigung des Alltags eingeschränkt. Der Entwicklungsstand ihrer kognitiven Verarbeitungsfähigkeiten und adaptiven Kompetenzen entspricht dem Entwicklungsniveau jüngerer Kinder; das Tempo, mit dem sie neue Fähigkeiten erwerben, ist dauerhaft langsamer als bei anderen Kindern. Der Begriff der kognitiven Fähigkeiten umfasst dabei ein Spektrum von mentalen Prozessen: Aufmerksamkeitssteuerung, Bildung mentaler Schemata und Abruf von Vorwissen, Gedächtnisfunktionen, schlussfolgerndes Denken, Verständnis abstrakter Konzepte sowie Planung und Kontrolle der eigenen Handlungen. Einschränkungen in diesen Fähigkeiten wirken sich auf das Lernen im Allgemeinen und auf die Entwicklung von Kompetenzen im Bereich der Sprache, der Selbstständigkeit im Alltag sowie der Gestaltung sozialer Beziehungen aus.

Kinder mit geistiger Behinderung stellen keine homogene Gruppe dar. Der Grad der kognitiven Beeinträchtigungen variiert inter-individuell, d. h. innerhalb der großen Gruppe der Kinder mit kognitiver Behinderung, und kann auch intra-individuell, d. h. innerhalb des Fähigkeitsprofils des einzelnen Kindes, wiederum sehr unterschiedlich ausgeprägt sein. Kinder mit leichter Behinderung der kognitiven Entwicklung wirken jünger als gleichalte Kinder; sie sind aber zur Teilhabe am Gruppengeschehen im Kindergarten nicht auf spezifische Hilfen angewiesen. Kinder mit mittelgradiger oder schwerer Behinderung benötigen jedoch ein höheres Maß an Strukturierung und spezifische Unterstützung, um sich erfolgreich beteiligen zu können. Bei diesen Kindern ist es wichtig, die Verhaltensmuster des Kindes als Ausdruck seiner kognitiven Beeinträchtigungen zu verstehen, um die Umgebung an ihre Bedürfnisse anpassen und individuell abgestimmte Hilfen geben zu können.

4.5 Kinder mit geistiger Behinderung

> **Definition**
>
> Im internationalen Klassifikationsschema psychischer Störungen, ICD-10 genannt, wird zwischen Kindern mit leichter geistiger Behinderung (Intelligenzminderung; Intelligenzquotient, IQ, zwischen 50 und 70) und schwerer geistiger Behinderung (Intelligenzminderung; IQ < 50) unterschieden. Einen IQ von 85 erreichen ca. 84 % eines Altersjahrgangs, einen IQ von 100 erreichen 50 %. In einem anderen gebräuchlichen Klassifikationssystem (DSM-V) wird in der zweiten Gruppe nochmals nach mittelgradiger, schwerer und sehr schwerer Behinderung unterschieden.

Skandinavische und angloamerikanische Studien, die auf der vollständigen Erfassung einer regionalen Population beruhen, kommen für die schwere Intelligenzminderung zu relativ übereinstimmenden Prävalenzangaben von 0,3-0,4 % je Geburtsjahrgang. Die Prävalenzangaben zur leichten geistigen Behinderung variieren stärker. Insgesamt kann davon ausgegangen werden, dass etwa 0,8-0,9 % aller Kinder jedes Jahrgangs zur Gruppe der Kinder mit kognitiver Behinderung (*IQ* < 70) gehören. Das entspricht auch in etwa der Gesamtzahl der Schüler, die nach den Grund- und Strukturdaten des Bundesministeriums für Bildung und Forschung in Deutschland eine Schule für Kinder mit geistiger Behinderung besuchen oder in anderen Schulformen nach dem entsprechenden Lehrplan unterrichtet werden. Sie liegt derzeit bei ca. 80 000.

Die Ursachen für das Entstehen der Behinderung verteilen sich bei leichter und schwerer Behinderung unterschiedlich. Schwere kognitive Behinderung sind in der Mehrzahl der Fälle auf anlagebedingte und vorgeburtliche Ursachen zurückzuführen (z. B. genetische Syndrome, Infektionen während der Schwangerschaft). Unter den Kindern mit leichter kognitiver Behinderung ist der Anteil perinataler Ursachen (z. B. Hirnblutungen nach sehr unreifer Geburt), oft in Verbindung mit ungünstigen Umweltfaktoren (sozio-ökonomische Benachteiligung) wesentlich höher. Aber auch in dieser Gruppe können Entwicklungsstörungen pränatale Ursachen haben (z. B. Kinder mit Fragilem-X- oder Down-Syndrom mit günstigem Entwicklungsverlauf; Kinder mit Alkoholembryopathie durch Alkoholkonsum der Mutter während der Schwangerschaft). Bei relativ vielen Kindern mit leichter kognitiver Behinderung lässt sich die Ursache trotz der Fortschritte der medizinischen Diagnostik nicht eindeutig bestimmen.

4.5.2 Welche Auswirkungen hat eine geistige Behinderung auf die Entwicklung?

Beeinträchtigung aller kognitiven Funktionen

Die Entwicklung von Kindern mit einer geistigen Behinderung verläuft allgemein verlangsamt, d. h. die einzelnen Entwicklungsstufen werden mit zeitlicher Verzögerung bewältigt. Das Verhalten der Kinder entspricht aber nicht einfach dem jüngerer Kinder. Viele der empirischen Studien zum Lernverhalten und den kognitiven

Funktionen beziehen sich auf Kinder mit Down-Syndrom und sind nicht unbedingt auf alle Kinder mit geistiger Behinderung zu übertragen. Selbst innerhalb dieser Gruppe – Kinder mit der gleichen genetischen Veränderung, einer Trisomie 21 – ist der Entwicklungsverlauf sehr verschieden; viele Kinder sind – in medizinischer Ausdrucksweise – mittelgradig behindert, andere jedoch in ihren kognitiven Fähigkeiten nur leicht eingeschränkt, sodass sie z. B. gut Lesen und Schreiben lernen, wieder andere aber schwer behindert, sodass sie sich kaum sprachlich verständigen können. Obwohl sich die Fähigkeiten dieser Kinder – und Kinder mit geistiger Behinderung im Allgemeinen – also individuell sehr unterschiedlich entwickeln, sind einige allgemeine Aussagen zulässig.

> **Definition**
>
> Die Aufmerksamkeit zu steuern, auf relevante Merkmale zu fokussieren und sie mit einem Partner auf ein gemeinsames Thema abzustimmen, sind komplexe mentale Prozesse, die Kindern mit kognitiver Behinderung im Allgemeinen schwerer fallen als anderen Kindern. Sie haben Schwierigkeiten, einen Handlungsablauf zu planen und geordnet zu Ende zu führen. Die Speicherung und der Abruf von Fertigkeiten oder Wissen, das sie erworben haben, sind störanfälliger und braucht mehr Übung und Wiederholung als bei anderen Kindern. Die Übertragung von Gelerntem auf einen neuen Kontext stellt ebenfalls eine besondere Herausforderung dar. Schließlich ist die Sprachverarbeitung eingeschränkt, d. h. sie brauchen mehr Zeit, um Instruktionen und Erklärungen zu verstehen und eigene sprachliche Äußerungen der Situation oder dem Thema angemessen zu planen.

Gelernte Hilflosigkeit

Ihre Handlungskompetenzen sind aber nicht nur durch ihre kognitiven Beeinträchtigungen eingeschränkt. Zu den charakteristischen Merkmalen vieler Kinder mit stärkerer Behinderung gehört eine reduzierte Motivation zur Auseinandersetzung mit herausfordernden Aufgaben. Sie gehen weniger zielgerichtet vor, sind weniger ausdauernd, brechen bei Misserfolgen rasch ab und wenden sich bei Schwierigkeiten schnell an einen Erwachsenen, um um Hilfe zu bitten. Diese motivationalen Charakteristika lassen sich als Folge einer Wechselwirkung zwischen eingeschränkten eigenen Fähigkeiten der Kinder und ungünstigen Lernerfahrungen verstehen. In der Eltern-Kind-Interaktion erleben sie oft eine Mischung von relativ starker Lenkung durch den Erwachsenen, geringer Unterstützung für Eigenaktivität und rascher Hilfe bei Schwierigkeiten, sodass sich ein solches Verhaltensmuster ausbildet, das sich mit »gelernter Hilflosigkeit« beschreiben lässt.

Weniger komplexes Spiel

Kognitive und motivationale Besonderheiten spiegeln sich im Spielverhalten von Kindern mit geistiger Behinderung wider. Kinder mit Down-Syndrom durchlaufen die gleichen Stufen der Spielentwicklung wie nicht behinderte Kinder und zeigen je nach ihrem mentalen Entwicklungsalter überwiegend manipulative und explorative Spielformen, funktionales Spiel, repräsentationales Spiel oder symbolische Spielformen. Symbolische Spielformen stellen jedoch eine Abstraktionsleistung dar, die nicht von allen Kindern mit geistiger Behinderung im Kindergartenalter erreicht wird. Die Qualität des Spielverhaltens weist – im Vergleich zu jüngeren Kindern gleicher Entwicklungsstufe mit unbeeinträchtigter Entwicklung – zudem einige charakteristische Merkmale auf. Das Spielrepertoire ist einseitiger, gleichförmiger, weniger flexibel und weniger organisiert. So bestehen z. B. auch bei den Kindern, die die Stufe des Symbolspiels erreichen, die Spiele aus kürzeren Sequenzen, vielleicht werden zwei oder drei Handlungselemente beim Spielthema »Geburtstag feiern« miteinander verbunden, während Kinder mit unbeeinträchtigter Entwicklung die gleiche Spielidee viel umfänglicher und komplexer ausgestalten. Das Spiel wird seltener von sprachlichen Kommentaren begleitet und häufiger unterbrochen von Phasen, in denen das Kind passiv ist, unbeteiligt umherwandert oder – bei schwerer Behinderung – in Stereotypien verfällt.

4.5.3 Was bedeutet eine geistige Behinderung für die Entwicklung sozialer Beziehungen?

Geringere soziale Initiative und Beteiligung

Zahlreiche Studien zu sozialen Beziehungen und sozialen Kompetenzen bei Kindern mit kognitiven und kommunikativen Einschränkungen wurden von einer amerikanischen Arbeitsgruppe unter der Leitung von Guralnick durchgeführt.

Die Ergebnisse der Studien dieser Arbeitsgruppe beziehen sich überwiegend auf Kinder mit leichter Intelligenzminderung (der mittlere IQ in den einzelnen Stichproben schwankte meist um 60), Beobachtungssituationen im »Labor«, in denen einander nicht vertraute Kinder zu Spielgruppen zusammengeführt wurden, und relativ kurze Beobachtungszeiträume. So wertvoll die Erkenntnisse auch sind, die unter diesen speziellen Bedingungen über das Spiel- und Sozialverhalten behinderter Kinder gewonnen werden konnten, war es doch fraglich, wieweit sie auf die Entwicklung sozialer Beziehungen im natürlichen Kontext des integrativen Kindergartens und auf Kinder mit stärker ausgeprägter Behinderung übertragen werden können. Andere Arbeitsgruppen, die das Sozialverhalten in unterschiedlichen Stichproben und Kontexten analysierten, kamen jedoch zu recht ähnlichen Ergebnissen, wie die folgenden Studien zeigen.

> **Studie: Spielverhalten von kognitiv beeinträchtigten und normal entwickelten Vorschulkindern in integrativen Einrichtungen**
>
> Guralnick bildete jeweils Kleingruppen aus Kindern mit und ohne Beeinträchtigungen, die sich zunächst nicht kannten, und analysierte das Verhalten der Kinder im Spiel über einen längeren Zeitraum. Es handelte sich um 72 Kinder im

Alter zwischen 4;2 und 5;5 Jahren, die sich zunächst nicht kannten und dann zwei Wochen lang für täglich jeweils 2 ½ Stunden miteinander spielten. Durch mikroanalytische Auswertungen ließ sich zeigen, dass Kinder mit kognitiven Einschränkungen insgesamt seltener (nur halb so oft) mit den anderen Kinder der Gruppe interagieren, sich häufiger an Erwachsene wenden, weil sich diese besser auf sie einstellen können als andere Kinder (Guralnick & Weinhouse, 1984), sie spielen häufiger allein, sind weniger erfolgreich in ihren Versuchen der Kontaktaufnahme zu anderen Kindern und übernehmen seltener die Führung bei Spielaktivitäten (Guralnick et al., 1996). Bei Konflikten kommt es häufiger zu negativen Reaktionen und seltener zu einvernehmlichen Lösungen (Guralnick, Paul Brown, Groom & Booth, 1998). Ihr sozialer Status – mit soziometrischen Methoden gemessen – ist niedriger (Guralnick, 1999).

Kopp, Baker und Brown (1992) stellten z. B. fest, dass retardierte Kinder weniger soziales Spiel zeigen, sich häufiger allein beschäftigen und sich seltener in sozial angemessener und akzeptierter Form an dem (laufenden) Spiel der anderen Kinder zu beteiligen vermochten. Odom et al. (2006) untersuchten die sozialen Beziehungen in integrativen Gruppen. Etwa ein Drittel der behinderten Kinder – 22 von 80 –, aber nur ein nicht behindertes Kind wurde von den anderen abgelehnt. Dabei unterscheiden sich die Gründe für die Ablehnung in beiden Gruppen nicht; abgelehnt werden vor allem Kinder mit aggressivem oder in anderer Hinsicht belastendem Sozialverhalten (Buysse, Nabors, Skinner & Keyes, 1997). Auch Guralnick, Hammond, Connor und Neville (2006) führten Langzeitstudien mit 63 Kindern im Alter zwischen vier und sieben Jahren durch, die integrative Kindergärten und dann Grundschulen besuchten, und stellten fest, dass die sozialen Defizite, die sie in Laborsituationen beobachtet hatten, auch in diesen »natürlichen« Kontexten zu beobachten waren und sich die Kompetenzen zur Beteiligung an sozialem Spiel bei einer beträchtlichen Teilgruppe über mehrere Jahre hinweg nicht wesentlich veränderten.

Wolfberg, Zercher, Lieber, Capell, Matias, Hanson und Odom (1999) verbanden soziometrische Erhebungen und Verhaltensbeobachtungen in einer Studie an zehn Kindern mit schwerer Behinderung im Alter von 22-46 Monaten. Vier der Kinder waren in der Gruppe beliebt, sechs Kinder wurden als Spielpartner/-in aber abgelehnt. In der Kontaktaufnahme verhielten sich die behinderten Kinder oft wie jüngere Kinder, d. h. sie beobachteten die anderen, machten ihnen etwas nach, berührten sie oder griffen spielerisch nach ihrem Spielzeug. Seltener – aber doch auch beobachtbar – teilten sie etwas mit den anderen Kindern oder sprachen sie direkt an, wenn sie mitspielen wollten.

Weniger Freundschaftsbeziehungen

Andere Studien beziehen sich auf die Entwicklung von Freundschaften. Befragungen von Eltern und pädagogischen Fachkräften zeigen zwar bei Kindern mit Behinderungen die Ausbildung ähnlicher sozialer Netzwerke wie bei nicht behinderten

Kindern. Mehr als die Hälfte der Kinder hatten – nach Einschätzung der Lehrkräfte – mindestens einen festen Freund oder eine feste Freundin (Buysse, 1993; Geisthardt, Brotherson & Cook, 2002). Die Zahl der Freundinnen und Freunde ist allerdings tendenziell niedriger; eine vergleichende Studie von Buysse, Goldman und Skinner (2002) ergab, dass in integrativen Kindergärten behinderte Kinder im Durchschnitt 1,4, nicht behinderte Kinder im Durchschnitt 2,0 Freunde und Freundinnen hatten. Eine Bewertung ist allerdings schwierig, da sich auch nicht behinderte Kinder in der Zahl ihrer Freunde und Freundinnen sehr unterscheiden. Etwa ein Drittel der Mütter von kognitiv retardierten Kindern gaben in einer Studie von Guralnick, Neville, Hammond und Connor (2007) an, dass ihr Kind gar keinen festen Freund oder eine feste Freundin habe.

Auch wenn es zu Freundschaften kommt, ist das Spiel weniger sozial-interaktiv und reziprok aufeinander bezogen als in Dyaden von nicht behinderten Kindern (Guralnick & Groom, 1988; Freeman & Kasari, 2002). Longitudinalstudien zeigen zwar eine quantitative Zunahme positiver Interaktionen im Spiel mit Freunden über einen Zeitraum von zwei Jahren, aber keine wesentliche Veränderung in ihrer Qualität (Guralnick et al., 2007). Schulkinder und Jugendliche mit leichten kognitiven Behinderungen beschreiben sich denn auch entsprechend häufiger als einsam oder sozial isoliert (Luftig, 1988; Williams & Asher, 1992).

Allerdings sind die Forschungsergebnisse zur Frage, welche Qualität die Freundschaften behinderter Kinder haben, nicht einheitlich. So beschreiben Hall (1994) sowie Staub, Schwartz, Gallucci und Peck (1994) für das Schulalter und Dietrich (2005) für das Vorschulalter die Entwicklung von Freundschaften zwischen nicht behinderten und behinderten Kindern und finden in Befragungen der Eltern und der Kinder selbst sowie in videogestützten Beobachtungen ganz ähnliche Qualitäten freundschaftlicher Beziehungen wie bei Beziehungen zwischen nicht behinderten Kindern (gemeinsam spielen, teilen, helfen, freundlich miteinander umgehen, Spaß miteinander haben u. ä.). Es handelte sich dabei jeweils um Kinder, die in inklusivem Setting aufwuchsen.

Zusammenfassend sprechen sowohl die direkten Beobachtungsstudien wie auch die Analyse von sozialen Netzwerken dafür, dass sich die sozialen Beziehungen kognitiv behinderter Kinder weniger eng und positiv entwickeln als bei nicht behinderten Kindern. Diese Unterschiede sind zum Teil auf Defizite in den sozialen Kompetenzen zurückzuführen. Die Fähigkeiten zur dialogischen Abstimmung auf ein gemeinsames Thema und zum symbolischen Gebrauch von Gegenständen sind z. B. wichtige Voraussetzungen für das Gelingen gemeinsamen Spiels. Sie stellen für viele junge Kinder mit geistiger Behinderung eine besondere Schwierigkeit dar. Auch in dieser Hinsicht sind die individuellen Unterschiede bedeutsam. Je mehr soziale Initiative und Reaktionsbereitschaft und je mehr Ansätze zu repräsentationalem und symbolischem Spiel ein Kind zeigt, desto mehr soziale Kontakte bildet es im Verlauf der weiteren Entwicklung aus – so eine Langzeitstudie an Kindern mit Down-Syndrom und anderen Behinderungsformen, (Sigman & Ruskin, 1999).

Eingeschränkte kommunikative Fähigkeiten

Auch die Fähigkeit, Gespräche einzuleiten und Wünsche oder Vorschläge mitzuteilen, ist ein wichtiger Teilaspekt, der zum Gelingen sozialer Interaktionen beiträgt. Dazu gehören pragmatische Kompetenzen wie die Aufnahme von Blickkontakt zum angesprochenen Kind, das Abwechseln von kommunikativen Beiträgen, non-verbale Signale wie Nicken oder Lächeln und auch die Fähigkeit, die Interaktion in einer angemessenen Form zu beenden. Sprachliche Fähigkeiten sind ebenso zum »Aushandeln« von Spielabläufen – z. B. beim Rollenspiel – wichtig wie auch zum Lösen von Konflikten, wenn ein Kompromiss gefunden werden soll, wer mit einem Spielzeug spielen darf und wie lange. Kinder mit geistiger Behinderung stehen dabei vor einer doppelten Schwierigkeit. Ihre kognitiven Einschränkungen erschweren es ihnen, Handlungspläne zu entwickeln, wie ein Spiel oder eine Konfliktlösung aussehen könnte, bzw. »gute« Lösungen aus dem Gedächtnis abzurufen, die sie bereits kennen gelernt haben. Ihr begrenzter Wortschatz und die Einschränkungen ihrer Satzbildungsfähigkeit oder Artikulation machen es ihnen schwerer, sich den anderen Kindern verständlich zu machen.

Probleme der Selbstregulation

Schließlich spielen auch die Fähigkeit zur Selbstregulation von Handlungsimpulsen und Emotionen sowie das Erkennen von Gefühlen und Absichten Anderer (soziale Kognition) eine Rolle. Eine Neigung zu impulsiven Reaktionen, schwer zu steuernde motorische Aktivitäten und Schwierigkeiten, sich in kritischen Situationen zu beruhigen, gehören zum Verhaltensbild vieler Kinder mit geistiger Behinderung. Einzelne Studien an älteren Kindern sprechen dafür, dass sie auch größere Schwierigkeiten haben, Emotionen oder Absichten anderer Menschen an mimischen Signalen und situativen Merkmalen zu erkennen. Das führt dazu, dass sie mitunter Handlungsabsichten anderer Kinder falsch – z. B. als böswillig – interpretieren und nicht angemessen auf sie reagieren. Wie neurobiologische Grundlagen und Lernerfahrungen in der frühen Eltern-Kind-Interaktion bei der Ausbildung solcher Verhaltensmerkmale zusammenwirken, ist noch nicht vollständig verstanden. Auch in dieser Hinsicht bringen Kinder mit kognitiven Handicaps aber wohl ungünstigere Voraussetzungen für die soziale Beziehungsgestaltung mit anderen Kindern mit.

Erhöhtes Risiko für die Ausbildung von Verhaltensauffälligkeiten

Sarimski (2020a) untersuchte den Zusammenhang zwischen emotionalen Kompetenzen und kognitiven oder sprachlichen Entwicklungsbeeinträchtigungen bei drei- bis sechsjährigen Kindern. An der Studie nahmen 111 Kinder mit Entwicklungsbeeinträchtigungen teil, die einen Schulkindergarten besuchten, der an ein Förderzentrum mit Förderschwerpunkt geistige oder sprachliche Entwicklung angeschlossen ist, sowie 107 Kinder ohne Entwicklungsbeeinträchtigung, die einen allgemeinen Kindergarten besuchen. Die Kinder wurden mit dem »Inventar zur Erfassung emotionaler Kompetenzen bei Drei- bis Sechsjährigen« (EMK 3-6; Petermann & Gust, 2016) untersucht. Die pädagogischen Fachkräfte bewerteten die sozialemotionalen Kompetenzen im Alltag mittels der »Verhaltensskalen für das Kindergartenalter« (VSK; Koglin & Petermann, 2016). Kinder mit kognitiven und/oder sprachlichen Entwicklungsbeeinträchtigungen wiesen signifikant niedrigere Werte in drei der vier emotionalen Kompetenzskalen des EMK 3-6 auf (Emotionen erkennen und benennen, Wissen um prosoziales Verhalten, Wissen um empathische Reaktionen). Bei Kindern mit Entwicklungsbeeinträchtigung, die einen Schulkindergarten besuchen, erwiesen sich das Wissen um prosoziale Kompetenzen und empathische Reaktionen als signifikante Prädiktoren für die Einschätzung der sozialemotionalen Kompetenzen durch die pädagogischen Fachkräfte. In einer zweiten Studie wurden in der gleichen Stichprobe mögliche Zusammenhänge zwischen sozial-emotionalen Kompetenzen und der Ausprägung von Verhaltensauffälligkeiten analysiert (Sarimski, 2020b). In allen Skalen wurde den Kindern mit Entwicklungsbeeinträchtigungen von den pädagogischen Fachkräften mehr Problemverhalten und weniger sozial-emotionale Kompetenzen zur Bewältigung der sozialen Anforderungen zugeschrieben. Die Fähigkeit zur Selbstregulation erwies sich in einer Regressionsanalyse als der Kompetenzbereich, der sowohl bei Kindern mit als auch ohne Entwicklungsbeeinträchtigung mit der Einschätzung von Problemverhalten durch die pädagogischen Fachkräfte am deutlichsten assoziiert wird. Wenn Kinder ausgeprägte Schwierigkeiten haben, ihre Emotionen und Handlungen selbst zu regulieren, trägt das offenbar zu stärker ausgeprägtem Problemverhalten bei.

4.5.4 Welche Unterstützung brauchen Kinder mit geistiger Behinderung?

Kinder mit geistiger Behinderung brauchen Spielmaterialien, die ihrem Entwicklungsstand angemessen und anregend, für viele Kinder im Kindergarten aber nicht mehr interessant sind. Je nach Grad der Behinderung können das einfache Spielzeuge sein, die zur Exploration anregen (wie sie Babys im ersten Lebensjahr gern untersuchen), oder Objekte, die einfache konstruktive Aktivitäten erlauben (z. B. Baubecher, einfache Bausteine, Steckspicle), und Miniaturobjekte, mit denen sich alltägliche Szenen nachspielen lassen. Dabei muss darauf geachtet werden, dass die Gegenstände nicht so klein sind, dass sie vom Kind verschluckt werden könnten, wenn es noch dazu neigt, die Dinge mit dem Mund zu untersuchen.

Balance zwischen Eigenaktivität und Lenkung

Wie bei nicht behinderten Kindern gilt es, die Interessen des Kindes aufzugreifen und seiner »Führung« bei der Auswahl der Spielsachen zu folgen. Um sich ausdauernd zu beschäftigen und zu einem geordneten und zielgerichteten Spiel zu finden, brauchen viele Kinder aber ein gewisses Maß an Lenkung durch den Erwachsenen. Es bedarf somit einer ausgewogenen Balance zwischen Responsivität (der Führung des Kindes folgen) und Lenkung. Neue Fertigkeiten müssen häufig geübt werden, bevor das Kind sie beherrscht, am besten auch mit unterschiedlichen Materialien, um die Generalisierung der Fertigkeit zu unterstützen.

4 Behinderungsspezifische Hilfen zur sozialen Integration

Sprachliche Instruktionen, Aufforderungen an die Gruppe oder Demonstrationen eines Handlungs- oder Spielablaufs sind für Kinder mit kognitiver Beeinträchtigung oft zu komplex. Sie müssen in mehrere Teilschritte zerlegt und wesentlich langsamer gegeben werden; das Kind braucht Zeit, um reagieren zu können.

Rollen- und Symbolspiele bieten eine gute Gelegenheit, soziales, partnerbezogenes Spiel zu fördern. Nicht zu kleine Miniaturobjekte von Alltagsgegenständen und Dinge zum Verkleiden sind dafür nützlich. Sich an einem Rollenspiel zu beteiligen, fällt Kindern mit kognitiven Beeinträchtigungen leichter, wenn sie den Ablauf kennen. Eine Anleitung, bei dem es für wiederkehrende Spielthemen sozusagen »Drehbücher« (Scripts) lernt, versetzt es nach einiger Zeit in der Lage, sich auch ohne Unterstützung des Erwachsenen an diesen Spielen zu beteiligen.

Aktivitäten auf dem Spielplatz (Schaukeln, Rutsche, Transportieren von Gegenständen mit Fahrzeugen) stellen im Prinzip weniger Anforderungen an soziale Kompetenzen als Spiele im Gruppenraum. Es bieten sich dabei viele Gelegenheiten, um soziale Interaktionen zu fördern und einer Isolation des Kindes auf dem Spielplatz entgegenzuwirken. Auch hier benötigen Kinder mit kognitiven Handicaps aber oft (zumindest anfangs) eine systematische Unterstützung durch den Erwachsenen, um soziale Regeln einhalten und Konflikte lösen zu lernen.

Förderung kognitiv behinderter Kinder in integrativem Setting

Folgende Regeln helfen geistig behinderten Kindern, sich an (gemeinsamen) Aktivitäten zu beteiligen:

- Eine Aufgabe gut lösbar gestalten, da bei zu schwierigen Aufgaben das Kind rasch das Interesse verliert. Konkrete, handlungsbezogene Aufgaben erleichtern ihm mitzumachen.
- Wiederholungen von Aktivitäten und feste Tagesstrukturen erleichtern es dem Kind, sich zu beteiligen und jeweils zu verstehen, was als nächstes ansteht und was von ihm erwartet wird.
- Aufforderungen sind leichter zu verstehen, wenn sie langsam gestellt und mit zusätzlichen Hinweisen, z. B. Gesten, verbunden werden. Längeres Abwarten ist nötig, um dem Kind die Gelegenheit zur Reaktion zu geben; der kommunikative Beitrag – ein schwer verständliches Wort oder eine Geste – mag schwerer zu erkennen sein als bei anderen Kindern. Beides ist in Kleingruppen leichter zu realisieren als dann, wenn alle Kinder in einer großen Gruppe gleichzeitig angesprochen werden.
- Bei Gesprächen, Liedern oder der Betrachtung von Bilderbüchern im großen Kreis ist die Aufmerksamkeit des Kindes leichter erschöpft. Es hilft ihm, wenn es einen günstigen Sitzplatz hat, auf dem es vor Ablenkungen geschützt ist, wenn die Zeit nicht zu lang ist, die es sitzen bleiben soll, und wenn es weiß, was nach der Kreisrunde als nächstes folgt. Signalkarten mit Fotos der nachfolgenden Aktivität können als Ankündigung dabei nützlich sein.
- Wenn Sie Bilderbücher besprechen, wählen Sie solche aus, die klare Abbildungen haben, nicht zu viele Einzelheiten auf jeder Seite präsentieren und

deren Inhalte einen Bezug zur Alltagswelt des Kindes haben. Die Wiederholung von Textabschnitten oder die Begleitung von Spielliedern mit Instrumenten erhöhen die Aufmerksamkeit und Möglichkeit, sich trotz begrenzter Sprachkompetenzen zu beteiligen.
- Alltagssituationen in größeren Gruppen können die Aufnahmefähigkeit eines Kindes leicht überfordern. Versuchen Sie, die Umgebung an die begrenzte Kontrolle des Kindes über impulsive Reaktionen anzupassen, indem Sie z. B. dafür sorgen, dass nicht alle Spielzeuge sichtbar und in Greifweite sind, große Objekte, auf die man klettern könnte, nicht frei zugänglich im Raum stehen, usw.
- Vereinbaren Sie mit dem Kind ein einfaches Signal, mit dem es deutlich machen kann, dass ihm etwas zu viel wird und es sich zurückziehen möchte (z. B. in einen Nebenraum).

4.6 Kinder mit autistischen Verhaltensmerkmalen

Daniel, ein Kind mit einer autistischen Entwicklungsstörung, ist vier Jahre alt. Er kann noch nicht sprechen und beschäftigt sich mit Vorliebe mit Fahrzeugen, die er aus dem Regal nimmt, in einer bestimmten Ordnung aufreiht und an ihren Rädern dreht. Wenn andere Kinder ihn ansprechen, reagiert er nicht. Manchmal springt er unvermittelt auf, hüpft im Raum umher und stößt schrille Schreie aus. Die anderen Kinder, die schon länger in der Gruppe sind, kennen das schon und reden mit ihm beruhigend. Kinder, die noch neu in der Gruppe sind, wirken aber erst einmal sehr verschreckt.

4.6.1 Um welche Gruppe von Kindern geht es?

Die Integration von Kindern mit autistischen Verhaltensmerkmalen, die nach den Kriterien des internationalen Klassifikationsschemas ICD-10 als Kinder mit einer »Autismus-Spektrum-Störung« diagnostiziert werden, stellen eine besondere Herausforderung an pädagogische Fachkräfte dar.

Definition

Zu den Kernmerkmalen dieses Störungsbildes gehört eine atypische Entwicklung der sprachlichen und der sozialen Entwicklung, d. h. die kommunikativen und sozialen Fertigkeiten und Fähigkeiten dieser Kinder sind nicht einfach verzögert und entsprechen somit denen eines jüngeren Kindes, sondern ihre Verhaltensweisen haben eine ungewöhnlich, oft bizarr erscheinende Qualität und sind oft schwer zu verstehen.

Soziale Beziehungs- und Kommunikationsstörung. Beim »klassischen« Bild des frühkindlichen Autismus handelt sich um Kinder, die eine schwere Störung der zwischenmenschlichen Beziehungen zeigen, in ihrer nonverbalen und verbalen Kommunikation sowie in ihrem Spielverhalten eingeschränkt sind, oft nur ein eng begrenztes Repertoire an Interessen haben, zu Stereotypien neigen, durch Veränderungen in unwesentlichen Aspekten der Umgebung verunsichert werden und an zwanghaft wirkenden Ritualen festhalten. Bei anderen Kindern sind zwar die charakteristischen Merkmale der sozialen Beziehungs- und Kommunikationsstörung zu beobachten, jedoch keine Neigung zu Stereotypien oder zwanghaften Ritualen. Bei einer dritten Gruppe entwickeln sich die formalen Aspekte der Sprache zwar unauffällig, die Sprache kann aber nicht der jeweiligen Situation angemessen im sozialen Dialog mit Erwachsenen oder anderen Kindern eingesetzt werden und ist u. a. durch eine häufige Echolalie oder zwanghaft wiederholte Redewendungen gekennzeichnet. Alle diese Störungsbilder werden unter dem Begriff der »Autismus-Spektrum-Störung« zusammengefasst. Während der frühkindliche Autismus selbst eine sehr seltene Störung ist, zeigen neuere epidemiologische Studien, dass die anderen Formen des autistischen Spektrums durchaus häufiger auftreten. Fombonne (1999) gibt z. B. eine Prävalenz von 0,18 % (d. h. 18 auf 10 000) an.

Der Beginn der Störung liegt in der frühen Kindheit. Sie kann mit normaler Intelligenz oder jedem Grad von intellektueller Behinderung einher gehen. Trotz intensiver Forschungsbemühungen in den letzten Jahrzehnten, die zu einer Fülle von Erkenntnissen über Entwicklungsbesonderheiten von Kindern mit autistischer Störung geführt haben, lassen sich die verschiedenen Auffälligkeiten noch nicht vollständig und schlüssig erklären. Erklärungsmodelle beziehen sich auf Störungen der Wahrnehmung (z. B. eine extreme Empfindlichkeit für Sinnesreize), Probleme der Handlungsplanung sowie eine grundlegende Störung der Verarbeitung sozial-affektiver Signale. Einigkeit besteht aber, dass es sich um eine Störung handelt, die eine neurobiologische Ursache hat, durch genetische Veränderungen zumindest mitbedingt und nicht durch eine Störung der Eltern-Kind-Beziehung hervorgerufen wird.

4.6.2 Welche Auswirkungen hat eine autistische Störung auf die Entwicklung?

Schon früh fällt ein geringes Interesse an und eine fehlende empathische Reaktion auf andere Menschen auf, ein weitgehendes Ausbleiben von Ansätzen zu symbolischem (vorstellungsmäßigen) Spiel und Nachahmung sowie Probleme, die Aufmerksamkeitsrichtung mit einem sozialen Gegenüber zu koordinieren. Kinder mit diesem Störungsbild nehmen kaum Blickkontakt auf, wenn sie unsicher sind oder sich freuen; reagieren nicht auf ein Hinzeigen, eine Aufforderung oder eine Frage eines Erwachsenen und verwenden ihrerseits kaum Gesten zur Verständigung. Sie teilen Wünsche z. B. dadurch mit, dass sie nach der Hand des Erwachsenen greifen und sie dorthin ziehen, wo sie seine Hilfe benötigen. Die Kinder haben kaum Interesse an sozialen Aktivitäten. Wenn sie Sprache erwerben, bleibt der Sprachgebrauch auffällig mit Echolalien, Pronomenvertauschungen (»du« statt »ich«), stereotypen oder repetitiven Redewendungen (die z. B. aus Reklamesendungen übernommen werden) und einer monotonen Sprechweise.

Defizite im sozialen Verstehen

Die Störung in der Verarbeitung sozialer Informationen spiegelt sich auch in der Schwierigkeit autistischer Kinder wieder, das Verhalten anderer Menschen als Ausdruck von deren Wünschen oder Annahmen zu verstehen, also die Welt quasi aus der Perspektive des Anderen zu sehen und die Gefühle anderer Menschen an ihrer Mimik abzulesen (fehlende »Theory of Mind«). So können sie oft auch die Absicht einer Äußerung nicht von ihrer wörtlichen Bedeutung unterscheiden, sind mit ironischen Äußerungen überfordert, können schlecht einschätzen, welches Gesprächsthema das Gegenüber interessieren könnte und sich schlecht auf ein Gespräch einstellen.

Auffällige Spielformen

Im Vergleich zu Kindern mit unauffälliger Entwicklung zeigen Kinder mit einer Autismus-Spektrum-Störung auf den verschiedenen Entwicklungsstufen abweichendes Spielverhalten. Im Freispiel können sie sich sehr lange in repetitive Aktivitäten versenken. Einige Kinder sind fasziniert von bestimmten Gegenständen und interessieren sich nur für diese. Die Beschäftigungsformen werden kaum variiert und scheinen ziellos, nur auf das vielfach wiederholte Auslösen bestimmter Effekte ausgerichtet. Stereotype Handlungen können sehr einfacher Art sein (z. B. zum Mund führen, Klopfen mit einem Objekt auf den Tisch oder Drehen an Rädern von Fahrzeugen) oder komplexe Rituale umfassen (z. B. das Anordnen von Bausteinen oder Fahrzeugen in einer bestimmten Reihenfolge; Libby, Powell, Messer & Jordan, 1998).

Funktionale Nachahmung, z. B. indem eine Spieltasse zum Mund geführt oder in einer Tasse gerührt wird, wird – wenn überhaupt – sehr viel seltener beobachtet als bei Kindern mit unbeeinträchtigter Entwicklung und behält ebenfalls einen stereotypen, variationsarmen Charakter. Es kommt kaum zu einer Integration von Spielschemata (z. B. indem eine Puppe gefüttert wird) noch zu symbolischem Spiel, bei dem ein reales Objekt stellvertretend für ein vorgestelltes Objekt in die Handlung einbezogen wird.

Die schwere Störung der Kommunikation und die Besonderheiten des Spielverhaltens bringen es mit sich, dass Kinder mit einer Autismus-Spektrum-Störung ihr Spiel kaum mit dem anderer Kinder in Beziehung bringen können (Sigman & Ruskin, 1999). Wenn sie keine Strukturen und Hilfen erhalten, bleiben sie daher weitgehend isoliert vom Gruppengeschehen. Mitunter beobachten sie – mehr oder weniger deutlich erkennbar – die anderen Kinder. Wenn sie auf die anderen Kinder zugehen, sind ihre Versuche zur sozialen Kontaktaufnahme aber uneindeutig, schlecht auf das laufende Geschehen abgestimmt. Für die anderen Kinder ist schwierig zu erkennen, was das Kind möchte, sodass sie oft ignoriert werden (Strain & Hoyson, 2000; Strain & Schwartz, 2001). Sie suchen sehr viel seltener Kontakt als Kinder mit anderen Behinderungsformen, reagieren seltener auf Kontaktangebote anderer Kinder und verbringen wesentlich mehr Zeit allein. Die Folge ist eine stetige

Reduzierung des sozialen Kontakts und damit der Gelegenheiten, sich soziale Kompetenzen anzueignen. Ein Kind mit einer autistischen Störung in eine Gruppe mit Kindern ohne Entwicklungsstörungen aufzunehmen, bringt also für sich noch keine Fortschritte in der Entwicklung sozialer Kompetenzen, wenn das Kind keine spezifischen Hilfen und Anleitung erhält.

> **Studie: Soziale Teilhabe im Kindergarten**
>
> Kishida und Kemp (2009) beobachteten die sozialen Interaktionen von 12 Kindern mit einer Autismus-Spektrum-Störung, die jeweils für einen Teil der Woche eine Sondereinrichtung mit Autismus-spezifischem Förderkonzept sowie einem günstigen Personalschlüssel, für den anderen Teil eine inklusive Kindertageseinrichtung besuchten. In beiden Settings waren die Kinder nur zu einem geringen Teil der Beobachtungszeit im Kontakt mit anderen Kindern der Gruppe. Dieser Anteil betrug in der Sondereinrichtung 3,3 % der Beobachtungszeit, in der inklusiven Gruppe 6,8 %.

4.6.3 Welche Hilfen brauchen Kinder mit autistischer Störung?

Überschaubarkeit der Umwelt

Kinder mit autistischen Verhaltensmerkmalen haben Schwierigkeiten bei der Wahrnehmungsverarbeitung und sind oft sehr empfindlich für Berührungen oder Geräusche. Eine Reduzierung des Geräuschlevels in der Gruppe und eine schrittweise Desensibilisierung gegenüber Berührungen kann die Häufigkeit destruktiver und impulsiver Reaktionen wesentlich reduzieren. Auf Veränderungen von gewohnten Abläufen reagieren sie sehr erregt, sodass es sehr wichtig ist, für vorhersagbare, sich wiederholende Schemata und Rituale im Alltag zu sorgen und Übergänge von einer Aktivität zur anderen durch möglichst klare visuelle Signale anzukündigen. Visuelle Kommunikationsformen (z. B. Bildkarten) sind für sie wesentlich leichter zu verarbeiten als sprachliche Ankündigungen und helfen ihnen, besser zu verstehen, was auf sie zukommt und was von ihnen erwartet wird. Das bedeutet, dass der Tagesablauf und die Umgebung gut strukturiert werden müssen und weniger flexibel gestaltet werden können als bei anderen Kindern, wenn die Integration eines Kindes mit autistischen Verhaltensmerkmalen gelingen soll. Das sogenannte TEACCH-Konzept, das in den USA für Kinder, Jugendliche und Erwachsene mit autistischen Störungen entwickelt wurde, enthält viele solcher strukturierenden Elemente.

Systematischer Aufbau von Basisfertigkeiten

Das wichtigste Ziel der Förderung von Kindern mit einer Autismus-Spektrum-Störung ist der Aufbau sozialer Kompetenzen. Eine systematische Anleitung, wie andere

4.6 Kinder mit autistischen Verhaltensmerkmalen

Kinder begrüßt werden, wie man sie etwas fragen, sie nachahmen, auf ihre Fragen antworten, sie um die Erlaubnis bitten kann, sich an einem Spiel zu beteiligen, kann die Grundstörung zwar nicht auflösen, trägt aber zu einer Steigerung der sozialen Kontakte bei und wirkt der tiefgreifenden Isolierung der Kinder entgegen. Auch die anderen Kinder der Gruppe brauchen systematische Anleitung, um zu wissen, wie sie mit den ausbleibenden oder manchmal bizarr wirkenden Verhaltensweisen autistischer Kinder umgehen können.

Bei der Planung solcher systematischen Interventionen muss das Fähigkeitsprofil autistischer Kinder beachtet werden. Sie können visuelle Informationen in der Regel wesentlich besser verarbeiten als sprachliche Instruktionen. Das lässt sich auch schon im Kindergarten nutzen, indem dem Kind für einzelne Spielaktivitäten (z. B. in der Bauecke oder bei einem Einkaufsspiel) Fotoserien vorbereitet werden, die ihm den Ablauf der verschiedenen Handlungsschritte verdeutlichen, die zu dem jeweiligen Spiel gehören. Morrison, Sainato, Benchaaban und Endo (2002) sowie Bevill, Gast, Maguire und Vail (2001) konnten bei autistischen Kindern in integrativen Settings zeigen, dass sie mit der Zeit lernten, sich ohne Hilfe des Erwachsenen anhand dieser »Drehbücher« (Scripts) am Spielgeschehen zu beteiligen. Das »Picture Exchange Communication System« (PECS) beruht auf einer ähnlichen Grundlage. Bei diesem Konzept wird mit dem Kind geübt, aus einer Auswahl jeweils eine Bildkarte auszuwählen und dem Erwachsenen oder einem anderen Kind zu überreichen, um auf diese Weise einen Wunsch mitzuteilen. Wenn die nötigen personellen Voraussetzungen für eine systematische Anleitung des Kindes gegeben und viele Alltagsgelegenheiten zum Üben geschaffen werden, kann PECS auch in einem integrativen Setting erfolgreich als Weg zur Verständigung aufgebaut werden (Johnston, McDonnell, Nelson & Magnavito, 2003).

Die Einführung solcher Kommunikationshilfen hat große Bedeutung im Kontext der »positiven Verhaltensunterstützung« (▶ Kap. 4.7). Dabei handelt es sich um ein Konzept zum Umgang mit kritischen und belastenden sozialen Verhaltensweisen, das sich bei Kindern mit unterschiedlichen Behinderungen in besonderer Weise bewährt hat. Es integriert »klassische« Ansätze der Verhaltensmodifikation durch Verstärkung und negative Konsequenzen bei erwünschtem bzw. unerwünschtem Verhalten mit einer systematischen Analyse der Situationen, die ein Kind überfordern und auf die es mit problematischem Verhalten reagiert, und der Förderung alternativer Kompetenzen zur Bewältigung dieser Situationen.

Die Anpassung der Umgebung an die spezifischen Bedürfnisse autistischer Kinder, der Aufbau eines wirksamen Kommunikationssystems und Interventionen nach dem Konzept der »positiven Verhaltensunterstützung« erfordern sonderpädagogisches und verhaltenstherapeutisches Fachwissen. Das Gelingen der sozialen Integration von Kindern mit einer Autismus-Spektrum-Störung setzt somit eine intensive Zusammenarbeit zwischen den pädagogischen Fachkräften der Einrichtung, den Eltern des Kindes und externen Fachkräften voraus, die Erfahrung mit dem autistischen Störungsbild haben. Auf diese Weise kann es gelingen, zwanghafte und ritualistische Verhaltensweisen zu reduzieren, sodass sie im Gruppenkontext toleriert werden können, und destruktive Verhaltensweisen, Verweigerungshaltungen und impulsive Verhaltensweisen mit Selbst- oder Fremdgefährdung als Reaktionen auf Überforderung soweit zu beeinflussen, dass befriedigende soziale Beziehungen in der Gruppe möglich werden.

Bei Kindern mit einer ausgeprägten autistischen Störung muss jedoch im Einzelfall zusammen mit den Eltern geprüft werden, ob und wie eine hinreichende Unterstützung in einer großen Gruppe mit nicht behinderten Kindern gewährleistet werden und eine Überforderung des Kindes selbst sowie der anderen Kinder der Gruppe vermieden werden kann. Auch Assistenzlösungen sind möglich. Dabei wird ein autistisches Kind durch einen/eine Integrationshelfer/in begleitet, wie es bei autistischen Kindern mit unbeeinträchtigter intellektueller Entwicklung im Schulbereich relativ häufig versucht wird. Doch dies erfordert eine fachliche Begleitung und intensive Zusammenarbeit aller Beteiligten, um die Integration gelingen zu lassen.

4.7   Kinder mit kritischem Sozialverhalten

4.7.1   Formen und Häufigkeit von kritischem Sozialverhalten

> Die pädagogische Fachkraft fordert Timo auf, sich mit in die Kreisrunde zu setzen. Als er nicht reagiert, versucht sie, ihn an die Hand zu nehmen. Er wehrt sich, beginnt zu schreien und schlägt nach ihr. Daraufhin lässt sie ihn wieder los und lässt ihn weiter in der Bauecke spielen, während die anderen Kinder sich im Kreis eine Geschichte anhören.
>
> Nina beobachtet andere Mädchen in der Puppenecke, die dabei sind, eine Puppe auszuziehen und ins Bett zu bringen. Sie möchte gern mitspielen, bleibt aber in einiger Entfernung stehen und wartet ab. Als die anderen Mädchen sie nicht beachten, macht sie ein enttäuschtes Gesicht und wandert im Raum umher, bis sie nach einiger Zeit ein Puzzle aus dem Regal zieht und sich allein damit beschäftigt.
>
> Paul hat eine Burg im Sandkasten gebaut. Jetzt setzt er sich auf ein Dreirad und fährt damit umher. Als er sieht, dass sich ein anderer Junge in den Sandkasten setzt und zu graben beginnt, lässt er das Rad schnell stehen, stürzt auf ihn zu und schubst ihn um. Der Junge beginnt zu weinen. Die Erzieherin tröstet ihn, schimpft mit Paul und schickt ihn vom Spielplatz in den Gruppenraum.
>
> Christoph sieht einen Jungen, der einen Werkzeugkasten aus dem Regal geholt hat. Er möchte offenbar auch gern mit dem Hammer und der Bohrmaschine spielen, läuft auf den Jungen zu und reißt ihm die Spielsachen aus der Hand. Der Junge schreit ihn an und will sich die Sachen zurückholen. Christoph rennt weg.

Kritische soziale Verhaltensweisen, wie sie in diesen Beispielen beschrieben sind, können den Alltag in einer Gruppe sehr belasten: Verweigerung bei Aufforderungen der pädagogischen Fachkraft, Schubsen oder Treten anderer Kinder, Wegreißen von Spielsachen, Schlagen, Weglaufen. Andere Verhaltensweisen fallen vielleicht kaum auf – z. B. der soziale Rückzug eines Mädchens, das gern mitspielen möchte, aber offenbar nicht weiß, wie es das erreichen kann. Sie können in jedem beliebigen

Kindergarten auftreten und von Kindern gezeigt werden, deren allgemeine Entwicklung gänzlich unbeeinträchtigt ist. Wenn sie hin und wieder einmal auftreten, sind sie kein Grund zur Sorge. Sind sie aber bei einem Kind sehr häufig zu beobachten und belasten sie seine sozialen Beziehungen zu den anderen Kindern oder den pädagogischen Fachkräften nachhaltig, erfordern sie eine gezielte pädagogische Intervention. Dabei gibt es keine eindeutige Grenze, wann von einem »auffälligen« Verhalten gesprochen werden kann und eine solche Intervention angezeigt ist. Auffälliges Verhalten tritt immer in Abhängigkeit von bestimmten sozialen Bedingungen auf. Was als belastend betrachtet wird, hängt vom Maßstab des Erwachsenen ab, der es beurteilt.

Erhöhte Prävalenz von Verhaltensauffälligkeiten

Es gibt eine ganze Reihe von Studien zu der Frage, ob die Prävalenz von emotionalen und sozialen Verhaltensauffälligkeiten bei Kindern mit unterschiedlichen Behinderungen höher ist als bei nicht behinderten Kindern (Sarimski, 2019a). Meist wurden dazu Fragebögen benutzt, bei denen sich einzelne Verhaltensmerkmale zu übergeordneten Kategorien wie »Hyperaktivität«, »aggressives Verhalten«, »sozialer Rückzug« oder »oppositionelles Sozialverhalten« zusammenfassen lassen. Viele solche Studien beziehen sich auf Kinder im Schul- und Jugendalter. Eine generell erhöhte Prävalenz von Verhaltensauffälligkeiten und psychischen Störungen in allen Gruppen behinderter Kinder lässt sich daraus nicht ablesen. Sie sind aber schon im frühen Kindesalter bei blinden Kindern, Kindern mit kognitiven Entwicklungsstörungen und Kindern mit einer Autismus-Spektrum-Störung häufiger zu beobachten als bei Kindern ohne Behinderungen (Baker, Blacher, Crnic & Edelbrock, 2002; Tirosh, Shnitzer, Davidovitch & Cohen, 1998). Diese Kinder sind in ihrer sozialen Wahrnehmung, kognitiven Verarbeitungsfähigkeit, Selbstregulation und in ihren kommunikativen Fähigkeiten eingeschränkt, sodass das Risiko von Verhaltensauffälligkeiten und sozialen Anpassungsproblemen groß ist. Treten sie in integrativen Kindergärten auf, können sie dazu führen, dass die Kinder in der Gruppe abgelehnt und ausgegrenzt werden und den Eltern nicht selten empfohlen wird, ihr Kind aus der Gruppe zu nehmen.

4.7.2 Wie lassen sich kritische Sozialverhaltensweisen behinderter Kinder verstehen?

Die Anpassung an soziale Regeln, die Bewältigung von Übergängen im Kindergartentag von einer Aktivität zur nächsten, die Beteiligung an Gruppenspielen oder die Lösung von Konflikten um Spielsachen stellen für alle Kinder eine Herausforderung dar. Dies gilt vor allem, wenn sie noch nicht lange im Kindergarten sind. Eine Behinderung der Seh- oder Hörfähigkeit, des Spracherwerbs oder der kognitiven Verarbeitung des Geschehens können aber dazu führen, dass diese kritischen Momente im Alltag noch schwieriger zu bewältigen sind.

Viele Kinder mit neurobiologischen Störungen haben Schwierigkeiten in der Impulskontrolle, d. h. sie reagieren auf Frustrationen heftiger und unbedachter als andere Kinder. Sie haben Probleme in der Wahrnehmung, d. h. sind schnell irritiert und reagieren überempfindlich auf Berührungen oder schnell überfordert, wenn zu viele Reize auf sie einstürmen. Viele Kinder mit kognitiven Störungen oder Sinnesbehinderungen haben Schwierigkeiten, mit Anforderungen umzugehen, auf die sie nicht vorbereitet sind. Ihre kommunikativen Fähigkeiten sind eingeschränkt, sodass sie ihre Überforderung, Bedürfnisse und Wünsche nicht angemessen und rechtzeitig mitteilen können. Bei einigen von ihnen – z. B. bei Kindern mit schwerer kognitiver Behinderung – können auch Stereotypien und selbstverletzende Verhaltensweisen auftreten, die für die pädagogischen Fachkräfte fremd, sehr beunruhigend und schwer zu verstehen sind.

Reaktion auf Überforderung

Der wichtigste Grundsatz im Umgang mit kritischen Sozialverhaltensweisen ist, das Verhalten des Kindes als Reaktion auf bestimmte soziale Anforderungen zu verstehen, mit denen es überfordert ist. Aufgrund begrenzter kommunikativer oder sozialer Fertigkeiten kann es auf die soziale Anforderung nicht anders als mit diesen belastenden Verhaltensweisen reagieren und hat gelernt, dass es auf diese Weise seine Ziele erreichen kann (»es funktioniert für das Kind«, ohne dass es sein Verhalten natürlich »bewusst« planen und willkürlich steuern würde). Sie sind in den seltensten Fällen in diesem Alter Ausdruck einer psychischen Störung des Kindes, die seine Verhaltensanpassung in allen Alltagsbeziehungen beeinträchtigt. Vielmehr treten sie in bestimmten situativen Zusammenhängen auf, in anderen nicht.

Das heißt auch, dass eine gute Aussicht besteht, die kritischen Verhaltensweisen innerhalb des Kontextes »Kindergarten« zu verändern, in dem sie auftreten, wenn die Auslöser und Zusammenhänge verstanden werden. Eine individuelle Psychotherapie für das Kind oder ein systemischer Therapieansatz, bei dem das Beziehungsgefüge der gesamten Familie analysiert und zu verändern versucht wird, ist erst dann indiziert, wenn die Problematik trotz sorgfältiger Beobachtung und Planung mit pädagogischen Mitteln nicht nachhaltig zu beeinflussen ist.

Damit ist nicht behauptet, dass die Erfahrungen, die das Kind zu Hause macht, und die Qualität seiner Beziehungen zu seinen Eltern gänzlich ohne Bedeutung für die Ausbildung von Verhaltensauffälligkeiten wären. Sie tragen als biografische Bedingungen oft mit zu einer ungünstigen Entwicklung bei, sodass es sinnvoll ist, die Sichtweisen und erzieherischen Verhaltensweisen der Eltern kennen zu lernen und sich mit ihnen möglichst auf einheitliche Strategien im Umgang mit kritischen sozialen Verhaltensweisen zu verständigen. Auf diese Weise erhöht sich die Wahrscheinlichkeit, dass sich Veränderungen stabilisieren lassen.

Positive Verhaltensunterstützung

»Positive Verhaltensunterstützung« verspricht einen anhaltenden positiven Effekt auf die Beziehungsqualität des Kindes und unterscheidet sich von herkömmlichem verhaltenstherapeutischen Denken, das eher reaktiv ansetzte und mit negativen Konsequenzen (z. B. systematisches Ignorieren oder eine Auszeit aus der Gruppe) kritisches Sozialverhalten zu reduzieren suchte, was jedoch oft nur kurzfristigen Erfolg hatte.

> **Definition**
>
> Das Konzept der »Positiven Verhaltensunterstützung« (Sarimski, 2019b; Sarimski & Steinhausen, 2008) basiert auf dem Grundsatz, dass jedes kritische Sozialverhalten für das Kind eine Funktion hat, d. h. durch ein bestimmtes Bedürfnis oder eine kommunikative Absicht motiviert ist. Es gilt, diese Funktion zu verstehen (der Fachbegriff hierzu ist »funktionale Verhaltensanalyse«) und mit dem Kind sozial akzeptable, alternative Fertigkeiten einzuüben, die das problematische Verhalten mit der Zeit ersetzen sollen. Der Schwerpunkt dieses Konzepts liegt somit auf der Analyse der Bedingungen seines Auftretens und auf der systematischen Förderung alternativer Fertigkeiten und Fähigkeiten. In diesem Sinne hat es eher vorbeugenden, pro-aktiven Charakter und wird dem Hilfebedarf von Kindern mit unterschiedlichen Behinderungen gerecht.

4.7.3 Wie geht man bei einer funktionalen Verhaltensanalyse von kritischem Sozialverhalten vor?

Eine funktionale Verhaltensanalyse zum Verständnis der Zusammenhänge ist ein aufwendiger Prozess aus mehreren Schritten (z. B. Neilsen & McEvoy, 2004). Daher wird er nur bei dem oder den (wenigen) Kindern der Gruppe möglich sein, bei denen kritisches Sozialverhalten zu einer dauerhaften und schwerwiegenden Belastung für die Beziehungen in der Gruppe geworden ist.

Beurteilung der Häufigkeit des Problems

Zunächst ist es sinnvoll, sich einen Überblick über die Häufigkeit und zeitliche Verteilung des Auftretens kritischer sozialer Verhaltensweisen bei einem Kind zu verschaffen. Das Beobachtungsprotokoll muss so einfach wie möglich gestaltet sein, damit es für die pädagogischen Fachkräfte in der Kindertageseinrichtung im Alltag zu handhaben ist. In der Regel werden definierte Verhaltensweisen gezählt (▶ Abb. 14) oder in ihrer Ausprägung eingeschätzt (Beurteilungsskalen). Dabei müssen globale Begriffe (»ist aggressiv«, »ist ängstlich«) oder voreilige Annahmen über zugrundeliegende Motive (»schlägt andere Kinder, um seinen Willen durchzusetzen«) zugunsten einfacher Beschreibungen vermieden werden.

Das Verhaltensprotokoll (▶ Beispiel in Abb. 14) liefert nicht nur – wenn über einige Tage hinweg fortgeführt – Daten über die Häufigkeit, sondern auch erste Anhaltspunkte für mögliche Zusammenhänge. Es zeigt eine gewisse Häufung zu bestimmten Tageszeiten (hier 9.00-9.30 Uhr), sodass die Frage naheliegt, welche

Funktionale Verhaltensanalyse			
Auftretenshäufigkeit problematischer Verhaltensweisen			
Name des Kindes:			
Verhaltenskriterium: Schlagen anderer Kinder			
Zeit	Montag	Dienstag	Mittwoch
8.00-8.30		XXXX	
8.30-9.00	X		
9.00-9.30	XXX	XXXXX	XXXXXXX
9.30-10.00	XX	X	
10.00-10.30		XXX	XXX
usf.			

Abb. 14: Beispiel einer Häufigkeitszählung problematischer Verhaltensweisen im Rahmen einer Verhaltensanalyse

sozialen Anforderungen in dieser Zeit an das Kind gestellt sind. So könnte es z. B. sein, dass zu dieser Zeit »Freispiel« herrscht, eine offene Situation, in der das Kind u. U. wenig Strukturierung und Lenkung in seinen sozialen Kontakten erfährt, seine Selbstregulationskräfte aber noch überfordert sind. Genauere Hinweise ergäben sich aus dem Protokoll, wenn bereits in einer eigenen Spalte die jeweilige Aktivität mit einem Stichwort (Frühstücken, Freispiel, Spielplatz usw.) notiert wäre. Das setzt allerdings eine gewisse Regelmäßigkeit der Tagesstrukturierung voraus, die nicht in jedem Kindergarten anzutreffen ist.

Beurteilung der Auftretenszusammenhänge

Anschließend müssen die Zusammenhänge von kritischen Verhaltensweisen über einen gewissen Zeitraum systematisch protokolliert werden. Das kann auf Protokollbögen oder Karteikarten erfolgen, auf denen in knappen Stichworten notiert wird, in welcher Situation das Verhalten auftritt, welche Form es hat und welche Ereignisse unmittelbar auf das Verhalten nachfolgen. Abb. 15 illustriert ein solches Protokoll für das einführende Beispiel »Timo«. Damit sollen die kritischen Bedingungen, unmittelbaren Auslöser und die Konsequenzen analysiert werden, die das Verhalten aufrechterhalten oder verstärken.

- *Auslöser.* Damit sind solche Aspekte der Situation gemeint, die dem Verhalten unmittelbar vorausgehen. So kann ein problematisches Verhalten z. B. immer dann auftreten, wenn das Kind gerade nicht die Aufmerksamkeit des Erwachsenen hat, weil der sich anderen Dingen oder Kindern in der Gruppe zuwendet; oder immer dann, wenn es eine Aufforderung gestellt bekommt, die ihm nicht behagt.

4.7 Kinder mit kritischem Sozialverhalten

Funktionale Verhaltensanalyse			
Anlässe und Konsequenzen problematischer Verhaltensweisen			
Name des Kindes: Timo			
(Sozialer) Kontext	Auslöser	Kritisches Verhalten	Soziale Reaktion
Spielt in Bauecke, soll sich in Kreis setzen	Aufforderung durch mich	Wehrt sich, schreit, tritt nach mir	Darf weiterspielen in der Bauecke

Abb. 15: Beispiel für die Protokollierung von Anlässen und Folgen problematischer Verhaltensweisen im Rahmen einer funktionalen Verhaltensanalyse

- *Sozialer Kontext.* Die Einbeziehung des sozialen Kontextes als kritische Bedingung (in englischen Veröffentlichungen »establishing operations« genannt) weist darauf hin, dass Verhaltensmuster intra-individuell variabel sind, also ein Kind nicht »bei jeder Gelegenheit« das kritische Sozialverhalten zeigt, sondern nur unter bestimmten Voraussetzungen. Welche das sind, kann wiederum sehr unterschiedlich sein. So gibt es Kinder, die sehr empfindlich reagieren, wenn sehr viele Menschen im gleichen Raum sind, andere reagieren schnell gereizt, wenn ihnen gerade etwas misslungen ist, wieder andere, wenn sie bei einem Spiel gestört werden und sich unvermittelt einer anderen Anforderung gegenübersehen. Es kann sich bei »kritischen Bedingungen« aber auch um recht banale Dinge handeln, z. B. Müdigkeit des Kindes am Morgen oder nach der Mittagsruhe oder Ruhebedürftigkeit nach einem anstrengenden Kindergartenvormittag.
- *Kritisches Verhalten.* Hier wird beschrieben, worin genau die problematischen Verhaltensweisen bestehen.
- *Soziale Reaktion.* In diese Rubrik (Konsequenzen) werden die Ereignisse notiert, die unmittelbar auf das problematische Verhalten folgen. Dabei ist an das Gesamt der Erfahrungen zu denken, die das Kind in Reaktion auf sein Verhalten macht. So kann es z. B. erleben, dass es zwar ermahnt, dann aber rasch mit etwas Attraktivem abgelenkt wird; dass ein anderes Kind weint, es selbst aber doch sein Ziel erreicht, z. B. das attraktive Spielzeugauto erobert hat; oder dass der Erwachsene nicht auf eine Aufforderung besteht, um weiteren Konflikten aus dem Wege zu gehen.

Informationen über kritische Bedingungen, Auslöser, Ausnahmen und Konsequenzen sind die Grundlage, aus der eine Arbeitshypothese gebildet wird, welche Funktion das problematische Verhalten hat. Manchmal ist es dazu auch nützlich, sich die Ausnahmen bewusst zu machen. Mit »Ausnahmen« sind alle Bedingungen gemeint, in denen die pädagogische Fachkraft das problematische Verhalten nie beobachtet; auch das kann Hinweise darauf liefern, welche Zusammenhänge bestehen. Während die Verantwortung für die Protokollierung in der Regel bei einer pädagogischen Fachkraft allein liegen sollte, empfiehlt es sich, die Beobachtungen gemeinsam im Team auszuwerten und daraus eine Arbeitshypothese zu bilden.

Je nachdem, in welchen wiederkehrenden Zusammenhängen das kritische Verhalten auftritt, kann es beschrieben werden als Hinweis, dass das Kind mit einer bestimmten Situation nicht zurechtkommt, und als Versuch, bestimmte Ziele zu erreichen oder unangenehmen Anforderungen auszuweichen. Im letzten Fall wird von positiver bzw. negativer Verstärkung gesprochen. Gerade negative Verstärkungen, bei denen das Kind erlebt, dass es mit dem betreffenden Verhalten einer Anforderung erfolgreich entgehen kann, werden im Alltag leicht übersehen. Pädagogische Fachkräfte nehmen oft an, dass ihre Ermahnungen für das Kind doch so unangenehm sein müssten, dass es sein Verhalten ändert; tatsächlich aber überwiegt für das Kind die Erfahrung, dass es überhaupt die Aufmerksamkeit des Erwachsenen durch sein Verhalten auf sich gezogen hat oder etwas »noch Unangenehmeres« vermeiden konnte. Beide Erfahrungen wirken – positiv wie negativ – verstärkend, sodass sich das Verhaltensmuster verfestigt. Nicht immer sind die Zusammenhänge so eindeutig bestimmbar. Ein Verhalten kann auch mehreren Funktionen gleichzeitig dienen oder gar keine soziale Reaktion intendieren, sondern durch das Bedürfnis nach bestimmten Sinneserfahrungen motiviert sein. Stereotypien bei schwer behinderten Kindern werden oft auf diese Weise sozusagen automatisch verstärkt.

Für die Formulierung einer diagnostischen Arbeitshypothese können insbesondere folgende Zusammenhänge auf positive oder negative soziale Verstärkungsprozesse hinweisen:

- Wenn das problematische Verhalten zu mehr oder anderen Formen sozialer Kontakte führt (Zuwendung, Beruhigung, Ablenkung) als zuvor (positive Bestärkung)
- Wenn das Verhalten vor allem dann auftritt, wenn sich der Erwachsene zeitweise anderen Kindern oder Tätigkeiten zuwendet (positive Bestärkung)
- Wenn das Verhalten meist in Situationen auftritt, in denen Anforderungen gestellt werden oder Dinge zu tun sind, die das Kind nicht mag (negative Verstärkung)

Tab. 5: Beispiele für Funktionen von problematischen Verhaltensweisen

Funktion	Beispiel
Suche nach Aufmerksamkeit	K. läuft während der Kreisrunde immer wieder weg. In der Regel holt die Erzieherin es zurück und nimmt es schließlich auf den Schoß.
Wunsch nach einem beliebten Objekt	Wenn K. seinen Bulldog an ein anderes Kind abgeben soll, schreit er und tritt nach dem Erzieher. Manchmal darf er dann länger mit dem Bulldog fahren.
Wunsch nach bestimmten Sinneserfahrungen	Das K. betrachtet ein Buch und schaukelt mit dem Körper hin und her. Obwohl die Erzieherin es nicht beachtet, hält das Verhalten an. Wahrscheinlich dient es dazu, eine bestimmte Körpererfahrung zu stimulieren.
Vermeidung einer Aufgabe	Wenn das Kind einen Kreis malen und ausschneiden soll, wirft es die Schere weg. Das führt in der Regel dazu, dass ihm die Schere weggenommen wird und es etwas Anderes machen soll als die Malübung.

Tab. 5: Beispiele für Funktionen von problematischen Verhaltensweisen – Fortsetzung

Funktion	Beispiel
Vermeidung von Aufmerksamkeit	Wenn sich der Erzieher dem K. nähert, während es spielt, beginnt dieses zu schreien und wirft das Spielzeug weg. In den meisten Fällen lässt der Erzieher das Kind dann in Ruhe weiterspielen.
Vermeidung einer Sinneserfahrung	Das Kind hat Ohrenschmerzen und schlägt sich auf das Ohr. Das Verhalten hat keine soziale Funktion, sondern dient wahrscheinlich dazu, den Schmerz zu überdecken.

An dieser Stelle sei noch einmal darauf hingewiesen, dass ein solches diagnostisches Vorgehen auch dann angezeigt ist, wenn das Verhalten zwar für die Gruppe nicht belastend, aber für das individuelle Kind entwicklungshemmend ist (z. B. bei sozial sehr ängstlichem oder zurückgezogenem Verhalten). Es ist zeitaufwändig, erlaubt aber gerade bei behinderten Kindern recht gut, kritische soziale Verhaltensweisen im Kontext der Einschränkungen, die die jeweilige Behinderung mit sich bringt, zu verstehen und gezielte pädagogische Interventionen zu planen.

4.7.4 Welche pädagogischen Interventionen eignen sich bei kritischen Verhaltensweisen?

Einige pädagogische Grundregeln sollten beachtet werden, die – unabhängig von den Ergebnissen der Diagnostik im Einzelfall – für die meisten Kinder mit Behinderungen hilfreich sind und kritischen sozialen Verhaltensweisen vorbeugen können. Dazu gehört eine konsistente und überschaubare Strukturierung des Tages mit klaren und für das Kind verständlichen Ankündigungen von Übergängen, z. B. vom Ende des Freispiels zur Frühstückssituation oder zu einem Kreisgespräch. Ebenso wichtig ist die Vereinbarung von einigen, klar formulierten sozialen Regeln, welche Verhaltensweisen gegenüber anderen Kindern »Tabu« sind, sowie das Bemühen, den Geräuschpegel und Ablenkungen in der Gruppe soweit wie möglich zu reduzieren. Andere pädagogische Interventionen ergeben sich unmittelbar aus den diagnostischen Beobachtungen und der Arbeitshypothese zur Erklärung des Auftretens kritischer Verhaltensweisen im Einzelfall.

Eine systematische Planung und Durchführung von Interventionen können an drei Punkten ansetzen (▶ Abb. 16):

1. *Veränderungen der Auslösebedingungen.* Dies umfasst präventive Strategien, mit denen die Umwelt und soziale Anforderung so modifiziert werden, dass die Wahrscheinlichkeit sinkt, dass es zu kritischem Sozialverhalten kommt. Dazu gehören z. B.
   - die Anpassungen der Erwartungen an das Kind (z. B. wie lange es ruhig im Kreisgespräch sitzenbleiben soll);

4 Behinderungsspezifische Hilfen zur sozialen Integration

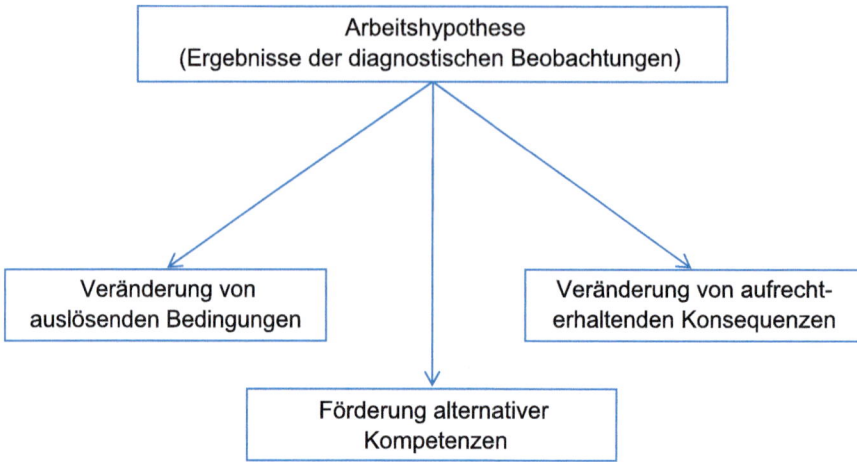

Abb. 16: Pädagogische Intervention von Veränderung kritischen Sozialverhaltens

- die Vereinfachungen von Aufträgen und Anpassung von Spielmaterialien, sodass das Kind mehr Erfolgschancen hat und es weniger oft frustriert wird von Misserfolgen;
- dem Kind die Gelegenheit zu geben zu wählen, d. h. Alternativen anzubieten und es entscheiden zu lassen, womit es spielen bzw. wann und mit wem es eine bestimmte Aufgabe machen möchte;
- visuelle Hilfen (z. B. Bildkarten und anschauliche Darstellungen der Tagesstruktur bzw. der einzelnen Schritte eines Spiels oder Aufgabe), um dem Kind einen bestimmten Ablauf deutlich zu machen, lassen Kindern mit beeinträchtigtem Sprachverständnis leichter verstehen, was von ihnen erwartet wird. Sie reduzieren die Wahrscheinlichkeit, dass sie sich einer Aufgabe durch problematisches Verhalten zu entziehen versuchen;
- manchmal ist es auch nützlich, Fotos der einzelnen Kinder der Gruppe und einen Zeitgeber (z. B. einen Küchenwecker) bereit zu haben, um auf diese Weise – ergänzend zur sprachlichen Vermittlung von Regeln – deutlich zu machen, welches Kind wie lange mit einem bestimmten, besonders »umworbenen« Spielzeug spielen darf;
- Zeitgeber helfen auch bei Kindern, die Sprache nur eingeschränkt verstehen, das Ende einer bestimmten Aktivität (z. B. der Freispielzeit) anzukündigen, sodass das Kind sich darauf einstellen kann.
2. *Förderung alternativer Kompetenzen.* Dies dient dazu, die Kompetenzen des Kindes zu erweitern, um sich in kritischen Situationen sozial angemessener verhalten zu können. Dazu müssen jeweils kommunikative oder soziale Fertigkeiten ausgewählt werden, die in der entsprechenden Situation erfolgversprechend sind und das kritische Verhalten ersetzen können. So kann mit einem Kind, das viele Konflikte erlebt, weil es anderen Kindern attraktive Spielsachen aus der Hand reißt, geübt werden, wie es fragen oder sich mit dem anderen Kind abwechseln kann. Solches Fragen kann mit Worten, aber evtl. auch mit einer spezifischen

Geste geschehen, die mit dem Kind eingeübt werden kann, wenn es noch nicht oder wenig sprechen kann. Auf ähnliche Weise kann es auch lernen, Hilfe von der pädagogischen Fachkraft zu bitten oder mitzuteilen, dass ihm etwas zu viel oder zu schwierig ist, ohne dass es zu destruktiven oder impulsiven Verhaltensweisen kommt.

Solche Fertigkeiten werden allerdings von Kindern mit schwerer Behinderung nur dann erworben, wenn sie häufig und nach einem festen Schema eingeübt werden, bei dem das Kind zunächst eine weitgehende Hilfestellung durch eine verbale Instruktion und manuelle Führung erhält, die dann schrittweise reduziert wird, bis das Kind das angezielte Verhalten in der gewünschten Situation selbstständig ausführen kann.

Zur Förderung alternativer Kompetenzen gehört insbesondere die Anleitung zu einzelnen sozialen Fertigkeiten, mit denen das Kind in angemessener Form einen Kontakt zu einem anderen Kind herstellen, sich an einem laufenden Spiel beteiligen oder Spielvorschläge aushandeln kann (▶ Kap. 3.1).

3. *Veränderung der sozialen Konsequenzen.* Das bedeutet, alles zu tun, damit das bisherige, problematische Verhalten des Kindes nicht mehr zum Ziel führt, und stattdessen jeden Ansatz zum Gebrauch der geübten alternativen Fertigkeiten durch ausdrückliche soziale Zuwendung, Lob oder andere positive Rückmeldungen zu verstärken. Dabei können auch einfache Punkteprogramme nützlich sein, bei denen das Kind sich den Zugang zu bestimmten attraktiven Tätigkeiten dadurch »verdient«, dass es in kritischen Situationen an das eingeübte gewünschte Verhalten denkt. Eine rechtzeitige Erinnerung kann helfen, wenn die pädagogische Fachkraft eine kritische Situation voraussehen kann.

Pädagogische Interventionen brauchen Zeit, um zu wirken. Deshalb muss die pädagogische Fachkraft darauf vorbereitet sein, dass es weiterhin zu aggressivem oder destruktivem Verhalten kommt, dem klare Grenzen durch negative Konsequenzen (z. B. Festhalten eines Kindes, was sich oder andere gefährdet, oder Ausschluss aus der Gruppe für eine kurze Zeit) begegnet werden muss. Solche negativen Konsequenzen allein führen aber nur zu einer dauerhaften Verhaltensänderung, wenn sie mit einer systematischen Anleitung verbunden werden, welches Verhalten vom Kind als Alternative erwartet wird (»Zeig mir, was ich tun soll!«).

Pädagogische Interventionen sollten grundsätzlich schriftlich festgehalten werden und für alle Bezugspersonen in der Gruppe verbindlich sein. Abb. 17 zeigt eine einfache Form, wie ein Interventionsplan dokumentiert werden kann.

Zu den kritischen Faktoren, die auch bei sorgfältiger Vorbereitung eine Umsetzung von Interventionsplänen in Kindertagesstätten erschweren können, gehören:

- Vielzahl und häufiger Wechsel von Betreuungspersonen
- Unzureichende personelle Ausstattung der Gruppe und Überforderung der Mitarbeiter
- Fehlende Bereitschaft der Mitarbeiter zur Verständigung auf gemeinsame Vorgehensweisen

Funktionale Verhaltensanalyse		
Interventionsplan		
Name des Kindes: Timo		
Auslöser	Verhalten Funktion:	Aufrechterhaltung
Präventive Hilfe	Alternative	Neue Konsequenzen

Abb. 17: Protokollblatt für einen Interventionsplan im Rahmen einer funktionalen Verhaltensanalyse

- Divergierende Konzepte für das Verständnis von Verhaltensauffälligkeiten (z. B. tiefenpsychologisch orientierte Sichtweisen, die Verhaltensauffälligkeiten in einem intrapsychischen Modell als Ausdruck unverarbeiteter Konflikte des Kindes statt als Ausdruck psychosozialer Zusammenhänge interpretieren)
- Allgemeine Spannungen in den Arbeitsbeziehungen der Einrichtung

Die Erarbeitung und Umsetzung von pädagogischen Interventionen bei Kindern mit kritischem Sozialverhalten – mit und ohne Behinderungen – ist ein anspruchsvoller Prozess. Die Unterstützung durch eine externe Beraterin oder einen Berater mit entsprechender fachlicher Kompetenz kann dabei sehr hilfreich sein. Sonderpädagogische und psychologische Fachkräfte aus Frühförderstellen können diese Aufgabe übernehmen und das pädagogische Team in der Suche nach realisierbaren Lösungen unterstützen, wenn die Integration der Kinder durch ausgeprägte soziale Verhaltensauffälligkeiten gefährdet wird.

4.8 Zusammenfassung

Sehschädigungen, Hörbehinderungen, Spracherwerbsstörungen, Mobilitätseinschränkungen, kognitive Entwicklungsstörungen sowie Autismus-Spektrum-Störungen haben je eigene Auswirkungen auf den Entwicklungsverlauf der Kinder und die Entwicklung ihrer sozialen Beziehungen. Die Unterstützung ihrer Integration im Kindergarten erfordert ein grundlegendes Wissen um diese Entwicklungsprobleme und spezifische Möglichkeiten der Anpassung an den Hilfebedarf der Kinder. Diese Möglichkeiten reichen von der Gestaltung der Umgebung über die gezielte Anleitung zu sozialen Basisfertigkeiten bis zur Übernahme von Pflegeaufgaben bei Kindern mit besonderen körperlichen Bedürfnissen. Zudem geht eine Behinderung häufig mit einem erhöhten Risiko für die Ausbildung von sozialen und emotionalen Verhaltensstörungen einher. Mitarbeiter in Kindertageseinrichtungen sollten daher mit den Grundsätzen des Konzepts der »positiven Verhaltensunterstützung« vertraut sein und wissen, wie sie durch systematische Beobachtung des kritischen Verhaltens eine diagnostische Arbeitshypothese erstellen und dann im Alltag umsetzbare pädagogische Interventionen planen können.

4.9 Empfohlene Literatur zur Vertiefung

Batliner, G. (2018). Kinder mit Hörgerät oder Cochlea Implantat in der Kita. Ein Ratgeber für den Gruppenalltag. München: Reinhardt.
Das Bändchen enthält viele praxisnahe Vorschläge zur Unterstützung der Integration hörgeschädigter Kinder im Kindergarten, die auf der umfangreichen Beratungserfahrung der Autorin beruhen.
Brambring, M. (2001). Integration of children with visual impairment in regular preschools. *Child: Care, Health and Development*, 27, 425-438.
Der Fachartikel stellt die Ergebnisse einer Befragung von Erzieherinnen zu ihren Erfahrungen bei der Integration von Kindern mit Sehschädigungen dar und gibt einen knappen Überblick über relevanten Fragen.
Freitag, (2008). *Autismus-Spektrum-Störungen*. München: Reinhardt.
Die Autorin gibt einen knappen, gut lesbaren Überblick über das Störungsbild der Autismus-Spektrum-Störung und den Forschungsstand zu Entwicklungsproblemen und Förder- bzw. Therapieansätzen.
Groschwald, A. & Rosenkötter, H. (2015). *Inklusion in Krippe und Kita. Ein Leitfaden für die Praxis*. Freiburg: Herder.
Das Autorenpaar liefert einen praxisnahen Leitfaden für die Arbeit in inklusiven Kindertageseinrichtungen, der sowohl eine responsive, feinfühlige Haltung der pädagogischen Fachkräfte als auch die Bedürfnisse der Kinder mit unterschiedlichen Behinderungen und Anforderungen an die Weiterbildung und Bereitschaft von pädagogischen Fachkräften zur inter-professionellen Kooperation in gut nachvollziehbarer Weise als Voraussetzungen für das Gelingen einer Inklusion beschreibt.
Hintermair, M. & Sarimski, K. (2016). *Entwicklung hörgeschädigter Kinder im Vorschulalter: Stand der Forschung, empirische Analysen und pädagogische Empfehlungen*. Heidelberg: Median.
Der Band gibt einen Überblick über den Forschungsstand zur Entwicklung von hörgeschädigten Kindern im Vorschulalter und verbindet damit pädagogische Empfehlungen zu ihrer Förderung in der Gruppe.
Sarimski, K. (2016). *Soziale Teilhabe von Kindern mit komplexer Behinderung in der Kita*. München: Reinhardt.
In dieser Publikation wird ein Überblick über die besonderen Bedürfnisse von Kindern mit schwerer und mehrfacher Behinderung gegeben und über eine Forschungsstudie berichtet, in der die soziale Teilhabe dieser Kinder in Kindertageseinrichtungen analysiert wurde. Es werden konkrete Vorgehensweisen der pädagogischen Fachkräfte beschrieben, mit denen die kommunikativen Interaktionen dieser Kinder gestärkt werden können.
Sarimski, K. (2017). *Handbuch Interdisziplinäre Frühförderung*. München: Reinhardt.

4 Behinderungsspezifische Hilfen zur sozialen Integration

Im Handbuch werden die Arbeitsprinzipien der Frühförderung behandelt, die besonderen Bedürfnisse von Kindern mit unterschiedlichen Behinderungen und die Herausforderungen beschrieben, vor denen Eltern von Kindern mit Behinderungen stehen. Zu jeder Behinderungsform wird in diesem Rahmen auch die Unterstützung bei der Förderung der sozialen Teilhabe in Kindertageseinrichtungen als Kooperationsaufgabe der Frühförderstellen beschrieben.

Sarimski, K. (2019a). *Psychosoziale Entwicklung von Kindern und Jugendlichen mit Behinderung. Prävention, Intervention und Inklusion.* Göttingen: Hogrefe.

Über den Forschungsstand zur psychosozialen Entwicklung von Kindern und Jugendlichen mit Behinderungen sowie ihrer sozialen Teilhabe in Kindertagesstätte, Schule und Freizeit wird ein umfassender Überblick gegeben. Im Kapitel zu den Interventionen wird das Spektrum von pädagogischen Maßnahmen, die zur Förderung der sozialen Teilhabe beitragen können, beschrieben und die Studienergebnisse zu ihrer Wirksamkeit analysiert.

Sarimski, K. (2019b). *Kinder mit Verhaltensauffälligkeiten in der Kita.* Praxis-Know-how für Fachkräfte. München: Reinhardt.

Das Buch gibt einen prägnanten Überblick über das Konzept zur »Positiven Verhaltensunterstützung« mit konkreten Arbeitsschritten und Empfehlungen zur Umsetzung in der Praxis der KiTa.

5 Zusammenarbeit mit sonderpädagogischen und therapeutischen Fachkräften

Es genügt nicht, wenn nur eine Person in der Einrichtung sich mit Integration auseinandersetzt. Es ist auch für die Kontinuität interdisziplinärer Kooperation und für einrichtungsübergreifende Verständigung wichtig, Kompetenzen nicht nur in einer Person zu kumulieren – schon gar nicht in eine Integrationskraft zu investieren, die nur befristet angestellt ist – sondern zunehmend auf gesamt-fortgebildete, im idealen Falle multidisziplinäre Teams zu achten. (Kobelt Neuhaus, 2001, S. 51)

Die besonderen Herausforderungen bei der Integration behinderter Kinder können und sollen nicht von den pädagogischen Fachkräften der Kindertageseinrichtungen allein bewältigt werden. Sie erfordern eine systematische Zusammenarbeit mit sonderpädagogischen und therapeutischen Fachkräften. Dabei gilt es, die professionelle Kompetenz der Berufsgruppen aus Elementar- und Sonderpädagogik und Therapie miteinander zu verbinden.

5.1 Allgemeine Elementarpädagogik und Sonderpädagogik

Eine aufmerksame Beobachtung der Kompetenzen und Bedürfnisse des einzelnen Kindes und seiner Familie, die Gestaltung einer förderlichen Umgebung für Bildung und eine sensible Unterstützung bei der Auseinandersetzung mit herausfordernden Aufgaben und der aktiven sozialen Beteiligung in der Gruppe – zusammengefasst unter dem Begriff der »professionellen Responsivität« – stellen eine gemeinsame Grundlage für eine fachlich qualifizierte Arbeit von elementar- und sonderpädagogischen Fachkräften dar. Beide Gruppen beziehen sich auf vier Grundsätze, welche Bedingungen Kinder – mit und ohne Behinderung – benötigen, um eine möglichst gute Entwicklung zu vollziehen:

- Entwicklungsfortschritte von Kindern mit und ohne Behinderungen setzen positive, förderliche Beziehungen zwischen Eltern und Kind sowie zwischen pädagogischer Fachkraft und Kind voraus.
- Kinder mit und ohne Behinderung lernen aus eigenem Antrieb in einer Umgebung, die auf ihre Bedürfnisse und Interessen abgestimmt ist und mit Partnern, die auf sie eingehen und sich mit ihnen am gemeinsamen Spielen freuen. Dem Erwachsenen kommt die Aufgabe zu, Bildungs- und Förderangebote im

Alltag so zu strukturieren und den Erwerb neuer Fertigkeiten und Fähigkeiten zu unterstützen, dass individuelle (Lern-)Schwierigkeiten überwunden werden können.
- Kinder mit und ohne Behinderung machen Entwicklungsfortschritte durch aktive Beteiligung an sozialen Aktivitäten in anregender Umgebung. Für Kinder mit Behinderungen sind dies Kontexte, in denen sie nicht behinderte Kinder als Spielpartner vorfinden.

Viele elementarpädagogischen Fachkräfte stehen der Integration behinderter Kinder daher offen gegenüber und sehen die Chancen dieses Ansatzes. Es ist ihnen aber bewusst, dass spezifische Hilfen nötig sind. Kinder mit Sinnesschädigungen brauchen Hilfen, um sich am Gruppengeschehen erfolgreich beteiligen zu können, Kindern mit geistiger Behinderung oder schweren Spracherwerbsstörungen brauchen mehr Unterstützung beim Erwerb sozialer Kompetenzen als die meisten Kinder, die sie in ihren Gruppen haben, Kinder mit körperlichen Handicaps haben z. T. besondere Pflegebedürfnisse. Manche Kinder mit Behinderungen entwickeln belastende soziale Verhaltensweisen, die gezielte diagnostische und verhaltensorientierte Strategien nötig machen.

Herausforderungen für elementarpädagogische Fachkräfte

Viele Mitarbeiter in allgemeinen Kindergärten fühlen sich unsicher in der Einschätzung der Fähigkeiten und speziellen Bedürfnisse behinderter Kinder, vor allem aber in der Art und Weise, wie die Förderung ihrer Fertigkeiten und Fähigkeiten in den Gruppenalltag eingebettet werden können, ohne die Bedürfnisse der anderen Kinder der Gruppe zu vernachlässigen. In einer Befragung von etwa 4600 Einrichtungsleitungen, Mitarbeitern und Praktikantinnen/Praktikanten in Kindertageseinrichtungen gehörte die Förderung der sozialen Teilhabe von Kindern mit geistigen, körperlichen oder sozial-emotionalen Beeinträchtigungen zu den Aufgaben, auf die sich die pädagogischen Fachkräfte am wenigsten gut vorbereitet fühlten. Fast die Hälfte der Befragten hielt sich nur teilweise dafür kompetent bzw. fühlte sich bei diesen Anforderungen unsicher oder sehr unsicher (Beher & Walter, 2012). Besonders dann, wenn es sich um schwere Behinderungen handelt und ihre Kommunikationsformen schwer zu verstehen sind bzw. sie körperliche Pflegebedürfnisse haben, die spezielle Fachkenntnis voraussetzen, steigt das Risiko einer Überforderung. Zu ähnlichen Ergebnissen kamen Werding und Schinnenburg (2016) in einer Befragung von mehr als 1000 Fachkräften aus Kindertageseinrichtungen.

Beratungsbedarf sehen elementarpädagogische Fachkräfte nach einer Befragung von Bruns und Mogharreban (2007) vor allem, wenn es um spezifische Hilfen für körperbehinderte Kinder oder alternative Kommunikationstechnologie bei nicht oder wenig sprechenden Kindern geht (▶ Tab. 6, Fragen 1, 6 und 7). Allerdings sei betont, dass es sich hier um Selbsteinschätzungen der Fachkräfte handelt. Ob die erfragten Kompetenzen tatsächlich in der praktischen Arbeit so gezeigt werden, wie sich die Fachkräfte dies selbst zumessen, lässt sich daraus nicht ablesen.

5.1 Allgemeine Elementarpädagogik und Sonderpädagogik

Tab. 6: Selbsteinschätzung ihrer integrativen Fähigkeiten durch pädagogische Fachkräfte in Vorschuleinrichtungen (Auswahl von Items; Angaben in Prozent; N = 83 (Daten aus Bruns & Mogharreban, 2007)

	Verteilung der Antworten in Prozent				
	Stimme sehr zu	Stimme zu	Neutral	Eher nicht	Gar nicht
Ich kenne die Möglichkeiten, die Fähigkeiten behinderter Kinder zuverlässig einzuschätzen.	19	41	18	13	8
Ich kann die Umgebung so gestalten, dass sie den Bedürfnissen aller Kinder der Gruppe entspricht.	41	42	8	6	1
Ich kann effektiv mit Fachkräften anderer Disziplinen zusammenarbeiten.	45	33	16	5	0
Ich weiß, wie ich die individuellen Förderziele in unser Bildungsangebot einbauen kann.	34	34	21	8	4
Ich kenne effektive Strategien, kommunikative Fähigkeiten zu fördern.	35	34	23	5	2
Ich kenne mich mit alternativen Kommunikationsformen aus.	17	29	35	16	4
Ich kenne mich mit den speziellen Merkmalen körperbehinderter Kinder aus.	17	27	33	18	6

Eine wichtige Beobachtung ist: Je mehr Berufserfahrung die Mitarbeiter haben, desto positiver beurteilen sie die Möglichkeiten zur Integration behinderter Kinder. Besonders pädagogische Fachkräfte, die noch über keine oder geringe Erfahrung mit der Arbeit in integrativen Institutionen verfügen, äußern sich bei Befragungen meist eher skeptisch (Heimlich & Behr, 2007; Stoiber, Gettinger & Goetz, 1998).

Dies erfordert vermehrte Anstrengungen, die Mitarbeiter in Kindertageseinrichtungen bereits während ihrer Ausbildung auf den Umgang mit Kindern mit besonderen Bedürfnissen und Möglichkeiten ihrer Unterstützung vorzubereiten. Die Evaluation eines modularisierten Trainingskurses als Element der Aus- und Fortbildung von Pädagoginnen und Pädagogen zur Vorbereitung auf die Arbeit mit Kindern mit speziellem Förderbedarf in integrativen Gruppen, an dem 1298 Mitarbeiter von pädagogischen Einrichtungen teilnahmen, belegte signifikante positive Effekte. Der Wissenserwerb zu Strategien pädagogischer Unterstützung für Kinder mit speziellem Förderbedarf bewirkte sowohl eine höhere Selbsteinschätzung von Kompetenzen in der Integration behinderter Kinder wie auch eine höhere Bereitschaft zur Aufnahme behinderter Kinder in der Gruppe (Baker-Ericzen, Mueggenborg & Shea, 2009).

5.2 Sonderpädagogische und therapeutische Fachberatung

Zwei umfangreiche Befragungen zur Zusammenarbeit von (elementar-)pädagogischen Fachkräften mit sonderpädagogischen und therapeutischen Kooperationspartnern liegen vor.

1. Nach den Ergebnissen einer Befragung von 112 Leitungskräften in Kindertageseinrichtungen mit integrativer Ausrichtung in Niedersachsen finden regelmäßige Kontakte vor allem mit niedergelassenen Logopädinnen und Logopäden (87 %) und Ergotherapeutinnen und -therapeuten (60,3 %) sowie den regionalen Frühförderstellen (69,6 %) statt (Hensen, Lohmann & Wiedebusch, 2016).
2. Die Rückmeldungen von 2708 Leitungskräften in Kindertageseinrichtungen in Bayern, die von Wölfl, Wertfein und Wirts (2017) ausgewertet wurden, ergeben ein ähnliches Bild: 70 % berichteten über Kontakte zu niedergelassenen Therapeutinnen/Therapeuten und Heilpädagoginnen/-pädagogen, 54 % über Kontakte zu interdisziplinären Frühförderstellen und 50 % über Kontakte zu mobilen sonderpädagogischen Hilfen, die in einigen bayerischen Regionen als Kooperationspartner für inklusive Einrichtungen zur Verfügung stehen.

Kooperationspartner Frühförderstelle

Unabhängig von den Erfahrungen, die Mitarbeiter in ihrer bisherigen beruflichen Laufbahn mit Kindern mit Behinderungen gemacht haben, ist eine Zusammenarbeit mit einer sonderpädagogisch ausgebildeten Fachkraft angezeigt. Sie kann den Fachkräften der Gruppe die nötigen Informationen geben, um die Besonderheiten des Entwicklungsverlaufs bei einer bestimmten Behinderung zu verstehen, den individuellen Hilfebedarf des Kindes zu erkennen und Ansatzpunkte für seine pädagogische Unterstützung vermitteln. Je nach ihren Ausbildungsschwerpunkten hat diese sonderpädagogische Fachkraft allerdings schwerpunktmäßig Kompetenzen für den Unterricht mit hörgeschädigten, blinden oder sehbehinderten, körperlich oder geistig behinderten Kindern, lernbehinderten oder sprachbehinderten Kindern in der Sonderschule erworben. Für die Arbeit in der Frühförderung muss sie sich zusätzlich in ihrem Fachgebiet Kenntnisse über die Entwicklung und Förderung dieser Kinder im frühen Kindesalter aneignen. Außerdem sollte sie über beziehungs- und familienorientierte Beratungsstrategien verfügen, um den vielfältigen Fragen gerecht zu werden, die sich für Eltern aus dem Alltag mit ihrem entwicklungsauffälligen Kind ergeben. Da es sich in vielen Fällen nicht um isolierte Behinderungen, sondern um Kinder mit Mehrfachbehinderungen handelt, bedarf es schließlich eines Grundwissens auch über die Behinderungsformen, die nicht im Mittelpunkt ihrer Ausbildung standen.

Kooperationspartner Sozialpädiatrisches Zentrum oder niedergelassene Therapeuten

Weitere mögliche Kooperationspartner für pädagogische Fachkräfte sind Ärzte/Ärztinnen und Psychologinnen/Psychologen in Sozialpädiatrischen Zentren, wenn die Eltern ihr Kind dort vorgestellt haben, oder Physio-, Ergo- oder Sprachtherapeutinnen/-therapeuten, die in eigener Praxis mit dem Kind arbeiten oder vor dem Eintritt in den Kindergarten gearbeitet haben. Die Einzeltherapeutinnen/-therapeuten verfügen über Expertenwissen in ihrem Fachgebiet, z. B. zur Mobilitätsförderung oder Haltungskorrektur bei körperbehinderten Kindern, zur Schulung feinmotorischer Fertigkeiten oder zur Sprachförderung, was im Einzelfall eine wertvolle Ergänzung sein kann. Es besteht aber ein gewisses Risiko, dass sie die Bedürfnisse des jeweiligen Kindes primär aus dem Blickwinkel ihres jeweiligen Fachgebietes sehen, während eine sonderpädagogisch-psychologisch fundierte Beratung eher die Gewähr bietet, dass die Entwicklungsprobleme eines Kindes und die Bedürfnisse seiner Familie als Ganzes betrachtet werden.

Struktur- und Prozessqualität bei der Zusammenarbeit

In den Perspektiven zur Weiterentwicklung von Kindertageseinrichtungen (BMFSFJ, 2008) sind verschiedene Empfehlungen formuliert, die für das Gelingen der Kooperation mit Fachdiensten von Bedeutung sind:

- Jede Einrichtung hat einen Fachdienst als feste Anlaufstelle und Kooperationspartner.
- Der kooperierende Fachdienst bietet seine Leistungen vor Ort in der Einrichtung an.
- Die Kooperation erfolgt nicht nur bei aktuellem Anlass, sondern in gewisser Regelmäßigkeit.
- In der Zusammenarbeit wird eine Kontinuität von Personen und Arbeitskonzepten angestrebt.
- Die Fachdienstleistungen werden nicht einzelfallbezogen, sondern pauschal finanziert.

Abb. 18 gibt einen Überblick über die Merkmale, die neben diesen strukturellen Aspekten für das Gelingen der Kooperation entscheidend sind. Leitend für die Zusammenarbeit ist das Modell des sogenannten »transdisziplinären« Teams: Familie, Fachkräfte der Einrichtung und Spezialisten der Fachdienste planen gemeinsam und in einem transparenten Prozess die pädagogischen Vorgehensweisen in der Gruppe, um den individuellen Bedürfnissen des jeweiligen Kindes gerecht zu werden. Jede Berufsgruppe bringt ihr spezifisches Wissen und ihre Kenntnisse ein, ist in ihrer Arbeit aber nicht ausschließlich auf ihr spezifisches Tätigkeitsfeld eingeengt.

5 Zusammenarbeit mit sonderpädagogischen und therapeutischen Fachkräften

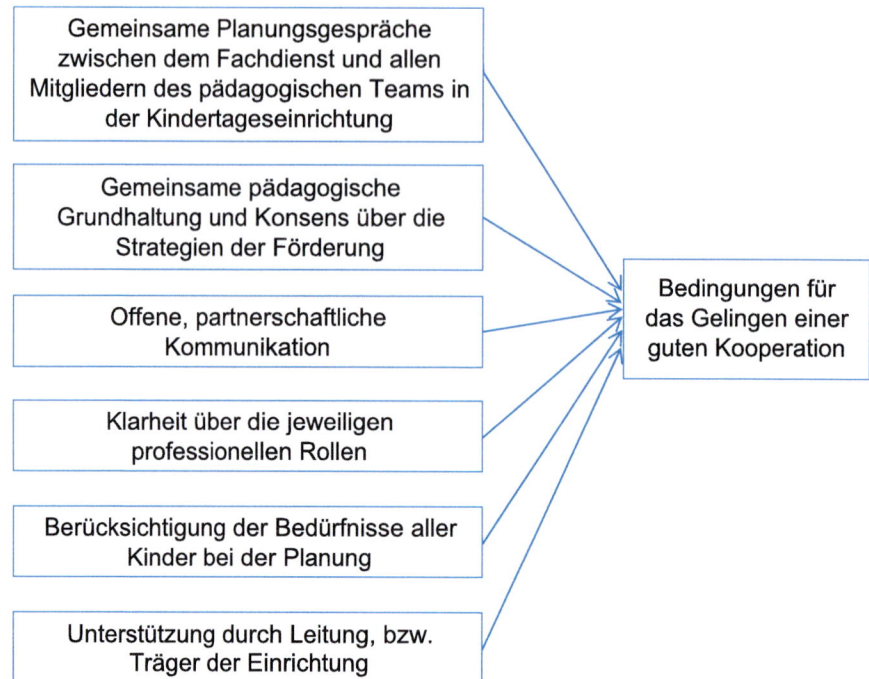

Abb. 18: Bedingungen für das Gelingen einer guten Kooperation zwischen Elementarpädagogen und sonderpädagogischen Fachkräften

Zufriedenheit mit der Kooperation

Die Realisierung dieses Konzepts der begleitenden Fachberatung birgt verschiedene mögliche Schwierigkeiten. Zunächst einmal bedeutet es einen ungewohnten Rollenwechsel für die sonderpädagogische (oder therapeutische) Fachkraft, nicht mit dem Kind selbst zu arbeiten, sondern die elementarpädagogische Fachkraft zu beraten. Sie muss dabei die Empfehlungen, die sich aus ihrer fachlichen Sicht für das Kind ergeben, auf die Möglichkeiten abstimmen, die die elementarpädagogische Fachkraft im Rahmen ihrer Verantwortung für die gesamte Gruppe zur Realisierung hat. Das erfordert eine partnerschaftliche Form der Beratung, in der die Erfahrungen und die Kompetenz der pädagogischen Fachkräfte in der Kindergruppe respektiert werden.

Barton und Smith (2015) berichteten aus einer Befragung von 227 Frühförderzentren in den USA über mögliche Hindernisse für das Gelingen der Zusammenarbeit. Die befragten Fachkräfte der Frühförderstellen nannten mangelndes Interesse der elementarpädagogischen Fachkräfte an der Kooperation, unterschiedliche Vorstellungen von den Zielen der Integration, Sorge um eine unzureichende Berücksichtigung der Bedürfnisse der Kinder mit und ohne Behinderung in der Gruppe, unklare Zuständigkeiten zwischen den Beteiligten oder unzureichende zeitliche Ressourcen.

Ein engmaschiger Kontakt mit Frühförderstellen als externen Kooperationspartnern und ein guter Informationsaustausch sowie eine befriedigende Qualität der professionellen Zusammenarbeit zwischen Kindertageseinrichtungen und Frühförderstellen ist in allen nicht inklusiven Kindertageseinrichtungen erreicht, wie die bereits erwähnte Befragung von 112 Leitungskräften in Niedersachsen zeigt (Hensen et al., 2016). Viele Leitungskräfte bemängelten, dass die räumlichen und zeitlichen Kapazitäten der Tageseinrichtungen für die Zusammenarbeit unzureichend seien. Immerhin 28 % gaben an, dass sich Absprachen mit Kooperationspartnern oft schwierig gestalten, und 14 % sagten, dass kein Austausch mit den Partnern über Ziele der Kooperation erfolgt. Seelhorst, Wiedebusch, Zalpour, Behnen und Patock (2012) berichteten, dass die pädagogischen Fachkräfte nur unzureichende Informationen über die Förderung in den Frühförderstellen erhalten, sich nicht in die Förderplanung einbezogen fühlen, die Förderangebote nicht gemeinsam gestaltet werden und sich Gespräche häufig auf unverbindliche »Tür- und Angel«-Kontakte beschränken.

Hintermair, Sarimski und Lang (2018) befragten pädagogische Fachkräfte, die hör- oder sehgeschädigte Kinder in ihrer Gruppe betreuen, zu ihrer Zufriedenheit mit der Zusammenarbeit mit der Frühförderung. Die weit überwiegende Mehrheit äußerte sich zufrieden mit der Organisation, den Rahmenbedingungen, der direkten Förderung, der diagnostischen Arbeit, der behinderungsspezifischen Beratung und der Beziehung zur Frühförderkraft. Gleichwohl wird auch hier deutlich, dass mehr Zeit für gemeinsame Gespräche, insbesondere mit Eltern und anderen beteiligten Fachkräften, eine aktivere Einbindung in die behinderungsspezifischen Förderangebote und Beratung zur Förderung der Interaktion zwischen dem sinnesbehinderten Kind und den anderen Kindern im Kindergarten gewünscht wird.

Studie: Zufriedenheit mit der Zusammenarbeit mit Fachkräften der Frühförderung

Sarimski, Hintermair, Lang und Schäffer (2019) untersuchten die Zufriedenheit von Erzieherinnen mit der Zusammenarbeit mit den Fachkräften von Frühförderstellen für hör- oder sehbehinderte Kinder sowie geistig behinderte Kinder. Es wurden die Erfahrungen von 39 Fachkräften, die Kinder mit geistiger Behinderung in ihren Gruppen betreuen, mit den Angaben von 71 Fachkräften verglichen, die sehbehinderte Kinder betreuen, und 85 Fachkräften, die hörgeschädigte Kinder betreuen. Bei grundsätzlich überwiegender Zufriedenheit mit Zusammenarbeit äußerten sich die Fachkräfte, die Kinder mit geistiger Behinderung in ihrer Gruppe betreuen, häufiger kritisch.

Drei Bereiche zeichneten sich dabei ab, in denen sich viele pädagogische Fachkräfte nur teilweise oder gar nicht zufrieden äußern. Sie fühlen sich wenig in die aktive Förderung und ihre Planung einbezogen, sind offenbar vielfach auch gar nicht bei der Förderstunde anwesend, sondern diese wird von der Fachkraft der Frühförderstelle in einem Raum außerhalb der Gruppe durchgeführt. Zweitens fühlen sich die pädagogischen Fachkräfte häufig über die Ursachen und Auswirkungen einer geistigen Behinderung und über die diagnostischen Ergebnisse unzureichend aufgeklärt. Drittens berichten viele pädagogische Fachkräfte, dass sie keine fachlichen Informationen zur Förderung (z. B. der Sprache, der alternativen Kommunikationsformen oder der sozialen Interaktion mit anderen Kindern der Gruppe) erhalten, die spezifisch auf die Bedürfnisse von Kindern mit geistiger Behinderung abgestimmt wären.

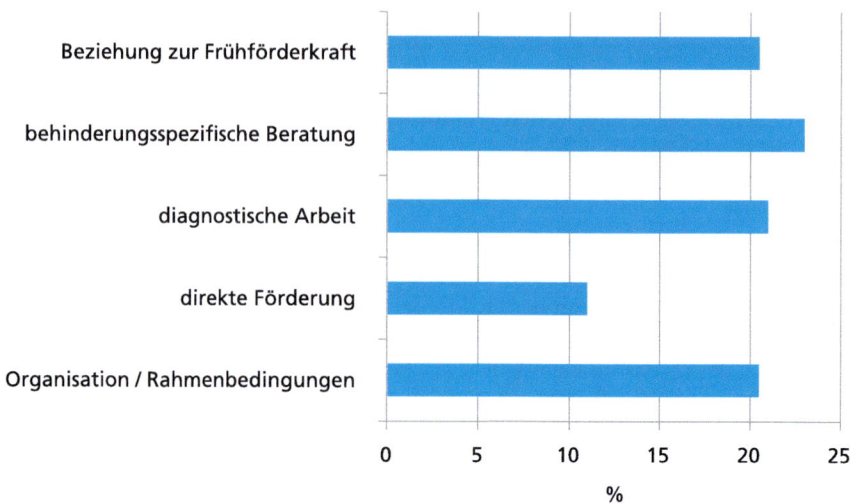

Abb. 19: Relativer Anteil von pädagogischen Fachkräften in Kindertageseinrichtungen, die Kinder mit geistiger Behinderung betreuen und mit der Zusammenarbeit mit der Frühförderstelle gänzlich oder teilweise unzufrieden sind (Sarimski et al., 2019)

Ausbildung der Mitarbeiter der Frühförderstelle

Für ihre Beratungsarbeit sind sonderpädagogische Fachkräfte in ihrer Ausbildung meist nicht explizit vorbereitet worden. Sie orientieren sich an Konzepten zur Elternberatung, vermissen in ihrer Ausbildung aber Konzepte, wie sie eine gute Zusammenarbeit mit elementarpädagogischen Fachkräften aufbauen und ihre aktive Kooperation stärken können (Wesley, Buysse & Skinner, 2001). Studien, in denen sonderpädagogische Fachkräfte befragt wurden, sprechen dafür, dass sie sich bei der Beratung insbesondere dann unsicher fühlen, wenn es sich um schwer- und mehrfachbehinderte Kinder oder Kinder mit schweren Kommunikations- und Verhaltensstörungen handelt – Fragen, bei denen die elementarpädagogischen Fachkräfte, die in der Kindergruppe tätig sind, von ihnen Expertenwissen erwarten. Probleme entstehen ihrer Erfahrung nach dadurch, dass viele dieser pädagogischen Fachkräfte kaum Vorwissen zu den besonderen Problemen behinderter Kinder haben und von ihnen rasche Lösungen oder »magische Tricks« erwarten, um mit ihnen zurecht zu kommen. Sonderpädagogische Fachkräfte sehen den besten Weg manchmal darin, mit den Kindern selbst innerhalb der Gruppe zu arbeiten und den elementarpädagogischen Fachkräften dann Strategien zu vermitteln, wie sie ihre Förderung in den Alltag integrieren können, stellen jedoch oft fest, dass dies nicht den Erwartungen der in einer Kindergartengruppe tätigen pädagogischen Fachkräfte entspricht. Sie fühlen sich von der Erwartung überfordert, prognostische Aussagen zum künftigen Entwicklungsverlauf und differenzierte Informationen zu seltenen Behinderungsformen abzugeben. Enttäuschungen entstehen nicht selten, wenn der Betreuungsschlüssel in der Einrichtung unzureichend ist, um adäquate Strategien umzusetzen, eine Fluktuation der Mitarbeiter eine kontinuierliche Arbeit verhindert und begrenzte zeitliche Möglichkeiten eine nachhaltige Qualitätsverbesserung der integrativen Arbeit in der Gruppe erschweren (Wesley, Buysse & Keyes, 2000; Wesley et al., 2001).

Auch die pädagogischen Fachkräfte in den Gruppen erleben die Zusammenarbeit nicht immer unproblematisch, wie eine Befragung von 255 Gruppenleiterinnen in 94 bayerischen Kindergärten ergab, die Erfahrungen mit einem Fachdienst der regionalen Frühförderstellen hatten (Mayr, 1998). Sie hatten zunächst Vorbehalte einzuräumen, dass sie in manchen Fragen des Umgangs mit der Behinderung eines Kindes unsicher sind. Auch war es für sie ungewohnt, dass ihre Arbeit mit den Kindern einer externen Beobachtung ausgesetzt war, und sie hatten Sorge, hernach von der Beraterin/dem Berater kritisiert zu werden. Eine solche Beobachtung des Kindes in der Gruppe ist aber unerlässlich für die sonderpädagogische oder therapeutische Fachkraft, um sich ein Bild vom Hilfebedarf des Kindes in dieser sozialen Umgebung zu machen. Eine Videoaufzeichnung ist zu empfehlen, um den Hilfebedarf eines Kindes und die Zusammenhänge problematischen Verhaltens zu erkennen und im Beratungsgespräch nach Lösungen zu suchen. Sie gibt dem nachfolgenden Beratungsgespräch eine gemeinsame Anschauungsgrundlage. Dazu muss aber verbindlich vereinbart werden, dass die Aufzeichnung nur diesem Zweck dient und niemand Anderem als den Gesprächsteilnehmern zugänglich ist.

Unterschiedliche pädagogische Grundhaltungen

Die Befragung, die Mayr (1998) durchführte, zeigte darüber hinaus, dass die Zusammenarbeit erschwert sein kann durch Unterschiede im grundlegenden pädagogischen Konzept. Die sonderpädagogische oder therapeutische Fachkraft sind gewohnt, die individuellen Stärken und Schwächen eines Kindes zu beobachten und geeignete Strategien zur Förderung zu suchen; sie arbeiten zielorientiert am Aufbau ausgewählter Fertigkeiten und Fähigkeiten, z. B. sprachlicher oder sozialer Kompetenzen, und gestalten dafür Situationen, in denen sie dem Kind individuell abgestimmte Anleitung geben können. Diese Philosophie kann kollidieren mit einem Kindergartenkonzept, bei dem der Schwerpunkt auf offenen Bildungsangeboten liegt. Dort haben die Kinder ein hohes Maß an Freiheit zu entscheiden, welche Angebote sie wählen, und die elementarpädagogische Fachkraft versteht sich in der Rolle, Aktivitäten anzuregen und bei Schwierigkeiten zu assistieren. Sie wird eher ihr Augenmerk auf das soziale Geschehen in der gesamten Gruppe als auf ein einzelnes Kind richten. Wenn es sich um eine Kindertageseinrichtung mit einem besonderen Konzept (z. B. Waldkindergarten, Montessori-Kindergarten, Waldorf-Kindergarten) handelt, können der pädagogischen Fachkraft schließlich bestimmte pädagogische Haltungen vorgegeben sein, an denen sie sich orientiert. Es geht nun in der Zusammenarbeit nicht darum, das pädagogische Grundkonzept des Kindergartens in Frage zu stellen oder die pädagogische Fachkraft zur Einzelförderung des Kindes anzuleiten, sondern den elementarpädagogischen mit dem sonderpädagogischen Arbeitskonzept zu kombinieren, indem Lerngelegenheiten für das einzelne Kind mit einem besonderen Förderbedarf im Gruppengeschehen wahrgenommen oder vorbereitet und gezielt genutzt werden. Das erfordert eine gemeinsame Planung der Fachkräfte der Einrichtungen mit dem Fachdienst der Frühförderstelle, bei der sich beide für das Gelingen der Integration eines Kindes mit Behinderung verantwortlich fühlen (Mayr, 1998).

Dafür muss in der Beratung Einvernehmen erreicht werden, dass das Ziel der sozialen Integration die aktive Beteiligung des Kindes am Gruppengeschehen und die Förderung seiner sozialen Beziehungen zu anderen Kindern ist, nicht das Einüben einzelner kognitiver, feinmotorischer, lebenspraktischer oder sprachlicher Fertigkeiten. Zu einem solchen »Arbeitsbündnis« gehört auch, das Recht jedes Kindes – unabhängig von der Art oder Schwere seiner Behinderung – auf optimale Unterstützung bei der sozialen Integration anzuerkennen, und Vorbehalte auszuräumen, dass Kinder nur dann erfolgreich integriert werden können, wenn sie bereits bestimmte Voraussetzungen mitbringen. Ungeklärte Differenzen in der grundsätzlichen Einstellung zur Integration erweisen sich in der Praxis oft als das größere Hindernis für das Gelingen als fehlendes Wissen um die Entwicklungsprobleme und Hilfemöglichkeiten für ein Kind mit einer bestimmten Behinderung. In der Zusammenarbeit ist daher sowohl pädagogische Fachkompetenz wie auch kommunikative Kompetenz gefragt.

Die möglichen Schwierigkeiten in der Zusammenarbeit zwischen pädagogischen Fachkräften in der Gruppe und Fachdiensten spiegeln sich in einigen empirischen Untersuchungen wider. Wirts, Wertfein und Wölfl (2018) befragten 103 Mitarbeiterinnen aus Frühförderstellen nach ihren Erfahrungen bei der Kooperation mit inklusiven Kindertageseinrichtungen in Bayern. Obwohl überwiegend mit der Zusammenarbeit zufrieden, nannten 84 % unzureichende räumliche und zeitliche Ressourcen seitens der KiTa und 60 % Unterschiede im Problemverständnis zwischen Frühförderstelle und KiTa bzw. Wissensdefizite bezüglich der Kinder mit Behinderungen in der KiTa als »Stolpersteine« für die Zusammenarbeit in der Praxis.

> **Studie: Erwartungen pädagogischer Fachkräfte an speziellen Hilfen für integrative Einrichtungen**
>
> McDonnell, Brownell und Wolery (2001) befragten 500 pädagogische Fachkräfte in Vorschuleinrichtungen in einer nationalen Erhebung in den USA. Fast alle sahen die Notwendigkeit spezieller Hilfen für behinderte Kinder. 71 % sprachen sich dafür aus, dass dafür eine ausgebildete sonderpädagogische Fachkraft an der Förderung beteiligt wird. 59 % plädierten für einen Integrationshelfer, der gemeinsam von ihnen und einer sonderpädagogischen Fachkraft angeleitet wird. Nur ein Drittel wollte die Anleitung eines solchen Integrationshelfers allein

übernehmen. Drei Viertel der pädagogischen Fachkräfte wünschten sich, dass die zusätzliche Förderung innerhalb der Kindergruppe stattfindet. Nur 29 % sahen eine spezielle Förderung außerhalb des Gruppenraums als den günstigsten Weg an.

Über 90 % erwarteten sich von der sonderpädagogischen Fachkraft eine Demonstration von spezifischen Strategien zur Förderung der Beteiligung am Spiel und Alltag der Gruppe, Beratung bei der Anpassung von Spielsachen oder Umgebungsmerkmalen an die Bedürfnisse der behinderten Kinder und schriftliche Formulierung eines individuellen Förderplans für das Kind in Abstimmung mit ihnen. Nur 54 % der pädagogischen Fachkräfte sahen ihre Aufgabe darin, dem Kind eine direkte Förderung im 1:1-Kontakt anzubieten.

Aufgaben der Fachberatung der Frühförderstelle

Im Einzelnen gehört es somit zu den Aufgaben des Beraters/der Beraterin:

- Informationen über die jeweilige Behinderung und spezifische Strategien zu vermitteln, die Lernen und Entwicklung unterstützen
- Praktische Empfehlungen zur Anpassung der Umgebung und der Gestaltung des Gruppengeschehens zu geben
- Die pädagogischen Fachkräfte in der Gruppe bei der Lösung von pädagogischen Fragen und beim Umgang mit problematischen Verhaltensweisen des Kindes zu unterstützen
- Ergänzende Hilfen (z. B. Assistenzkräfte als Integrationshelfer) zu organisieren und Kontakte zu Experten oder Selbsthilfegruppen bei seltenen oder besonders schwerwiegenden Behinderungen zu vermitteln
- Für eine kooperative Zusammenarbeit zwischen den pädagogischen Kräften in der Gruppe und den Eltern zu sorgen
- Eltern und pädagogische Fachkräfte bei Fragen zu den weiteren Entwicklungsperspektiven des Kindes (z. B. bei der Wahl einer geeigneten Schulform) zu beraten

Zur konkreten Ausgestaltung der Arbeits- und Informationskontakte zwischen Frühförderstellen und Kindertageseinrichtungen liegen Ergebnisse aus den beiden, bereits erwähnten umfangreichen Untersuchungen aus Niedersachsen und Bayern vor (Hensen et al., 2016; Wölfl et al., 2017). Mehr als 80 % der befragten Leitungskräfte äußerten sich mit der fachlichen Unterstützung durch diese Kooperationspartner zufrieden. Die Auswertung der Einzelantworten macht allerdings auf einige Probleme aufmerksam. Nach den Angaben der Leiterinnen und Leiter, die in Bayern befragt wurden, bestand die Tätigkeit der Fachkräfte der Frühförderstellen zu etwa 70 % aus Einschätzungen des Entwicklungsstandes von Kindern und separat durchgeführten Einzelförder- oder Therapiemaßnahmen. Spiel- und Interaktionsbeobachtungen in der Gruppe (51 %) und integrierte Therapien im Gruppengeschehen (32 %) nahmen dagegen wesentlich weniger Zeit der Fachkräfte aus den Frühförderstellen ein. Nur 27 % berichteten, dass auch Beratungen mit dem gesamten Team des Kindergartens durchgeführt werden (Wölfl et al., 2017).

Auch nach den Ergebnissen der Befragung, die in Niedersachsen durchgeführt wurde, beschränkte sich die Zusammenarbeit weitgehend auf einen Austausch über die Entwicklung und den Unterstützungsbedarf der Kinder, während gemeinsame Angebote von Fachkräften der KiTa und der Frühförderstelle im laufenden Gruppengeschehen von weniger als 30 % als Form der Kooperation genannt wurden. Gemeinsames Arbeiten am inklusiven Konzept der KiTa stellte die Ausnahme dar (Hensen et al., 2016).

Um dem Anspruch eines inklusiven Konzepts der Kindertageseinrichtung gerecht zu werden, sollte ein regelmäßiger Kontakt zwischen den pädagogischen Fachkräften in der Kindergruppe und der beratenden Fachkraft angestrebt werden, der schon vor Aufnahme des Kindes in die Gruppe beginnt und dann je nach Bedarf in unterschiedlichen Zeitabständen fortgesetzt wird. Der Berater/die Beraterin ist dabei sowohl Experte/Expertin für einzelne fachliche Fragen wie auch Partner/-in zur gemeinsamen Erarbeitung von Problemlösungen im Team mit den Eltern und pädagogischen Fachkräften. In der ersten Rolle werden von der beratenden Person fachlich begründete Empfehlungen verbindlicher Art erwartet, während sie in der zweiten Funktion eher die Rolle eines Mediators übernimmt, der dazu beiträgt, dass alle Beteiligten sich über Probleme und Ziele verständigen, ihre Lösungsvorschläge einbringen und gewürdigt finden. Auf diese Weise kommt es zu einem geordneten Entscheidungsprozess über das weitere Vorgehen unter Berücksichtigung der verschiedenen Perspektiven und der Belastungen der Beteiligten. Um eine Balance zwischen diesen beiden Rollen zu erreichen, ist es wichtig, dass bei der Beratung von allen Beteiligten einige Regeln effektiver Gesprächsführung beachtet werden.

> **Regeln einer effektiven Gesprächsführung**
>
> 1. Sorgen Sie dafür, dass eine möglichst ungestörte Gesprächsatmosphäre entsteht. Die Aufmerksamkeit der Teilnehmer sollte möglichst nicht durch Telefonanrufe, andere Kinder oder Kollegen abgelenkt werden.
> 2. Fragen Sie ausdrücklich nach den Erwartungen der beteiligten Gesprächsteilnehmer und klären Sie mögliche Missverständnisse zur Rolle der Fachberatung. Wenn negative Vorerfahrungen mit Beratungen durch externe Fachkräfte bestehen, sollten sie angesprochen werden.
> 3. Vermeiden Sie es, das Gespräch zu dominieren! Alle Beteiligten müssen die Chance haben, zu Wort zu kommen. »Gutes Zuhören und Nachfragen« ist ein Schlüssel zu einer erfolgreichen Beratung.
> 4. Versuchen Sie, sich in die Position der anderen Gesprächsteilnehmer zu versetzen und die Problematik aus ihrer Perspektive zu betrachten; greifen Sie alle Äußerungen auf, die emotionale Reaktionen oder Gefühle der Überforderung ausdrücken, und vermeiden Sie rasche Beschwichtigungen.
> 5. Vermeiden Sie es, rasche Antworten auf Fragen oder Lösungen für Probleme anzustreben, bevor genügend Informationen über die Zusammenhänge und das Gruppengeschehen gesammelt sind.
> 6. Achten Sie auf Blickkontakt, Mimik und Körpersprache bei sich selbst und den anderen Gesprächsteilnehmer, um unausgesprochene Zweifel, Misstrauen

> oder andere Hindernisse zu erkennen, die die gemeinsamen Überlegungen zum weiteren Vorgehen hemmen können.
> 7. Halten Sie kurz schriftlich fest, welche Anpassungen in der Gruppe, welche pädagogischen Strategien zur Unterstützung der Integration des Kindes vereinbart worden sind und wer die Verantwortung für die Umsetzung der Absprachen übernimmt.

An Beratungsgesprächen, die vor Aufnahme des Kindes in die Kindertageseinrichtung oder in kritischen Phasen des Integrationsprozesses geführt werden, sollten immer die Eltern des Kindes beteiligt werden. Auch hier ist es wichtig, die Erwartungen der Eltern an die Fachkraft und ihre Rolle im Beratungsprozess zu klären. Sie sind aus der Frühförderung gewohnt, dass Ziele und Strategien der Förderung auf ihr Kind individuell abgestimmt werden, und müssen verstehen, dass die pädagogische Förderung im Kindergarten andere Ziele (d. i. die aktive Beteiligung des Kindes am Gruppengeschehen) verfolgt und deshalb andere pädagogische Interventionen erforderlich sein können als eine Einzelförderung oder -therapie. Sie haben zudem eigene Vorstellungen und Sorgen, die die künftigen Entwicklungsperspektiven des Kindes und Belastungen des Familienlebens durch seine Behinderung betreffen; es ist wichtig, um diese Sorgen zu wissen und zu klären, wie die Familie außerhalb des Kindergartens die nötige Unterstützung erhalten kann. Absprachen zu pädagogischen Vorgehensweisen im Umgang mit kritischen Sozialverhaltensweisen in der Gruppe sollten den Eltern bekannt sein, sie können sich im familiären Kontext an diesen Informationen orientieren und damit Verhaltensänderungen des Kindes unterstützen.

Effekte konsultativer Beratung

Grundsätzlich sprechen internationale Erfahrungen für den Erfolg einer konsultativen Beratung pädagogischer Einrichtungen durch externe Experten. Für den Bereich der KiTas ließ sich z. B. belegen, dass sich durch konsultative Beratung das soziale Klima in der Gruppe, die Sensitivität der Fachkräfte für die Bedürfnisse der Kinder sowie ihre Kompetenz im Umgang mit kindlichen Verhaltensauffälligkeiten nachhaltig verbessern lässt (Conners-Burrow, Whiteside-Mansell, McKelvey & Virmani, 2012; Raver, Jones, Li-Grining, Metzger, Smallwood & Sardin, 2008).

Virmani, Masyn, Thompson, Conners-Burrow und Mansell (2013) evaluierten die Effekte der konsultativen Beratung bei 115 pädagogischen Fachkräften in 18 Kindertageseinrichtungen. Die Zeit, die die Berater in der Gruppe verbrachten, nicht aber die Häufigkeit, mit der sie Beratungsgespräche mit den pädagogischen Fachkräften durchführten, erwies sich als signifikanter Prädiktor für die Veränderung des sozialen Klimas und der pädagogischen Kompetenzen der Fachkräfte. Das unterstreicht die Bedeutung eines mobilen Beratungsangebotes mit direkter Beobachtung und Beratung der pädagogischen Fachkräfte mit Bezug auf ihre Handlungskompetenz im Gruppengeschehen.

5.3 Teamteaching

Gemeinsame Arbeit in der Gruppe

Ein zweiter Ansatz der Kooperation mit einer sonderpädagogischen Fachkraft oder Therapeutin liegt im »Teamteaching«. Je nach organisatorischen Möglichkeiten kann die Frühförderung einoder mehrmals in der Woche das Kind in der Gruppe besuchen und sich aktiv am Gruppenprozess beteiligen. Diese Form der Zusammenarbeit eignet sich besonders dann, wenn Kinder einen hohen Hilfebedarf haben und eine individuelle Anleitung bzw. vorbereitende Übung für die Bewältigung bestimmter Aufgaben benötigen. Förderziele können bei diesem Ansatz z. B. bestimmte lebenspraktische Kompetenzen sein (z. B. An- oder Ausziehen oder selbständiges Essen), ausgewählte Fertigkeiten im Umgang mit Spielsachen, in denen das Kind hinsichtlich Feinmotorik und Handlungsplanung besonderer Übung bedarf, oder soziale Kompetenzen (z. B. Strategien, anderen Kindern den Wunsch deutlich zu machen, bei einem laufenden Spiel mitmachen zu dürfen).

Der Beitrag der Sonderpädagogin oder Therapeutin besteht dann darin, dem Kind direkte Anleitung (»Coaching«, (▶ Kap. 3.2) im Gruppenkontext (oder im Rahmen einer Kleingruppe) zu geben. Sie dient als komplementäre Unterstützung für das Kind und ergänzt die pädagogische Unterstützung, die es von den pädagogischen Fachkräften der Gruppe erhält. Diese Form des »Teamteaching« hat den Vorteil, dass das Kind eine intensive Anleitung in Fertigkeiten und Fähigkeiten erhält, die es unmittelbar im gleichen sozialen Kontext nutzen kann (also keine Generalisierung von der Einzel- in die Gruppensituation leisten muss) und dass die pädagogische Fachkraft beobachten kann, wie die Anleitung geschieht, um sich an diesem Modell zu orientieren, wenn sie das Kind in vergleichbaren Situationen im Alltag unterstützen möchte.

Um eine solche Möglichkeit effektiv zu nutzen, ist eine gemeinsame Planung der pädagogischen Maßnahmen entscheidend. Es muss klar besprochen werden, welches Förderziel auf diese Weise erreicht werden soll, in welchen Situationen und mit welchen Materialien das geschehen soll und wer was tut. Durch die Einbeziehung der sonderpädagogischen oder therapeutischen Fachkraft soll nicht die Betreuerzahl in der Gruppe erhöht werden; ihre Aufgabe ist auf das Kind mit Integrationshilfebedarf ausgerichtet und soll ihm durch intensive, aber zeitlich beschränkte Anleitung ausgewählte Kompetenzen vermitteln, die es dann im übrigen Gruppenalltag nutzen kann. Auch diese Form der Kooperation erfordert – mehr noch als bei der Fachberatung – eine gemeinsame Klärung, welche Förderziele für das jeweilige Kind Priorität haben und wie eine entsprechende Anleitung in das laufende Gruppengeschehen eingebettet werden kann. Die Erfahrung zeigt, dass es am Anfang der Zusammenarbeit einiger Zeit für diese Absprachen bedarf. Der Zeitaufwand wird aber geringer, sobald sich eine flexible, gut aufeinander abgestimmte Form eingespielt hat.

Eine in den USA weit verbreitete Form des »Teamteaching« besteht in der gemeinsamen Führung einer integrativen Gruppe durch einen Regel- und einen Sonderpädagogen. Diese Form ist derzeit in Deutschland kaum realisierbar. Sonderpädagogen können zwar in die Frühförderung tätig sein, jedoch nicht als Vollzeitkraft in einen integrativen Kindergarten »delegiert« werden. In den USA haben dagegen Fachkräfte für »Early Childhood Education« und »Early Childhood Special Education« einen vergleichbaren Ausbildungsstand und Status und werden beide in integrativen Einrichtungen angestellt.

Assistenzkräfte als Integrationshelfer

Eine besondere Form des »Teamteaching« liegt dann vor, wenn ein/e Integrationshelfer/-in das Kind im Kindergarten begleitet. Dieser Ansatz wird in der letzten Zeit auch in Deutschland zunehmend häufig gewählt, um den Bedürfnissen von Kindern mit besonderem Hilfebedarf, z. B. autistischen Entwicklungsstörungen oder gravierenden körperlichen Einschränkungen, gerecht zu werden. Diese Assistenzkräfte haben in der Regel keine eigene pädagogische Ausbildung. Sie sind daher darauf angewiesen, Informationen über die Behinderung des Kindes und seinen Hilfebedarf sowie konkrete Anleitung zu erhalten, wie sie es bei der Bewältigung sozialer Anforderungen im Gruppenalltag wirksam unterstützen können. Diese Aufgabe muss von der sonderpädagogischen Fachkraft oder Therapeutin zusammen mit den pädagogischen Fachkräften in der KiTa-Gruppe übernommen werden.

Die Erfahrungen mit dem Konzept der Integrationshelfer sind unterschiedlich. Während Eltern sich durchweg positiv äußern, sehen pädagogische Fachkräfte z. T. die Gefahr, dass das Kind durch die Begleitung eines Integrationshelfers in den Augen der anderen Kinder in eine Sonderrolle gedrängt und als weniger »verfügbar« als Spielpartner/-in gesehen werde. Andere sehen den Beitrag des Integrationshelfers nur in der physischen Unterstützung des Kindes, ohne dass er in die pädagogische Planung und Förderung insgesamt einbezogen wird (Bennett, DeLuca & Bruns, 1997).

Für eine erfolgreiche Beteiligung eines Integrationshelfers ist es unerlässlich, dass die pädagogische Fachkräfte der Gruppe und die Assistenzkraft zu einer engen Zusammenarbeit finden und die Tagesplanung, die Situationen, in denen ein besonderer Hilfebedarf des Kindes zu erwarten ist, und das geeignete pädagogische Vorgehen besprechen und laufend anpassend. Unbedingt vermieden werden muss, dass das Assistenzverhältnis zu einer 1:1-Betreuung wird, d. h., dass das Kind mit besonderem Förderbedarf vorwiegend im Kontakt mit dem/der Integrationshelfer/-in ist und damit eine Sonderposition abseits vom Gruppengeschehen erhält. Das Ziel der Maßnahme ist die intensive Unterstützung der sozialen Beteiligung am Gruppengeschehen, die dann schrittweise ausgeblendet werden kann, sodass die soziale Partizipation nach einer längeren Zeit auch ohne zusätzliche Assistenz gelingt. In diesem Sinne ist der Erfolg einer solchen Maßnahme daran zu messen, dass sich der/die Integrationshelfer/-in mit der Zeit selbst überflüssig macht.

5.4 Konfliktlösung im Umgang mit kritischen Sozialverhaltensweisen

Die Erarbeitung und Umsetzung von pädagogischen Interventionen bei Kindern mit kritischem Sozialverhalten ist ein anspruchsvoller Prozess, dessen Inhalte im Kapitel 4.7 ausführlich dargestellt wurden. Sonderpädagogen und Psychologen aus Frühförderstellen können das pädagogische Team in der Suche nach realisierbaren Lösungen unterstützen, wenn die Integration der Kinder durch ausgeprägte soziale Verhaltensauffälligkeiten gefährdet wird. Sie werden meist erst dann zurate gezogen, wenn die Beziehungen zwischen den pädagogischen Fachkräften und dem Kind, oft aber auch innerhalb des Teams und im Kontakt mit den Eltern schon sehr angespannt sind. Umso wichtiger ist es, dass sich alle Beteiligten in dieser Situation um eine geordnete, von fachlichen Gesichtspunkten geleitete Lösung bemühen.

Konstruktiver Problemlöseprozess

Eine Konfliktlösung kann nur gelingen, wenn alle Beteiligten bereit sind, sich aktiv am Problemlöseprozess zu beteiligen. Strategien der Vermeidung, indem z. B. die Betreuungszeit im Kindergarten auf wenige Stunden beschränkt wird, führen in der Regel nicht zu einer befriedigenden Veränderung der Situation, auch wenn sie auf den ersten Blick von den pädagogischen Fachkräften als Entlastung – um den Preis einer größeren Belastung der Eltern im häuslichen Alltag – erlebt werden. Auch die Empfehlung zu einem Wechsel – sofern in der Region verfügbar – in eine sonderpädagogische Einrichtung, in der das Kind in einer kleineren Gruppe mit anderen behinderten Kindern gefördert wird, sollte erst dann erwogen werden, wenn gezielte pädagogische Interventionen in der integrativen Gruppe systematisch erprobt wurden und keine befriedigende Verhaltensänderung erreicht werden konnte oder wenn sich keine hinreichenden Ressourcen für die Umsetzung der fachlich indizierten pädagogischen Interventionen mobilisieren lassen.

Alle Beteiligten müssen sich bewusst sein, dass die Veränderung kritischer Sozialverhaltensweisen ein zeitaufwendiger Prozess ist. Er erfordert Teamgespräche zur Klärung der verschiedenen Sichtweisen, zur Sammlung und Bewertung von Informationen, Bereitschaft, sich auf ungewohnte Aufgaben – z. B. systematische Beobachtungen in der Gruppe – einzulassen, um die Zusammenhänge des problematischen Verhaltens erkennen und Interventionen planen zu können, und Geduld, um die Wirkung dieser Maßnahmen zu beobachten, sie zu revidieren oder zu ergänzen, wenn sich dies als erforderlich erweist. Dieser besondere Aufwand wird nur zu leisten sein, wenn er von der Leitung und dem Träger der Einrichtung gestützt und als besondere Herausforderung für das Team gewürdigt wird.

Um in einer konfliktreichen Situation zu einer tragfähigen Problemlösung zu kommen, bedarf es eines geordneten Prozesses mit den folgenden Phasen:

- An seinem Beginn sollte die Klärung der Erwartungen aller Gesprächsteilnehmer und eine Verständigung über die Art des Vorgehens stehen (▶ Abb. 20). Einer der

häufigsten Fehler bei Problemlöseversuchen liegt darin, diese Stufe zu vernachlässigen und allzu schnell über mögliche Lösungen zu diskutieren.
- Der zweite Schritt sollte in einer klaren Definition des Problems liegen, das zu lösen ist. Dabei ist es wichtig, dass jeder der Beteiligten seine Sichtweise der Problematik darstellt und dann ein Konsens darüber hergestellt wird, wie das zu lösende Problem klar und eindeutig zu beschreiben ist.
- Es schließt sich eine Phase an, in der alle aufgerufen sind, mögliche Lösungsvorschläge zu machen (Brainstorming), ohne dass einzelne Ideen von vornherein abgewehrt oder für unrealistisch erachtet werden.
- Nach einer Diskussion der verschiedenen Möglichkeiten entscheidet derjenige, der später auch für die Umsetzung in der Gruppenpraxis verantwortlich ist, welche Strategie den Bedürfnissen des Kindes und der Gruppe am besten entspricht. Dabei sollte der Interventionsplan – wie in Kap. 4.7 beschrieben – kurz schriftlich festgehalten werden, sodass für jeden der Beteiligten klar ist, welche Vereinbarung getroffen wurde.
- Abschließend muss eine weitere Besprechung geplant werden, in der die Wirkungen der Interventionen beurteilt werden und u. U. weitere Lösungsmöglichkeiten erörtert und dann erprobt werden.

Beachtung individueller Ängste und Widerstände

In Konfliktsituationen ist immer damit zu rechnen, dass pädagogische Fachkraft, Eltern und Berater zunächst unterschiedliche Sichtweisen des Problems haben und emotionale Reaktionen sowie Widerstände einer Veränderung im Wege stehen. Die Integration eines Kindes mit sehr belastenden Verhaltensweisen stellt für die pädagogischen Fachkräfte in der Frühen Bildung eine besondere Herausforderung dar. Es ist völlig natürlich, wenn sie zunächst an vertrauten pädagogischen Vorgehensweisen festhalten, die sie aus ihrem beruflichen Alltag mit nicht behinderten Kindern kennen, oder Sorge haben, überfordert zu werden oder die Kontrolle über ihre Arbeitssituation zu verlieren. Sie neigen deshalb dazu, sich ungewohnten Aufgaben zu entziehen oder nach Kompromissen zu suchen, die der Problematik nicht wirklich gerecht werden. Widerstände können dabei sehr unterschiedliche Formen annehmen, z. B. indem die Probleme minimiert (»Das ist ja nicht so schlimm, es wird sich schon von allein lösen«), Absprachen »vergessen« oder mit dem Argument, dass sie grundsätzlich nicht realisierbar seien oder die Arbeitsbelastung zu groß war, nicht umgesetzt werden. In anderen Fällen kann eine resignative (»Das hilft ja sowieso nicht«, »Das haben wir alles schon probiert«) bzw. anklagende (»Dieses Kind ist für mich und andere eine Gefahr«, »Es hat gar keinen Zweck, dass wir uns bemühen – bei diesen Eltern!«) Grundhaltung blockieren.

Sie erwarten dann oft die Problemlösung von Außenstehenden, die beruflich dafür besser qualifiziert – und in der Regel auch besser bezahlt – sind. Das führt mitunter zur Forderung, das Kind möge in eine andere Einrichtung wechseln oder außerhalb ambulant oder stationär psychotherapeutisch behandelt werden, bevor es dann – quasi nach einer »Reparatur« – wieder in die Gruppe aufgenommen werden kann. Es bedarf intensiver Überzeugungsarbeit, dass problematische

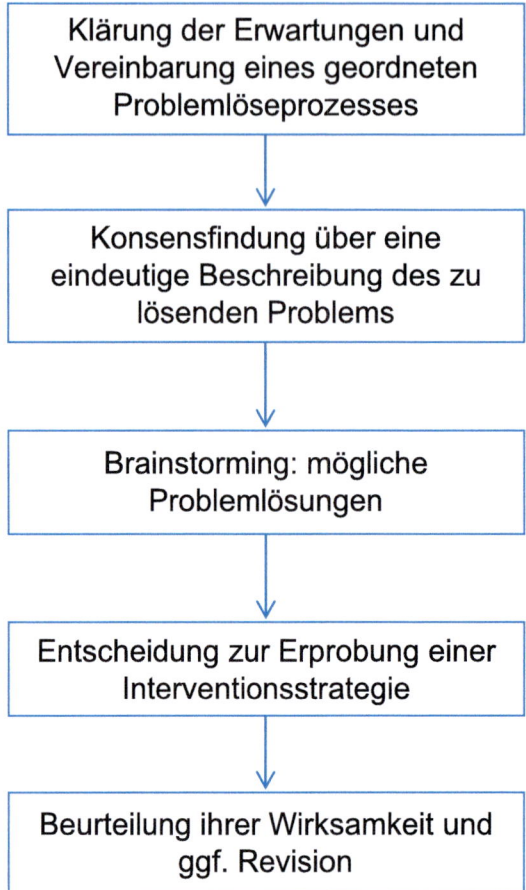

Abb. 20: Geordneter Prozess zur Erarbeitung von Problemlösungen bei schwerwiegenden Verhaltensauffälligkeiten eines Kindes

Verhaltensweisen nur dort, wo sie auftreten, und nur mit den Personen, mit denen sie auftreten, gelöst werden können. Es ist wichtig, sich dabei über die Motive, Ängste oder Gefühle der Überforderung klar zu werden, die den Widerstand motivieren, sie ernst zu nehmen und nach Wegen zu suchen, wie diese bei der Problemlösung berücksichtigt werden können, ohne die nötige Veränderung zu blockieren.

5.5 Zusammenfassung

Pädagogische Fachkräfte in der Frühen Bildung finden Unterstützung bei einer sozialen Integration behinderter Kinder bei Mitarbeitern in (sonderpädagogischen oder interdisziplinären) Frühförderstellen, Sozialpädiatrischen Zentren oder bei niedergelassenen Therapeuten. Die Kooperation zwischen diesen Fachberatern und den pädagogischen Fachkräften in der Gruppe bedeutet aber für beide Seiten eine ungewohnte Herausforderung. Das Gelingen der Fachberatung hängt dabei sowohl von fachlichen wie auch kommunikativen Kompetenzen ab. Weitere Formen der Unterstützung bestehen in einem Team-Teaching-Konzept, bei dem allgemein- und sonderpädagogische Fachkräfte eine Gruppe gemeinsam führen, und der Einbeziehung von Assistenzkräften als Integrationshelfer. Insbesondere bei der Lösung von Konflikten im Umgang mit kritischen Sozialverhaltensweisen ist es wichtig, sich auf ein geregeltes Vorgehen zu verständigen, bei dem die individuellen Ängste und Widerstände gegen eine Veränderung berücksichtigt werden.

5.6 Empfohlene Literatur zur Vertiefung

Behringer, L. & Höfer, R. (2005). *Wie Kooperation in der Frühförderung gelingt.* München: Reinhardt.
Mit Bezug auf ein Forschungsprojekt, das in den interdisziplinären Frühförderstellen in Bayern durchgeführt wurde, stellen die Verfasserinnen Prinzipien und Erfahrungen bei der Kooperation an Schnittstellen zwischen Frühförderstellen und anderen Einrichtungen dar. Viele Gesichtspunkte können auf die Zusammenarbeit zwischen elementarpädagogischen Fachkräften und Frühförderstellen übertragen werden.

Mayr, T. (1998). Problemkinder im Kindergarten: Ein neues Arbeitsfeld für die Frühförderung. Teil II: Ansatzpunkte und Perspektiven für die Kooperation. *Frühförderung interdisziplinär, 17*, 9-15.
Toni Mayr beschreibt die Probleme der Kooperation zwischen Fachkräften in Kindergärten und Frühförderstellen und macht auf Standards für das Gelingen der Zusammenarbeit aufmerksam.

Sarimski, K. (2011). Therapeutische Versorgung behinderter Kinder in inklusiven Kindertagesstätten. *Gemeinsam leben, 19*, 76-84.
Im Artikel werden Empfehlungen zur Integration therapeutischer Maßnahmen in den Alltag von Kindertagesstätten gegeben und mögliche Schwierigkeiten der Zusammenarbeit zwischen therapeutischen und elementarpädagogischen Fachkräften angesprochen.

Wölfl, J., Wertfein, M. & Wirts, C. (2017). *IVO – Eine Studie zur Umsetzung von Inklusion als gemeinsame Aufgabe von Kindertageseinrichtungen und Frühförderung in Bayern.* München: Staatsinstitut für Frühpädagogik. (► www.ifp.bayern.de/imperia/.../projektbericht_30__ivo_barrierefrei_okt_17.pdf)
Am Beispiel einer flächendeckenden Befragung in bayerischen Kindertagesstätten wird ein anschaulicher und differenzierter Blick in die Praxis der Zusammenarbeit von inklusiven Kindertageseinrichtungen und Frühfördereinrichtungen geworfen und auf kritische Herausforderungen hingewiesen.

6 Qualitätssicherung in integrativen Einrichtungen

Erzieherinnen sind primär für die pädagogische Arbeit mit Kindern ausgebildet. Diese Art des Umgangs kann nicht einfach auf die Erwachsenenebene übertragen werden. Erzieherinnen müssen in der Ausbildung oder spätestens über Fortbildung nicht nur auf neue Formen der Kooperation mit Eltern vorbereitet werden, sondern auch auf interdisziplinäre Kommunikation mit anderen Fachleuten. (Kobelt Neuhaus, 2001, 51)

Nachdem die im Kapitel 1 vorgestellte Reihe von Veröffentlichungen über Modellprojekte der sozialen Integration behinderter Kinder im Kindergarten Anfang der 1990er Jahre abgeschlossen war, blieben weitere Forschungen zu diesem Arbeitsfeld in Deutschland längere Zeit aus. In den letzten Jahren haben sich jedoch mehrere Arbeitsgruppen mit der Optimierung der integrativen Praxis und der Diskussion von Qualitätsstandards beschäftigt. Das bezieht sich auf die Eltern und die pädagogischen Fachkräfte. Zum anderen wurde auf die verschiedenen Komponenten der Qualitätsstandards fokussiert: Das sind die Strukturqualität (personelle, soziale und räumlich-materielle Ausstattung), die Prozessqualität (pädagogisches Handeln und seine Umfeldbedingungen) sowie die Ergebnisqualität (Veränderungen im Verhalten und den Kompetenzen des Kindes).

6.1 Qualitätsstandards aus Sicht der Eltern

Eine der Quellen, auf die sich diese Qualitätsstandards beziehen, sind die Erwartungen und subjektiven Einschätzungen von Eltern behinderter Kinder. Die bereits erwähnte umfangreiche Befragung von Eltern, die sich für eine Einzelintegration ihres Kindes in hessischen Kindergärten entschieden haben, dokumentiert einige Grundsätze (Kobelt Neuhaus, 2001):

- Gruppenstärken von nicht mehr als 18 Kindern, davon höchstens ein bis zwei behinderte Kinder, und zwei Fachkräfte
- entwicklungsförderliche, nicht defizit-orientierte Grundeinstellung zur gemeinsamen Erziehung
- Gewährleistung einer individuellen Förderung des Kindes durch differenzierte Angebote unter günstigen personellen, räumlichen und sächlichen Bedingungen
- Ausstattung mit besonderen Materialien für Kinder mit spezifischen Bedürfnissen

- intensive Auseinandersetzung der pädagogischen Fachkräfte mit heilpädagogischen Fragen
- interdisziplinäre professionelle Kompetenz in Betreuung, Bildung und Erziehung von Kindern.

6.2 Qualitätsstandards aus Sicht der pädagogischen Fachkräfte

Aus dem Begleitforschungsprojekt, das in NRW in integrativen Gruppen durchgeführt wurde, ergeben sich ähnliche Standards aus der Sicht der pädagogischen Fachkräfte: Gruppenstärke von maximal 15 Kindern bei maximal einem Drittel behinderter Kinder, drei Mitarbeiter in der Gruppe (davon mindestens zwei Fachkräfte mit Ausbildung als Erzieher, Heilpädagoge oder Sozialpädagoge), ausreichende betreuungsfreie Zeit zur differenzierten Planung von Angeboten und Analyse der Situation des einzelnen Kindes, Beratungsangebote möglichst innerhalb, zumindest aber außerhalb durch kooperierende Fachdienste, barrierefreie Zugangsmöglichkeiten bei Aufnahme von körperbehinderten Kindern, Fortbildungsmöglichkeiten (Dichans, 1990).

> **Studie: Vor- und Nachteile von Einzelintegrationsmaßnahmen in Kindertageseinrichtungen**
>
> In einer quantitativen Befragung in drei Bundesländern, an der sich 169 Kindertageseinrichtungen mit 533 Gruppen beteiligten, berichtete Kron (2004) über Auswirkungen von Veränderungen in den ökonomischen und konzeptionellen Anforderungen an KiTas. Die Einrichtungen sehen in der Entwicklung zu vermehrten Einzelintegrationsmaßnahmen und der damit verbundenen Übertragung von Budgetkompetenzen auf die Einrichtungen einerseits eine Chance, andererseits aber auch einen erhöhten Verwaltungsaufwand. Die Leitungen beklagen eine hohe Fluktuation der Mitarbeiter, die Teamprozesse stört und durch zahlreiche Vertretungen die Betreuungskontinuität einschränkt, sowie unzureichende zeitliche Möglichkeiten für Qualitätssicherungsmaßnahmen. Außerdem regen sie die Erarbeitung von Inhalten und Standards für ein fachlich gutes Aus- und Fortbildungsangebot an.

6.3 Fortbildung von pädagogischen Fachkräften

Eine optimale Fortbildung von pädagogischen Fachkräften besteht in einem Coaching-Prozess. Coaching versteht sich als eine strukturierte Interaktions- und Kommunikationsform zwischen einem Coach und pädagogischen Fachkräften in Kindertageseinrichtungen, die sich eine Erweiterung ihrer Kompetenzen zur Inklusion von Kindern mit Beeinträchtigungen wünschen. Coaching wird strukturiert, planvoll, fachkundig und methodisch geschult durchgeführt. Es beruht auf einer beidseitigen Verbindlichkeit und Verantwortung sowie einem arbeitsfördernden Vertrauensverhältnis.

Der Coaching-Prozess umfasst (Rush & Sheldon, 2011; Artman-Meeker, Fettig, Barton, Penney & Zeng, 2015):

- eine klare, transparente Definition der Ziele
- Festlegung der einzelnen Arbeitsschritte
- Beobachtungen der Interaktion zwischen der Fachkraft und den Kindern der Gruppe
- Vermittlung neuer Kompetenzen mit Hilfe von Instruktionsmaterialien
- Live- oder Video-Demonstration
- Erproben spezifischer Veränderungen unter Anleitung (z. B. im Rollenspiel) und dann in der konkreten Praxis
- gemeinsame Reflexion mit explizitem Feedback an die Fachkraft zur Art und Weise, wie sie die intendierten Veränderungen umgesetzt hat, und zur Stärkung ihrer Motivation zur kontinuierlichen Weiterarbeit.

Übersichtsarbeiten von Snyder, Hemmeter und Fox (2015) und Artman-Meeker et al. (2015) fassen die Forschungen zu Effekten von Coaching-Prozessen aus mehr als 40 empirischen Untersuchungen im Bereich der Kindestageseinrichtungen zusammen. Sie belegen die Wirksamkeit eines solchen strukturierten Coachings zur Implementierung von evidenz-basierten Förderstrategien für Kinder mit unterschiedlichen Entwicklungsbeeinträchtigungen.

Entscheidend ist, dass die pädagogischen Fachkräfte die pädagogischen Vorgehensweisen, die im Rahmen des Coachings erarbeitet wurden, in ihrer eigenen Praxis aktiv erproben und danach mit dem Coach reflektieren. Reflexion und Feedback können sich auf einen detaillierten Erfahrungsbericht der Fachkraft, besser aber auf unmittelbare Beobachtungen im Arbeitskontext der pädagogischen Fachkraft oder auf Videoaufzeichnungen der Gruppenaktivitäten beziehen.

Das geschilderte Vorgehen entspricht den Prinzipien, die sich generell in der Professionalisierung von pädagogischen Fachkräften als wirksam erwiesen haben (Rush & Sheldon, 2011). Im Gegensatz zu herkömmlichen Fortbildungen mit Workshop-Charakter werden die Ziele individuell festgelegt, passende Lösungen für Herausforderungen in der Praxis gesucht und von der pädagogischen Fachkraft zwischen den Coaching-Terminen umgesetzt. Durch den gemeinsamen Reflexionsprozess und das differenzierte Feedback, das flexibel an ihre Lernfortschritte angepasst wird, erlebt die Fachkraft das Coaching als kontinuierliche soziale Unterstützung und gewinnt an Sicherheit und Zutrauen in ihre professionellen Kompetenzen.

6.4 Evaluation der Strukturqualität der pädagogischen Arbeit

Im Rahmen des Ausbaus der Integration in Kindertageseinrichtungen in München fand von 2003 bis 2005 ein Begleitforschungsprojekt statt, über das Heimlich und Behr (2005) berichten. Es wurden standardisierte Instrumente zur Beurteilung der Qualität, Inhaltsanalysen der Konzepte der Einrichtungen, qualitative Befragungen der pädagogischen Fachkräfte sowie Beratungsfachdienste und der Eltern durchgeführt. Als Instrument wurde die Kindergarten-Skala – revidierte Fassung (KES-R; Tietze, Schuster, Grenner & Rossbach, 2001) zur Fremdeinschätzung verwendet, die aus 43 Merkmalen besteht, die zu sieben übergeordneten Bereichen zusammengefasst werden. Die externe Qualitätseinschätzung mit Hilfe der Kindergartenskala ergab für 70 % eine mittlere, für 30 % der Einrichtungen eine hohe Qualität. Damit liegen die Ergebnisse deutlich über den Durchschnittswerten, die in anderen Studien bei der Evaluation von Regelkindergärten ermittelt wurden (Tietze, Becker-Stoll, Bensel, Eckhart, Haus-Schnabel, Kalicki, Keller & Leyendecker, 2012). Die positive Einschätzung gilt sowohl für Platz und Ausstattung, Strukturierung der pädagogischen Arbeit wie auch die Zusammenarbeit zwischen Eltern und Erziehern, die pädagogischen Aktivitäten und Interaktionen in der Gruppe und das Maß sprachlicher und kognitiver Anregungen.

Bei der Interpretation dieser Daten muss berücksichtigt werden, dass das eingesetzte Verfahren nicht dazu geeignet ist, die besondere Qualität der gemeinsamen Erziehung und Integration adäquat wiederzugeben, sondern auf die Beurteilung der allgemeinen Qualität der pädagogischen Arbeit in Regelkindergärten ausgerichtet ist. Clawson und Luze (2008), die die amerikanische Originalversion der Kindergarten-Skala verwendeten, kamen in ihrer Untersuchung aber zu dem Schluss, dass eine hohe Übereinstimmung besteht zwischen der allgemeinen Qualität, die mit diesem Verfahren gemessen wurde, und der individuellen Beurteilung der Teilhabe von Kindern mit Behinderungen in integrativen Gruppen. Kinder in Einrichtungen mit hoher pädagogischer Qualität erhielten mehr Unterstützung zur Förderung sozialer Kontakte mit nicht behinderten Kindern und zur sprachlichen Anregung als Kinder aus Einrichtungen, deren pädagogische Qualität weniger positiv beurteilt wurde. Eine Ausnahme bildeten allerdings Kinder mit ausgeprägten Verhaltensproblemen; sie stellen offenbar besondere Anforderungen an die pädagogischen Fachkräfte, die mit diesem Instrument zur Einschätzung der allgemeinen pädagogischen Qualität im Kindergarten nicht adäquat erfasst werden.

Die pädagogischen Fachkräfte selbst, die in der Studie von Heimlich und Behr (2005) befragt wurden, schätzen ihre Zufriedenheit mit der unmittelbaren integrativen Arbeit in der Gruppe als hoch ein, sind aber mit der Teamentwicklung, den

Rahmenbedingungen der Einrichtung und den verfügbaren Unterstützungssystemen etwas weniger zufrieden. Auch die Eltern sind mit der integrativen Qualität der Arbeit überwiegend zufrieden. Als Probleme werden von den pädagogischen Fachkräften ungenügende Stellenabsicherung und Möglichkeiten zur Fort- und Weiterbildung (33 %), Unzufriedenheit mit der Kooperation von Schulen (34 %) genannt, in einzelnen Fällen auch die fehlende Barrierefreiheit der Räume (17 %). Unzufriedenheit mit den Möglichkeiten zur Fortbildung (25 %) und Supervision (40 %) zeigt sich auch in einer Befragung von knapp 200 Fachkräften aus vier Bundesländern, die Kreuzer (2006) durchführte.

Aus diesen Erhebungen lässt sich zusammenfassend auf eine überwiegend befriedigende Strukturqualität in integrativen Kindertageseinrichtungen schließen. Sie entsprechen den Erfahrungen, die in internationalen Studien zu Qualitätsmerkmalen inklusiver Förderung im Kindergarten formuliert werden. So verglichen La Paro, Sexton und Snyder (1998) sowie Buysse, Wesley, Brayand und Gardner (1999) mit dem amerikanischen Original der Kindergartenskala (Early Childhood Environment Rating Scale, ECERS) die Qualität von inklusiven Einrichtungen mit denen, in denen keine Kinder mit Behinderungen aufgenommen waren. Die inklusiven Einrichtungen schnitten auch in diesen beiden Studien ebenso gut oder besser ab als die Vergleichsgruppe.

Allerdings äußerten u. a. Wolery, Pauca, Brashers und Grant (2000) Zweifel daran, ob mit diesem Instrument die spezifischen Merkmale erfasst werden, die eine hohe Qualität für Kinder mit besonderen Bedürfnissen auf Grund einer Behinderung erfasst werden. Soukkakou (2007) entwickelte deshalb mit dem »Inclusive Classroom Profile« ein Instrument zur Einschätzung inklusiver Qualität durch externe Beobachter, das nach dem gleichen Schema wie ECERS aufgebaut ist, aber u. a. folgende Dimensionen berücksichtigt, die für die Förderung sozialer Teilhabe von Kindern mit Behinderungen von besonderer Bedeutung sind:

- Anpassung von Räumen, Materialien und Ausstattung
- Unterstützung von Interaktionen zwischen den Kindern durch die pädagogischen Fachkräfte
- Anleitung von Kompetenzen im Spiel durch die Fachkräfte
- Unterstützung bei der Lösung sozialer Konflikte
- Berücksichtigung individueller Unterschiede bei der Gestaltung gemeinsamer Aktivitäten
- verbindliche, zugewandte und entwicklungsförderliche Beziehungen der Fachkräfte zu den Kindern
- Unterstützung bei der Entwicklung kommunikativer Fähigkeiten

Das Instrument wurde in England erprobt und dann in 51 inklusiven Kindertagesstätten in den USA eingesetzt. Dabei erwies sich das Instrument als sehr zuverlässig, das heißt, es ließ sich damit eine befriedigende Übereinstimmung der Einschätzung der inklusiven Qualität durch unterschiedliche Beobachter erreichen. Korrelative Zusammenhänge zwischen dem Ergebnis und der Einschätzung der allgemeinen Qualität der Kindergärten mittels des ECERS sowie Strukturmerkmalen wie Gruppengröße, Personalschlüssel und Ausbildung der pädagogischen Fachkräfte sprechen dafür, dass das Instrument gut geeignet ist, um eine Evaluation inklusiver Qualität durch eine Fremdbeurteilung anzustreben (Soukakou, Winton, West, Sideris & Rucker, 2014).

> **Studie: Qualitätskritierien aus der Sicht von Eltern und Fachleuten**
>
> Buysse, Skinner und Grant (2001) führten eine ausführliche Befragung von 92 Eltern und Fachleuten aus 19 inklusiven Kindertagesstätten über ihre Vorstellungen von guter Qualität in diesem Arbeitsfeld durch. Als wichtigste Qualitätskritierien wurden genannt:
>
> - verbesserter Personalschlüssel gegenüber dem Regelkindergarten
> - Integration von Förderung/Therapie in den Gruppenalltag
> - erweitertes Raumangebot (Bewegungs- und Ruhebereiche, Pflege- und Wickelmöglichkeiten, Elterngespräche, Kleingruppenarbeit)
> - Anpassung der räumlichen Bedingungen an die spezifischen Bedürfnisse körper- oder sinnesbehinderter Kinder
> - positive Grundeinstellung zur Integration behinderter Kinder
> - Unterstützung durch Leitung und Träger der Einrichtung
> - regelmäßige, partnerschaftliche Zusammenarbeit mit Eltern
> - Möglichkeiten zur Beratung mit anderen Fachleuten.
>
> Als Probleme werden genannt:
>
> - die besonderen Herausforderungen von Kindern mit schweren Behinderungen
> - Verhaltensauffälligkeiten
> - Sinnesschädigungen oder autistische Verhaltensmerkmale
> - unzureichende Möglichkeiten zur Planung von individuell abgestimmten Angeboten für die Kinder
> - eine mangelnde Koordination mit anderen Förder- und Therapieangeboten

6.5 Evaluation der Prozessqualität der pädagogischen Arbeit

Die Prozessqualität bezieht sich auf das Gesamt der Interaktionen und Erfahrungen, die das Kind in der Kindergartengruppe mit seiner sozialen und materiellen Umwelt macht. Die Ergebnisse hierzu sind weniger positiv. Zettl, Wetzel und Schlipfinger (2001) beobachteten die sozialen Interaktionen und Aktivitäten bei 61 Kindern mit erhöhtem Förderbedarf im österreichischen Bundesland Salzburg.

Mehr als die Hälfte der Zeit spielen die Kinder mit erhöhtem Förderbedarf parallel/gemeinsam, d. h., dass nicht unbedingt Interaktion oder Zusammenarbeit stattfindet. (...) Die restliche Zeit verbringen die Kinder mit erhöhtem Förderbedarf allein, seltener noch in Kooperation mit anderen Kindern. (Zettl et al., 2001, S. 11f.)

Auch Kreuzer (2006) erfuhr aus der Befragung von 200 Fachkräften, dass destruktive Konfliktverläufe, Zusammenbruch von Interaktionen und insgesamt eine geringe Teilhabe am sozialen Leben in der Gruppe bei relativ vielen Kindern mit besonderem Förderbedarf zu beobachten sind, und leitete daraus die Forderung ab, vermehrt systematische Ansätze der integrativen Förderung von Spiel- und Sozialkompetenzen zu nutzen.

Hier treffen sich die Einschätzungen aus der Praxis mit den Forschungsergebnissen zu sozialen Interaktionen und Beziehungen zwischen behinderten und nicht behinderten Kindern, die in amerikanischen Studien gewonnen wurden (▶ Kap. 2 und 3). Spezifische (sonder-) pädagogische Interventionen im natürlichen Kontext sind unerlässlich, um eine befriedigende soziale Beteiligung behinderter Kinder zu erreichen. Sie sollten in den Gruppenablauf eingebettet sein oder als Angebote an Kleingruppen, nicht als gesonderte Einzelförderung organisiert werden, die kindlichen Interessen aufgreifen und individuell auf den besonderen Förderbedarf eines Kindes abgestimmt sein. Wenn das Kind eine behinderungsspezifische Therapie (z. B. Krankengymnastik oder Sprachtherapie) erhalten soll, ist dies zusätzlich zu organisieren und wahrzunehmen.

6.6 Evaluation der Ergebnisqualität der pädagogischen Arbeit

Maß der Ergebnisqualität ist einerseits der Entwicklungsfortschritt der Kinder, wie er in Entwicklungstests abgebildet wird, andererseits der Grad der sozialen Teilhabe des Kindes am Gruppengeschehen und der Qualität seiner sozialen Beziehungen. Die im Kapitel 2 zusammengefassten Ergebnisse empirischer Studien belegen, dass Kinder mit Behinderungen in integrativen Gruppen die gleichen Fortschritte in ihren kognitiven, sprachlichen und sozialen Fähigkeiten machen wie in Sondereinrichtungen. Kinder mit schwerer Behinderung machen in integrativen Gruppen größere Fortschritte in ihren kommunikativen und sozialen Kompetenzen als beim Besuch einer Sondereinrichtung. Es bedarf gezielter pädagogischer Unterstützung, um ihre soziale Teilhabe zu erreichen und sozialer Ausgrenzung vorzubeugen. Auch unter günstigen pädagogischen Bedingungen kann jedoch nicht erwartet werden, dass sie das gleiche Niveau sozialer Kompetenzen erreichen wie nicht behinderte Kinder und ebenso viele Freundschaften bilden.

6.7 Selbstevaluation der pädagogischen Arbeit

Neben einer Fremdevaluation der pädagogischen Arbeit durch Außenstehende ist auch eine Selbstevaluation durch die pädagogischen Fachkräfte vor Ort möglich und auch sinnvoll, um die eigene Arbeit fortlaufend zu reflektieren und weiter optimieren zu können. Dazu bedarf es zweckmäßiger Verfahren und Handreichungen zur Beurteilung der pädagogischen Arbeit.

Solche Verfahren und Handreichungen wurden im Rahmen des Modellprojekts »Qualitätsentwicklung Integrationsplatz (QUINT)«, erarbeitet. Ziel dieses Projekts war, die Realisierung des seit 1999 bestehenden Anspruchs jedes behinderten Kindes in Hessen auf einen wohnortnahen Integrationsplatz im Kindergarten zu dokumentieren (Institut für Kinder- und Jugendhilfe, Mainz, 2007). Es wurden Handreichungen für die pädagogischen Fachkräfte zur individuellen Hilfeplanung und zu einzelfallbezogenen Dokumentationsverfahren entwickelt und evaluiert, um die Struktur-, Prozess- und Ergebnisqualität zu optimieren. Qualitätsstandards für Kindergärten wurden auch im Rahmen der Begleitforschung zur Entwicklung inklusiver Strukturen und Prozesse in elf Kindergärten und vier Krippen in der Landeshauptstadt München entwickelt (Heimlich & Behr, 2005, 2008).

Mit dem »Index für Inklusion für Kindertageseinrichtungen« (Booth, Ainscow & Kingston, 2006) liegt ein Instrument vor, um die Weiterentwicklung zu einer inklusiven Einrichtung zu planen und zu evaluieren. Der Index enthält gut 500 Indikatoren und Fragen, die sich auf drei Dimensionen der Inklusionsentwicklung beziehen:

- Inklusive Kulturen entfalten (Gemeinschaft bilden; inklusive Werte verankern)
- Inklusive Leitlinien etablieren (Unterstützung von Vielfalt organisieren)
- Inklusive Praxis entwickeln (Spiel und Lernen gestalten; Ressourcen mobilisieren)

Angesichts des Umfangs ist es verständlich, dass auch die Einrichtungen, die den Index für ein grundsätzlich wertvolles Entwicklungsinstrument halten, eher einzelne Fragen bzw. Indikatoren auswählen, statt alle Entwicklungsdimensionen gleichzeitig anzugehen. Der Index enthält keine didaktischen Hinweise, kann aber nützlich sein, um sich die verschiedenen Ebenen der Inklusionsentwicklung – Sensibilisierung für Kinder mit individuellen Bedürfnissen, Entwicklung inklusiver Spiel- und Lernsituationen, Etablierung interdisziplinärer Kooperation im Team und Nutzung externer Unterstützungssysteme – bewusst zu machen (Heimlich, 2013).

> **Neun Leitfragen zur Selbsteinschätzung der inklusiven Qualität pädagogischer Arbeit für Mitarbeiter in Kindertageseinrichtungen**
>
> 1. Sind die Räume im Kindergarten und das Spielmaterial für alle Kinder barrierefrei und damit gleichermaßen gut zugänglich?
> 2. Bestehen die räumlichen und zeitlichen Voraussetzungen sowie die persönliche Bereitschaft, sich auf die individuelle Zuwendung und spezifische Hilfe- oder Pflegebedürfnisse eines Kindes mit Behinderung einzustellen?

3. Werden die individuellen Förderziele und Hilfebedürfnisse bei der pädagogischen Tages- und Wochenplanung berücksichtigt (Binnendifferenzierung)?
4. Werden fachliche Strategien zur Förderung oder Therapie eines Kindes mit Behinderung in den Gruppenalltag integriert?
5. Gelingt es in der täglichen Praxis, alle Kinder an den gemeinsamen Aktivitäten der Gruppe zu beteiligen und den Hilfebedarf behinderter Kinder dabei zu berücksichtigen?
6. Gelingt es, die sozialen Kontakte zwischen behinderten und nicht behinderten Kindern im gemeinsamen Spiel gezielt zu unterstützen?
7. Gibt es regelmäßige Absprachen aller Teammitglieder, um pädagogische Vorgehensweisen abzustimmen und aus den jeweiligen Erfahrungen wechselseitig zu lernen?
8. Gibt es regelmäßige Gespräche mit den Eltern eines Kindes mit einer Behinderung, um ihre Erwartungen, Fragen und Sichtweisen in die pädagogische Planung einzubeziehen?
9. Gibt es verbindliche Formen der fallbezogenen Zusammenarbeit mit Frühförderstellen oder anderen Kooperationspartnern zur fachlichen Beratung in Fragen der Integration?

Um das Ziel einer Qualitätsoptimierung der sozialen Integration behinderter Kinder im Elementarbereich zu erreichen, sind viele Schritte nötig. Dazu zählt ein stärkeres Bewusstsein für die Bedeutung und die Notwendigkeit pädagogischer Interventionen zur Förderung sozialer Kompetenzen und sozialer Beziehungen zwischen allen Kindern der Gruppe, die Entwicklung, Implementierung und Evaluation von Konzepten in diesem Bereich, die Entwicklung von Kooperationsnetzen zwischen Kindertageseinrichtungen und beratenden Fachdiensten (z. B. Frühförderstellen) und die Fort- und Weiterbildung von pädagogischen Fachkräften in den Einrichtungen in Kompetenzen der Elternberatung und der interdisziplinären Zusammenarbeit sowie – nicht zuletzt – die Sicherung von Rahmenbedingungen, die für eine qualitativ gute Arbeit für alle Kinder im Kindergarten erforderlich ist.

Ein »Kindergarten für alle« ist kein Ort, an dem die öffentliche Hand Kosten einsparen kann, sondern ein Reformprojekt, das Investitionen in Bildung erfordert – zugunsten der Entwicklungschancen aller Kinder. Deshalb schließt das Gutachten zu Perspektiven der Weiterentwicklung von Kindertageseinrichtungen in Deutschland (BMFSFJ, 2008) mit sozialpolitischen Forderungen:

- Ausbau integrativer Formen der Erziehung und Bildung in Kindertageseinrichtungen in den Bundesländern, in denen noch segregierende Betreuungsformen dominieren
- Ausbau integrativer Einrichtungen für Kinder unter drei Jahren
- Ausarbeitung und Umsetzung fachlich-inhaltlicher Qualitätsstandards für integrative Einrichtungen
- Reduzierung der Gruppengröße im Kindergarten
- Etablierung von interdisziplinären Teams in der Zusammenarbeit mit Fachdiensten

- Professionalisierung der beteiligten Fachkräfte durch die Vermittlung integrativer Erziehungsformen in Aus- und Weiterbildung

6.8 Zusammenfassung

Bei der Diskussion von Qualitätsstandards für integrative Einrichtungen ist zwischen Struktur-, Prozess- und Ergebnisqualität zu unterscheiden. Die vorliegenden Daten sprechen für eine befriedigende Strukturqualität. Sowohl pädagogische Fachkräfte wie auch Eltern machen aber auf Verbesserungsbedarf aufmerksam. Dieser bezieht sich vor allem auf die Aus- und Fortbildung der Mitarbeiter und die Kooperationsbeziehungen zu anderen Einrichtungen. Erste Handreichungen zur Qualitätsentwicklung in der Praxis sind verfügbar.

6.9 Empfohlene Literatur zur Vertiefung

Heimlich, U. & Behr, I. (2005). Integrative Qualität im Dialog entwickeln – auf dem Weg zur inklusiven Kindertageseinrichtung. Münster: LIT-Verlag.
In diesem Buch werden die Prozesse der Qualitätsentwicklung in integrativen Tagesstätten umfassend dargestellt.

Institut für Kinder- und Jugendhilfe Mainz (2007). *QUINT: Integrative Prozesse in Kitas qualitativ begleiten*. Kronach: Link.
In diesem Buch wird reichhaltiges Praxismaterial zur Qualitätssicherung in integrativen Kindertageseinrichtungen zur Verfügung gestellt.

Kobelt Neuhaus, D. (2001). *Qualität aus Elternsicht*. Seelze: Kallmeyer`sche Verlagsbuchhandlung.
Aus einem umfangreichen Forschungsprojekt zu den Erfahrungen bei der Einzelintegration behinderter Kinder in Regeleinrichtungen in Hessen werden Qualitätsstandards aus Sicht der Eltern abgeleitet.

Wirts, C., Wertfein, M., Wengert, C. & Frank, C. (2015). *Lust und Mut zur Inklusion in Kindertageseinrichtungen*. München: Institut für Frühpädagogik und Bayerisches Staatsministerium für Arbeit und Soziales, Familie und Integration.
Die Autorinnen legen eine praxisnahe Handreichung zur Öffnung von Kindertageseinrichtungen für Kinder mit Behinderungen vor, die sowohl die pädagogische Haltung der Fachkräfte als auch die konkreten Schritte bei der Aufnahme eines Kindes mit einer Behinderung und bei der inklusiven Gestaltung von Räumen und Strukturen beschreibt. Die Reflexionsanregungen zu jedem Kapitel eignen sich sehr gut zur Selbstevaluation der pädagogischen Arbeit.

Literatur

Albers, T. (2011). *Mittendrin statt nur dabei. Inklusion in Krippe und Kindergarten*. München: Reinhardt.
Antia, S. & Kreimeyer, K. (1996). Asocial interaction and acceptance of deaf/hard of hearing children and their peers: A comparison of social skills and familiarity-based intervention. *The Volta Review*, 98, 157-180.
Antia, S. & Ditillo, D. (1998). A comparison of the peer social behavior of children who are deaf/hard of hearing and hearing. *Journal of Children's Communication Development*, 19, 1-10.
Arthur-Kelly, M., Foreman, P., Bennett, D. & Pascoe, S. (2008). Interaction, inclusion and students with profound and multiple disabilities: towards an agenda for research and practice. *Journal of Research in Special Educational Needs*, 8, 161-166.
Artman-Meeker, K., Fettig, A., Barton, E., Penney, A. & Zeng, S. (2015). Applying an evidence-based framework to the early childhood coaching literature. *Topics in Early Childhood Special Education*, 35, 183-196.
Bailey, D., McWilliam, R., Ware, W. & Burchinal, M. (1993). The social interactions of toddlers and preschoolers in same-age and mixed-age play groups. *Journal of Applied Developmental Psychology*, 14, 261-276.
Baker, B., Blacher, J., Crnic, K. & Edelbrock, C. (2002). Behavior problems and parenting stress in families of threeyear-old children with and without developmental delays. *American Journal on Mental Retardation*, 107, 433-444.
Baker-Ericzen, M., Mueggenborg, M. & Shea, M. (2009). Impact of trainings on child care providers' attitudes and perceived competence toward inclusion. *Topics in Early Childhood Special Education*, 28, 196-208.
Barton, E. & Smith, B. (2015). Advancing high-quality preschool inclusion. A discussion and recommendations for the field. *Topics in Early childhood Special Education*, 35, 69-78.
Batten, G., Oakes, P. & Alexander, T. (2014). Factors associated with social interactions between deaf children and their hearing peers: A systematic literature review. *Journal of Deaf Studies and Deaf Education*, 19, 285-302.
Beckman, P. & Kohl, A. (1984). The effects of social and isolate toys on the interactions and play of integrated and non-integrated groups of preschoolers. *Education and Training of the Mentally Retarded*, 19, 169-174.
Beckman, P., Hanson, M. & Horn, E. (2002). Family perceptions of inclusion. In S. Odom (Hrsg.), *Widening the circle* (S. 98-108). New York: Teachers College Press.
Beher, K. & Walter, M. (2012). *Qualifikationen und Weiterbildung frühpädagogischer Fachkräfte. Eine Studie der Weiterbildungsinitiative Frühpädagogische Fachkräfte (WiFF)*. München: Deutsches Jugendinstitut.
Beilinson, J. & Olswang, L. (2003). Facilitating peer-group entry in kindergartners with impairments in social communication. *Language, Speech, and Hearing Services in Schools*, 34, 154-166.
Bennett, T., DeLuca, D. & Bruns, D. (1997). Putting inclusion into practice: Perspectives of teachers and parents. *Exceptional Children*, 64, 115-131.
Bevill, A., Gast, D., Maguire, A. & Vail, C. (2001). Increasing engagement of preschoolers with disabilities through correspondence training and picture cues. *Journal of Early Intervention*, 24, 129-145.
Boehnisch, J. (2008). Verhindert Unterstützte Kommunikation die Lautsprachentwicklung? *Unterstützte Kommunikation*, 2.

Booth, C. (1999). Beliefs about social skills among mothers of preschoolers with special needs. *Early Education and Development, 10,* 455-473.
Booth, C. & Kelly, J. (1998). Child-care characteristics of infants with and without special needs: Comparisons and concerns. *Early Childhood Research Quarterly, 13,* 603-621.
Booth, T., Ainscow, M. & Kingston, D. (2006). *Index für Inklusion (Tageseinrichtungen für Kinder).* Deutschsprachige Ausgabe. Frankfurt: GEW.
Brambring, M. (2001). Integration of children with visual impairment in regular preschools. *Child: Care, Health and Development, 27,* 425-438.
Brambring, M. (2005). Divergente Entwicklung blinder und sehender Kinder in vier Entwicklungsbereichen. *Zeitschrift für Entwicklungspsychologie und Pädagogische Psychologie, 37,* 173-183.
Bronson, M., Hauser-Cram, P. & Warfield, M. (1995). Classroom behaviors of preschool children with and without disabilities. *Journal of Applied Developmental Psychology, 16,* 371-390.
Brown, M., Prescott, S., Rickards, F. & Paterson, M. (1994). Communicating about pretend play: a comparison of the utterances of 4-year-old normally hearing and deaf or hard of hearing children in an integrated kindergarten. *The Volta Review, 96,* 5-17.
Brown, W., Odom, S. & Conroy, M. (2001). An intervention hierarchy for promoting young children's peer interactions in natural environments. *Topics in Early Childhood Special Education, 21,* 162-175.
Bruder, M. & Staff, I. (1998). A comparison of the effects of type of classroom and service characteristics on toddlers with disabilities. *Topics in Early Childhood Special Education, 18,* 26-37.
Bruns, D. & Mogharreban, C. (2007). The gap between beliefs and practices: Early childhood practitioners' perceptions about inclusion. *Journal of Research in Childhood Education, 21,* 229-241.
Bundesministerium für Familie, Senioren, Frauen und Jugend (BMFSFJ). (2003). *Auf den Anfang kommt es an!* Weinheim: Beltz.
Bürli, A. (2009). Integration/Inklusion aus internationaler Sicht – einer facettenreichen Thematik auf der Spur. In A. Bürli, U. Strasser & A.-D. Stein (Hrsg.), *Integration/Inklusion aus internationaler Sicht* (S. 15-63). Bad Heilbrunn: Klinkhardt.
Buysse, V. (1993). Friendships of preschoolers with disabilities in community-based child care settings. *Journal of Early Intervention, 17,* 380-395.
Baysse, V. & Bailey, D. (1993). Behavioral and developmental outcomes in young children with disabilities in integrated and segregated settings: A review of comparative studies. *Journal of Special Edcuation, 26,* 434-461.
Buysse, V., Nabors, L., Skinner, D. & Keyes, L. (1997). Playmate preferences and perceptions of individual differences among typically developing preschoolers. *Early Child Development and Care, 131,* 1-18.
Buysse, V., Wesley, P., Bryant, D. & Gardner, D. (1999). Quality of early childhood programs in inclusive and nonclusive settings. *Exceptional Children, 65,* 301-314.
Buysse, V., Skinner, D. & Grant, S. (2001). Toward a definition of quality inclusion: Perspectives of parents and practioners. *Journal of Early Intervention, 24,* 146-161.
Buysse, V., Goldman, B. & Skinner, M. (2002). Setting effects on friendship formation among young children with and without disabilities. *Exceptional Children, 68,* 503-517.
Cappelli, M., Daniels, T., Durieux-Smith, A., McGrath, P., Neuss, D. (1995). Social development of children with hearing impairments who are integrated into general education classrooms. *The Volta Review, 97,* 197-208.
Caulfield, M., Fishel, J., DeBarysche, B. & Whitehurst, G. (1989). Behavioral correlates of developmental expressive language disorder. *Journal of Abnormal Child Psychology, 17,* 187-201.
Celeste, M. (2006). Play behaviors and social interactions of a child who is blind: In theory and practice. *Journal of Visual Impairment & Blindness, 100,* 75-96.
Chen & Haney (1999): *Promoting Learning through Active Interaction.* Baltimore: Brookes.
Chiarello, L., Palisano, R., Orlin, M., Chang, H., Begnoche, D., An, M. (2012). Understanding participation of preschool-age children with cerebral palsy. *Journal of Early Intervention, 34,* 3-19.

Clawson, C. & Luze, G. (2008). Individual experiences of children with and without disabilities in early childhood settings. *Topics in Early Childhood Special Education, 28*, 131-147.

Cole, K., Mills, P., Dale, P. & Jenkins, J. (1991). Effects of preschool integration for children with disabilities. *Exceptional Children, 58*, 36-45.

Conners-Burrow, N., Whiteside-Mansell, L., McKelvey, L. & Virmani, E. (2012). Improved classroom quality and child behavior in an Arkansas early childhood mental health consultation pilot project. *Mental Infant Health Journal, 33*, 256-264.

Craig, H. (1993). Social skills of children with specific language impairment: Peer relationships. *Language, Speech, and Hearing Services in Schools, 24*, 206-215.

Craig-Unkefer, L. & Kaiser, A. (2002). Improving the social communication skills of at-risk preschool children in a play context. *Topics in Early Childhood Special Education, 22*, 3-13.

Cress, C. & Marvin, C. (2003). Common questions about AAC services in early intervention. *Augmentative and Alternative Communication, 19*, 254-272.

Crocker, A. & Orr, R. (1996). Social behaviors of children with visual impairments enrolles in preschool programs. *Exceptional children, 62*, 451-461.

Dale, N., Tadic, V. & Sonksen, P. (2013). Social communicative variation in 1-3 year olds with severe visual impairment. *Child: Care, Health and Development, 40*, 158-164.

D'Allura, T. (2002). Enhancing the social interaction skills of preschoolers with visual impairments. *Journal of Visual Impairment & Blindness, 96*, 576-584.

Deutscher Gehörlosenbund (2012). *Bilingual aufwachsen Gebärdensprache in der Frühförderung hörbehinderter Kinder*. Berlin.

Diamond, K. (1993). Preschool children's concepts of disability in their peers. *Early Education and Development, 4*, 123-129.

DeKlyen, M. & Odom, S. (1989). Structure and preschool peer interactions: Beyond the mainstream. *Journal of Early Intervention, 13*, 342-352.

Diamond, K. (1993). Preschool children's concepts of disability in their peers. *Early Education and Development, 4*, 123-129.

Diamond, K. & Huang, H. (2005). Preschoolers' ideas about disabilities. *Infants and Young Children, 18*, 37-46.

Diamond, K. & Hong, S.-Y. (2010). Young children's decisions to include peers with physical disabilities in play. *Journal of Early Intervention, 32*, 163-177.

Dichans, W. (1990). *Der Kindergarten als Lebensraum für behinderte und nicht behinderte Kinder*. Stuttgart: Kohlhammer.

Dietrich, S. (2005). A look at friendships between preschool-aged children with and without disabilities in two inclusive classrooms. *Journal of Early Childhood Research, 3*, 193-215.

Diller, S. (2009). *Integration hörgeschädigter Kinder in allgemeinen und integrativen Kindergärten*. Hamburg: Kovac.

Dodge, K., Pettit, G., McClaskey, C. & Brown, M. (1986). Social competence in children. *Monographs of the Society for Research in Child Development, 51*.

English, K., Goldstein, H., Shafer, K. & Kaczmarek, L. (1997). Promoting interactions among preschoolers with and without disabilities: Effects of a buddy-skills-training program. *Exceptional Children, 63*, 229-243.

Erwin, E. (1993). Social participation of young cildren with visual impairments in specialized and integrated environments. *Journal of Visual Impairment & Blindness, 87*, 138-142.

Favazza, P. & Odom, S. (1997). Promoting positive attitudes of kindergarten-age children toward individuals with disabilities. *Exceptional Children, 63*, 405-418.

Fegert, J. & Frühauf, T. (1999). *Integration von Kindern mit Behinderungen. Sachverständigenkommission Zehnter Kinder- und Jugendbericht*. München: DJI-Verlag.

Ferreira, M., Aguiar, C., Correia, N., Fialho, M. & Pimental, J. (2017). Social experiences of children with disabilities in inclusive Portuguese preschool settings. *Journal of Early Intervention, 39*, 33-50.

Feuser, G. (1999). Aspekte einer integrativen Didaktik unter Berücksichtigung tätigkeitstheoretischer und entwicklungspsychologischer Erkenntnisse. In H. Eberwein (Hrsg.), *Behinderte und Nichtbehinderte lernen gemeinsam. Handbuch der Integrationspädagogik* (5. Aufl., S. 215-226). Weinheim: Beltz.

Fewell, R. & Oelwein, P. (1991). Effective early intervention: Results from the model Preschool Program for Chidlren with Down Syndrome and other developmental delays. *Topics in Early Childhood Special Education, 11,* 56-68.
Fombonne, E. (1999). The epidemiology of autism: A review. *Psychological Medicine, 29,* 769-786.
Foreman, P., Arthur-Kelly, M., Pascoe, S. & Smyth King, B. (2004). Evaluating the educational experiences of students with profound and multiple disabilities in inclusive and segregated classroom settings: An Australian perspective. *Research and Practice for Persons with Severe Disabilities, 29,* 183-193.
Frea, W., Craig-Unkefer, L., Odom, S. & Johnson, D. (1999). Differential effects of structured social integration and group friendship activities for promoting social interaction with peers. *Journal of Early Intervention, 22,* 230-242.
Freeman, S. & Kasari, C. (2002). Charactierstics and qualities of the play dates of children with Down syndrome: Emerging or true friendships? *American Journal on Mental Retardation, 107,* 16-31.
Fujiki, M., Brinton, B., Isaacson, T. & Summers, C. (2001). Social behavior of children with language impairment on the playground: A pilot study. *Language, Speech, and Hearing Services in Schools, 32,* 101-114.
Gadow, T., Peucker, C., Pluto, L., Santen, E. van & Seckinger, M. (2013). *Wie geht's der Kinder- und Jugendhilfe? Empirische Befunde und Analysen.* Weinheim: Beltz Juventa.
Geisthardt, C., Brotherson, M. & Cook, C. (2002). Friendships of children with disabilities in the home environment. *Education and Training in Mental Retardation and Developmental Disabilities, 37,* 235-252.
Goldstein, H., Wikstrom, S., Hoyson, M., Jamieson, B. & Odom, S. (1988). Effects of a sociodramatic script training on social and communicative interaction. *Education and Treatment of Children, 11,* 97-117.
Gertner, B., Rice, M. & Hadley, P. (1994). Influence of communicative competence on peer preferences in a preschool classroom. *Journal of Speech and Hearing Research, 37,* 913-923.
Goldstein, H., Wikstrom, S., Hoyson, M., Jamieson, B. & Odom, S. (1988). Effects of a sociodramatic script training on social and communcative interaction. *Education and Treatment of Children, 11,* 97-117.
Goldstein, H., English, K., Shafer, K. & Kaczmarek, L. (1997). Interaction among preschoolers with and without disabilities: Effects of across-the-day peer intervention. *Journal of Speech, Language, and Hearing Research, 40,* 33-48.
Goodman, P. & Graham, P. (1996). Psychiatric problems in childrn with hemiplegia: Cross sectional epidemiological survey. *British Medical Journal, 312,* 1065-1069.
Green, A. & Stoneman, Z. (1989). Attitudes of mothers and fathers of nonhandicapped children. *Journal of Early Intervention, 13,* 292-304.
Grönke, M. & Sarimski, K. (2018). Einstellungen von pädagogischen Fachkräften zur inklusiven Betreuung von Kindern mit Behinderungen. *Frühe Bildung, 7,* 107-113.
Gronna, S., Serna, L., Kennedy, C. & Prater, M. (1999). Promoting generalized social interactions using puppets and script training in an integrated preschool. *Behavior Modification, 23,* 419-440.
Gross, R. (1993). Day care for the child born prematurely. *Pediatrics, 91,* 189-191.
Große, K.-D. (2003). *Das Bildungswesen für Hörbehinderte in der Bundesrepublik Deutschland. Daten und Fakten zu Realitäten und Erfordernissen.* Heidelberg: Median.
Groschwald, A. & Rosenkötter, H. (2015). *Inklusion in Krippe und Kita.* Freiburg: Herder.
Guralnick, M. (1999). Family and child influences on the peer-related social competence of young children with developmental delays. *Mental Retardation and Developmental Disabilities Research Reviews, 5,* 21-29.
Guralnick, M. & Weinhouse, E. (1984). Peer-related social interactions of developmentally delayed young children: Development and characteristics. *Developmental Psychology, 20,* 815-827.
Guralnick, M. & Groom, J. (1988). Friendships of preschool children in mainstreamed playgroups. *Developmental Psychology, 24,* 595-604.
Guralnick, M., Connor, R. & Hammond, M. (1995a). Parent perspectives of peer relationships and friendships in integrated and specialized programs. *American Journal on Mental Retardation, 99,* 457-476.

Guralnick, M., Connor, R., Hammond, M., Gottman, J. & Kinnish, K. (1995b). Immediate effects of mainstreamed settings on the social interactions and social integration of preschool children. *American Journal on Mental Retardation, 100*, 359-377.

Guralnick, M., Connor, R., Hammond, M., Gottman, J. & Kinnish, K. (1996). The peer relations of preschool children with communication disorders. *Child Development, 67*, 471-489.

Guralnick, M., Paul Brown, D., Groom, J. & Booth, C. (1998). Conflict resolution patterns of preschool children with and without developmental delays in heterogeneous playgroups. *Early Education and Development, 9*, 49-77.

Guralnick, M., Hammond, M., Connor, R. & Neville, B. (2006). Stability, change, and correlated of the peer relationships of young children with mild developmental delays. *Child Development, 77*, 312-324.

Guralnick, M., Neville, B., Hammond, M. & Connor, R. (2007). The friendships of young children with developmental delays: A longitudinal analysis. *Journal of Applied Developmental Psychology, 28*, 64-79.

Hall, L. (1994). A descriptive assessment of social relationships in integrated classrooms. *Journal for the Association of Persons with Severe Handicaps, 19*, 302-313.

Hansen, G. (2010). Inklusion und frühe Förderung. In S. Jennessen (Hrsg.) *Leben mit Körperbehinderung – Perspektiven der Inklusion* (S. 75-90). Stuttgart: Kohlhammer.

Hatton, D., Bailey, D., Burchinaland, M. & Ferrell, K. (1997). Developmental growth curves of preschool children with vision impairments. *Child Development, 68*, 788-806.

Hay, D., Payne, A. & Chadwick, A. (2004): Peer relations in childhood. *Journal of Child Psychology and Psychiatry, 45*, 84-108.

Heimlich, U. (1995). *Behinderte und nichtbehinderte Kinder spielen gemeinsam. Konzept und Praxis integrativer Spielförderung*. Bad Heilbrunn: Klinkhardt.

Heimlich, U. (2013). *Kinder mit Behinderung – Anforderungen an eine inklusive Frühpädagogik. Eine Expertise der Weiterbildungsinitiative Frühpädagogische Fachkräfte (WiFF)*. München: Deutsches Jugendinstitut.

Heimlich, U. & Behr, I. (2005). *Integrative Qualität im Dialog entwickeln – auf dem Weg zur inklusiven Kindertageseinrichtung*. Münster: LIT-Verlag.

Heimlich, U. & Behr, I. (2006). Integrative Erziehung. In L. Fried & S. Roux (Hrsg.) *Pädagogik der frühen Kindheit* (S. 211-216). Weinheim: Beltz.

Heimlich, U. & Behr, I. (2008). Qualitätsstandards in integrativen Kinderkrippen (QUINK) – Ergebnisse eines Begleitforschungsprojektes. *Vierteljahresschrift für Heilpädagogik und ihre Nachbargebiete (VHN), 77*, 301-316.

Hensen, G., Lohmann, A. & Wiedebusch, S. (2016). Externe Kooperation von integrativen und nicht integrativen Einrichtungen. In S. Maykus, A. Beck, G. Hensen, A. Lohmann, H. Schinnenburg, M. Walk, E. Werding & S. Wiedebusch (Hrsg.), *Inklusive Bildung in Kindertageseinrichtungen und Grundschulen* (S. 28-54). Weinheim: Juventa.

Hintermair, M., Krieger, L. & Mayr, T. (2011). Entwicklungsförderliche Kompetenzen hörgeschädigter Kinder im Vorschulalter. Eine vergleichende Studie mit dem Beobachtungsbogen PERIK. *Frühförderung interdisziplinär, 30*, 82-95.

Hintermair, M. & Sarimski, K. (2014). *Frühförderung hörgeschädigter Kinder. Stand der Forschung, empirische Analysen, pädagogische Konsequenzen*. Heidelberg: Median.

Hintermair, M. & Sarimski, K. (2016). *Entwicklung hörgeschädigter Kinder im Vorschulalter: Stand der Forschung, empirische Analysen und pädagogische Empfehlungen*. Heidelberg: Median.

Hintermair, M., Sarimski, K. & Lang, M. (2018). Kooperation von Kindertagesstätten und Frühförderstellen bei der Inklusion von Kindern mit Sinnesschädigungen – Zufriedenheit der pädagogischen Fachkräfte. *Hörgeschädigtenpädagogik, 72*, 16-27.

Hinz, A. (2002). Von der Integration zur Inklusion – terminologisches Wortspiel oder konzeptionelle Weiterentwicklung? *Zeitschrift für Heilpädagogik, 53*, 354-361.

Hofmann, K. & Hennies, J. (2015). Bimodal-bilinguale Frühförderung: Ein Modell zur Evaluation von Input, Sprachnutzung und Kompetenz (EvISK). *Hörgeschädigtenpädagogik, 69*, 138-144.

Hoffman, M., Quittner, A. & Cejas, I. (2015). Comparisons of Social Competence in Young Children With and Without Hearing Loss: A Dynamic Systems Framework. *Journal of Deaf Studies and Deaf Education, 20*, 115-124.

Holahan, A. & Costenbader, V. (2000). A comparison of developmental gains of preschool cildren with disabilities in inclusive and self-contained classrooms. *Topics of Early Childhood Special Education, 20*, 224-235.
Horwitz, S., Irwin, J., Briggs-Gowan, M. (2003). Language delay in a community cohort of young children. *Journal of the American Academy of Child and Adolescent Psychiatry, 42*, 932-940.
Hüffner, U. & Mayr, T. (1989). Behinderte und von Behinderung bedrohte Kinder in bayerischen Regelkindergärten: erste Ergebnisse einer Umfrage. *Praxis der Kinderpsychologie und Kinderpsychiatrie, 38*, 34-41.
Hundert, J., Mahoney, B., Mundy, f. & Vernon, M. (1998). A descriptive analysis of developmental asocial gains fo children with severe disabilities in segregated and inclusive preschools in Southern Ontario. *Early Childhood Research Quarterly, 13*, 49-65.
Institut für Kinder- und Jugendhilfe Mainz. (2007). *QUINT: Integrative Prozesse in Kitas qualitativ begleiten*. Kronach: Link.
Irwin, J., Carter, A. & Briggs-Gowan, M. (2002). The social-emotional development of »late-talking« toddlers. *Journal of the American Academy of Child and Adolescent Psychiatry, 41*, 1324-1332.
Ivory, J. & McCollum, J. (1999). Effects of social and isolate toys on social play in an inclusive setting. *Journal of Special Education, 32*, 238-243.
Jan, J., Freeman, R. & Scott, E. (1977). *Visual impairment in children and adolescents*. New York: Grune & Stratton.
Janson, U. & Merenyi, H. (1992). Social play between blind and sighted preschool children. Exceptional Children, ICEVH-Early Childhood Conference, Bangkok.
Jimenez, C. & Antio, S. (1999). Team teaching in an integrated classroom: Peceptions of deaf and hearing teachers. *Journal of Deaf Studies and Deaf Education, 4*, 215-224.
Johnston, S., McDonnell, A., Nelson, C. & Magnavito, A. (2003). Teaching functional communication skills using augmentative and alternative communication in inclusive settings. *Journal of Early Intervention, 25*, 263-280.
Kishida, Y. & Kemp, C. (2009). The engagement and interaction of children with autism spectrum disorder in segregated and inclusive early childhood center-based settings. *Topics in Early Childhood Special Education, 29*, 105-118.
Kim, A., Vaughn, S., Erlbaum, B., Hughes, M., Sloan, C. & Sridhar, D. (2003). Effects of toys or group comparison for children with disabilities: A synthesis. *Journal of Early Intervention, 25*, 189-205.
Klein, G., Kreie, G., Kron, M. & Reiser, H. (1987). *Integrative Prozesse in Kindergartengruppen*. München: DJIVerlag.
Kluwin, T. & Gonsher, W. (1994). A single school study of social integration of children with and without hearing loss in a team taught kindergarten. *ACEHI/ACEDA, 20*, 71-86.
Kniel, A. & Kniel, C. (1984). *Behinderte Kinder in Regelkindergärten*. München: DJI-Verlag.
Kobelt Neuhaus, D. (2001). *Qualität aus Elternsicht*. Seelze: Kallmeyer`sche Verlagsbuchhandlung.
Koglin, U. & Petermann, F. (2016). *Verhaltensskalen für das Kindergartenalter*. Göttingen: Hogrefe.
Kohl, F. & Beckman, P. (1984). A comparison of handicapped and nonhandicapped preschoolers' interactions across classroom activities. *Journal of the Division for Early Childhood, 8*, 49-56.
Kopp, C., Baker, B. & Brown, K. (1992). Social skills and their correlates: Preschoolers with developmental delays. *American Journal on Mental Retardation 96*, 357-367.
Kreuzer, M. (2001). Integration im Elementarbereich – zum Entwicklungsstand und zu Perspektiven der Weiterentwicklung. *Gemeinsam leben, 9*, 69-71.
Kreuzer, M. (2006). Pädagogische Qualität von integrativen Kindergärten. *Gemeinsam Leben, 14*, 132-140.
Kron, M. (1988). *Kindliche Entwicklung und die Erfahrung von Behinderung*. Frankfurt: Lang.
Kron, M. (2004). *Qualitätsanforderung an Kindertagesstätten für behinderte und nicht behinderte Kinder*. München: DJI, Datenbank ProKiTa.
Kron, M. (2006). 25 Jahre Integration im Elementarbereich – ein Blick zurück, ein Blick nach vorn. *online-Zeitschrift für Inklusion, 1*.

LaParo, K., Sexton, D. & Snyder, P. (1998). Program quality characteristics in segregated and inclusive early childhood settings. *Early Childhood Research Quarterly, 13*, 151-167.
Lederberg, A., Ryan, H. & Robbins, B. (1986). Peer interaction in young deaf children: The effect of partner hearing status und familiarity. *Developmental Psychology, 22*, 691-700.
Lee, F., Yeung, A., Tracey, D. & Barker, K. (2015). Inclusion of children with special needs in early childhood education: What teacher characteristics matter. *Topics in Early Childhood Special Education, 35*, 79-88.
Leigh, G., Ching, T., Crowe, K., Cupples, L., Marnane, V. & Seeto, M. (2015). Factors affecting psychosocial and motor development in 3-year-old children who are deaf or hard-of-hearing. *Journal of Deaf Studies and Deaf Education, 20*, 331-342.
Levine, L. & Antia, S. (1997). The effect of partner hearing status on social and cognitive play. *Journal of Early Intervention, 21*, 21-35.
Libby, S., Powell, S., Messer, D. & Jordan, R. (1998). Spontaneous play in children with autism: A reappraisal. *Journal of Autism and Developmental Disorders, 28*, 487-497.
Lohmann, A., Hensen, G. & Wiedebusch, S. (2017). Einstellungen heilpädagogischer Fachkräfte zu Inklusiver Bildung. *Vierteljahresschrift für Heilpädagogik und ihre Nachbargebiete, 86*, 26-40.
Luftig, R. (1988). Assessment of the perceived school loneliness and isolation of mentally retarded and nonretarded students. *American Journal on Mental Retardation, 92*, 472-475.
Markos-Capps, G. & Godfrey, A. (1999). Availability of day care services for preschool children with special health care needs. *Infants and Young Children, 11*, 62-78.
Martin, D., Bat-Chava, Y., Lalwani, A. & Waltzman, S. (2011). Peer relationships of deaf children with cochlear implants: predictors of peer entry and peer interaction success. *Journal of Deaf Studies and Deaf Education, 16*, 108-120.
Mayr, T. (1998). Problemkinder im Kindergarten – ein neues Aufgabenfeld für die Frühförderung. Teil II: Ansatzpunkte und Perspektiven für die Kooperation. *Frühförderung interdisziplinär, 17*, 97-115.
McCabe, P. (2005). The social and behavioral correlates of preschoolers with specific language impairment. *Psychology in the Schools, 32*, 373-387.
McCabe, P. & Marshall, D. (2006). Measuring the social competence of preschool children with specific language impairment. *Topics in Early Childhood Special Education, 26*, 234-246
McDonnell, A., Brownell, K. & Wolery, M. (2001). Teachers' views concerning individualized intervention and support roles within developmentally appropriate preschools. *Journal of Early Intervention, 24*, 87-83.
McGaha, C. & Farran, D. (2001). Interactions in an inclusive classroom: The effects of visual status and setting. *Journal of Visual Impairment & Blindness, 95*, 80-94.
Meyer, L. & Ostrosky, M. (2016). Impact of an affective intervention on the friendships of kindergartners with disabilities. *Topics in Early Childhood Special Education, 35*, 200-210.
Miedaner, L. (1986). *Gemeinsame Erziehung behinderter und nichtbehinderter Kinder*. München: DJI-Verlag.
Miller, L., Strain, P. & Boyd, K. (1992). Parental attitudes toward integration. *Topics in Early Childhood Special Education, 12*, 230-246.
Morrison, R., Sainato, D., Benchaaban, D. & Endo, S. (2002). Increasing play skills of children with autism using activity schedules and correspondence training. *Journal of Early Intervention, 25*, 58-72.
Netzwerk-Artikel-3: Übereinkommen über die Rechte von Menschen mit Behinderungen. Schattenübersetzung. Einsehbar unter https://www.behindertenrechtskonvention.info/schattenuebersetzung-3678/ (14.12.2018).
Neilsen, S. & McEvoy, M. (2004). Functional behavioral assessment in early education settings. *Journal of Early Intervention, 26*, 115-131.
Odom, S. (2002). *Widening the circle*. New York: Teachers College Press.
Odom, S., Chandler, L., Ostrosky, M., McConnell, S. & Reaney, R. (1992). Fading teacher prompts from peerinitatiation interventions for young children with disabilities. *Journal of Applied Behavior Analysis, 25*, 307-317.
Odom, S. & Diamond, K. (1998). Inclusion of young children with special needs in early childhood education: The research base. *Early Childhood Research Quarterly, 13*, 3-25.

Odom, S., McConnell, S., McEvoy, M. & Peterson, C. (1999). Relative effects of interventions supporting the social competence of young children with disabilities. *Topics in Early Childhood Special Education, 19,* 75-91.

Odom, S., Zercher, C., Marquart, J., Li, S. Sandall, S. & Wolfberg, P. (2002). Social relationships of children with disabilities and their peers in inclusive preschool classrooms. In S. Odom (Hrsg.), *Widening the circle* (S. 61-80). New York: Teachers College Press.

Odom, S., Zercher, C., Li, S., Shouming, L. (2006). Social acceptance and rejection of preschool children with disabilities: A mixed-method analysis. *Journal of Educational Psychology, 98,* 807-823.

Parkes, J., White-Koning, M., Dickinson, H. O., Thyen, U., Arnaud, C., Beckung, E., Fauconnier, J., Marcelli, M., McManus, V., Michelsen, S. I., Parkinson, K. & Colver, A. (2008). Psychological problems in children with cerebral palsy: A cross-sectional European study. *Journal of Child Psychology and Psychiatry, 49,* 405-413.

Petermann, F. & Gust, N. (2016). *Inventar zur Erfassung emotionaler Kompetenzen bei Drei- bis Sechsjährigen (EMK 3-6).* Göttingen: Hogrefe.

Pluto, L., Santen, Eric van (2017): Kindertageseinrichtungen auf dem Weg zur Inklusion? Empirische Befunde zu Stand, Voraussetzungen, Barrieren. In U. Stenger, D. Edelmann, D. Nolte & M. Schulz, (Hrsg.), *Diversität in der Pädagogik der frühen Kindheit. Im Spannungsfeld zwischen Konstruktion und Normativität* (S. 199-218). Weinheim: Beltz Juventa.

Preisler, G. (1993). A descriptive study of blind children in nurseries with sighted children. *Child: Care, Health and Development, 19,* 295-315.

Rafferty, Y., Boettcher, C. & Griffin, K. (2001). Benefits and risks of reverse inclusion for preschoolers with and without disabilities: Parents' perspectives. *Journal of Early Intervention, 24,* 266-286.

Raver, C., Jones, S., Li-Grining, C., Metzger, M., Smallwood, K. & Sardin, L. (2008). Improving preschool classroom processes: Preliminary findings from a randomized trial implemented in Head Start settings. *Early Childhood Research Quarterly, 63,* 253-255.

Rescorla, L. (1989). The language development survey: a screening tool for delayed language in toddlers. *Journal of Speech and Hearing Disorders, 54,* 587-599.

Rice, M., Sell, M. & Hadley, P. (1991). Social interactions of speech- and language-impaired children. *Journal of Speech and Hearing Research, 34,* 1299-1307.

Rodriguez, M. & Lana, E. (1996). Dydic interactions between deaf children and their communications partners. *American Annals of the Deaf, 141,* 245-251.

Sandberg, D. (1999). Experiences of being short: Should we expect problems of psychosocial adjustment? In U. Eiholzer, F. Haverkamp & L. Voss (Hrsg.), *Growth, stature and psychosocial well-being* (S. 15-26). Seattle: Hogrefe & Huber.

Sander, A. (2004). Inklusive Pädagogik verwirklichen. In I. Schnell & A. Sander (Hrsg.) *Inklusive Pädagogik* (S. 11-22). Bad Heilbrunn: Klinkhardt.

Sarimski, K. (2011). Therapeutische Versorgung behinderter Kinder in inklusiven Kindertagesstätten. *Gemeinsam leben, 19,* 76-84.

Sarimski, K. (2014). Soziale Teilhabe von sehbehinderten Kindern in Kindertagesstätten. *Gemeinsam leben, 3,* 162-173.

Sarimski, K. (2016). *Soziale Teilhabe von Kindern mit komplexer Behinderung in der Kita.* München: Reinhardt.

Sarimski, K. (2017). *Handbuch Interdisziplinäre Frühförderung.* München: Reinhardt.

Sarimski, K. (2019a). *Psychosoziale Entwicklung und Behinderung – Prävention, Intervention und Inklusion.* Göttingen: Hogrefe.

Sarimski, K. (2019b). *Kinder mit Verhaltensauffälligkeiten in der Kita. Praxis-Know-how für Fachkräfte.* München: Reinhardt.

Sarimski, K., Hintermair, M., Lang, M. & Schäffer, D. (2019). Kooperation von Fachkräften der Frühförderung – Erfahrungen von Erziehern bei der sozialen Integration von Kindern mit Behinderungen im Vorschulalter. *Zeitschrift für Heilpädagogik, 70,* 15-24.

Sarimski, K. (2020a). Emotionale Kompetenzen bei drei- bis sechsjährigen Kindern mit und ohne Entwicklungsbeeinträchtigungen. *Kindheit und Entwicklung, 29,* 163-171.

Sarimski, K. (2020b). Sozial-emotionale Kompetenzen und Verhaltensauffälligkeiten bei Kindern mit und ohne Entwicklungsbeeinträchtigungen im Kindergarten. *Frühe Bildung, 9,* 134-143.

Seelhorst, C., Wiedebusch, S., Zalpour, C., Behnen, J. & Patock, J. (2012). Zusammenarbeit zwischen Frühförderstellen und Kindertageseinrichtungen bei der Diagnostik und Förderung von Kindern mit besonderem Förderbedarf. *Frühförderung interdisziplinär, 31*, 178-186.

Sigman, M. & Ruskin, E. (1999). Continuity and change in the social competence of children with autism, Down syndrome, and developmental delays. *Monographs of the Society for Research in Child Development, 64*, 1-114.

Skellenger, A., Rosenblum, B. & Jager, K. (1997). Behaviors of preschoolers with visual impairments in indoor play settings. *Journal of Visual Impairment & Blindness, 91*, 519-530.

Smith, J., Williams, J. & Gibbin, K. (2003). Children with a tracheostomy: Experience of their carers in school. *Child: Care, Health and Development, 29*, 291-296.

Snyder, P., Hemmeter, M. & Fox, L. (2015). Supporting implementation of evidence-based practices through practice-based coaching. *Topics in Early Childhood Special Education, 35*, 133-143.

Soukakou, E., Winton, P., West, T., Sideris, J. & Rucker, L. (2014). Measuring the quality of inclusive practices: Findings from the Inclusive Classroom Profile Pilot. *Journal of Early Intervention, 36*, 223-240.

Stanton-Chapman, T. & Brown, T. (2015). A strategy to increase the social interactions of 3-year-old children with disabilities in an inclusive classroom. *Topics in Early Childhood Special Education, 35*, 4-14.

Staub, D., Schwartz, I., Gallucci, C. & Peck, C. (1994). Four portraits of friendship at an inclusive school. *Journal of the Association for Persons with Severe Handicaps, 19*, 314-325.

Stoiber, K., Gettinger, M. & Goetz, D. (1998). Exploring factors influencing parents' and early childhood practitioners' beliefs about inclusion. *Early Childhood Research Quarterly, 13*, 107-124.

Strain, P. & Hoyson, M. (2000). The need for longitudinal, intensive social skill intervention: LEAP follow-up outcomes for children with autism. *Topics in Early Childhood Special Education, 20*, 116-122.

Strain, P. & Schwartz, I. (2001). Applied behavior analysis and the development of meaningful social relatios for young children with autism. *Focus on Autism and Developmental Disabilities, 16*, 120-128.

Suhonen, E., Nislin, M., Alijoki, A. & Sajaniemi, N. (2015). Children's play behaviour and social communication in integrated special day-care groups. *European Journal of Special Needs Education, 30*, 287-303.

Tietze, W., Schuster, K., Grenner, K. & Rossbach, H. (2001). *Kindergarten-Skala. Revidierte Fassung*. Neuwied: Luchterhand.

Tietze, W., Becker-Stoll, F., Bensel, J., Eckhart, A., Haus-Schnabel, G., Kalicki, B., Keller, H. & Leyendecker, B. (2012). *NUBBEK. Nationale Untersuchung zur Bildung, Betreuung und Erziehung in der frühen Kindheit*. Weimar: das Netz.

Tirosh, E., Shnitzer, M., Davidovitch, M. & Cohen, A. (1998). Behavioral problems among visually impaired children between 6 months and 5 years. *International Journal of Rehabilitation Research, 21*, 63-70.

Toblin, J., Records, N., Buckwalter, P., Zhang, X., Smith, E. & O'Brien, M. (1997). Prevalence of specific language impairment in kindergarten children. *Journal of Speech, Language and Hearing Research, 40*, 1245-1260.

Turnbull, A. & Winton, P. (1983). A comparison of specialized and mainstreamed preschools from perspectives of parents of handicapped children. *Journal of Pediatric Psychology, 8*, 57-71.

UNESCO (1994). Die Salamanca Erklärung und der Aktionsrahmen zur Pädagogik für besondere Bedürfnisse. Einsehbar unter https://www.unesco.de/sites/default/files/2018-03/1994_salamanca-erklaerung.pdf (14.12.2018).

Virmani, E., Masyn, K., Thompson, R., Conners-Burrow, N. & Mansell, L. (2013). Early Childhood Mental Health Consultation: Promoting change in the quality of teacher-child interactions. *Infant Mental Health Journal, 34*, 156-172.

Weisel, A., Most, T. & Efrou, C. (2005). Initiations of social interactions by young hearing impaired preschoolers. *International Journal of Deaf Studies and Deaf Education, 10*, 161-170.

Wendelborg, C. & Tossebro, J. (2013). Education arrangements and social participation with peers amongst children with disabilities in regular schools. *International Journal of Inclusive Education, 15,* 497-512.

Wesley, P., Buysse, V. & Keyes, L. (2000). Comfort zone revisited: Effects of child characteristics on professional comfort in providing consultation. *Journal of Early Intervention, 23,* 106-115.

Wesley, P., Buysse, V. & Skinner, D. (2001). Early interventionists' perspectives on professional comfort as consultants. *Journal of Early Intervention, 24,* 112-128.

Wiedebusch, S., Lohmann, A., Tasche, H., Thye, M. & Hensen, G. (2015). Inklusion von Kindern mit Beeinträchtigungen im Spiegel pädagogischer Konzeptionen von Kindertageseinrichtungen. *Frühe Bildung, 4,* 203-210.

Wirts, C., Wertfein, M., Wengert, C. & Frank, C. (2015). *Lust und Mut zur Inklusion in Kindertageseinrichtungen.* München: Institut für Frühpädagogik und Bayerisches Staatsministerium für Arbeit und Soziales, Familie und Integration.

Williams, G. & Asher, S. (1992). Assessment of loneliness at school among children with mild mental retardation. *American Journal on Mental Retardation, 96,* 373-385.

Williams, E., Reddy, V. & Costall, A. (2001). Taking a closer look at functional play in children with autism. *Journal of Autism and Developmental Disorders, 31,* 67-77.

Willmann, M. (2008). Grenzen der schulischen Integration von Schülern mit Gefühls- und Verhaltensstörungen in den USA. *Zeitschrift für Heilpädagogik, 59,* 162-173.

Wirts, C., Werfein, M. & Wölfl, J. (2018). *IVO – eine Studie zur Umsetzung von Inklusion als gemeinsame Aufgabe von Kindertageseinrichtungen und Frühförderung in Bayern. Vernetzungsbericht.* München: Staatsinstitut für Frühpädagogik. https://www.ifp.bayern.de/imperia/md/content/stmas/ifp/projektbericht_33_ivo_vernetzung_barrierefrei.pdf.

Wolery, M., Pauca, T., Brashers, M. & Grant, S. (2000). *Quality of inclusive experiences measure.* Chapel Hill: University of North Carolina.

Wolfberg, P. (2008). Die Bedeutung des Spiels für Peer-Beziehungen und soziale Inklusion in pädagogischen Einrichtunen für Vorschulkinder. In M. Kreuzer & B. Ytterhus (Hrsg.), *»Dabeisein ist nicht alles« – Inklusion und Zusammenleben im Kindergarten* (S. 247-263). München: Reinhardt.

Wolfberg, P., Zercher, C., Lieber, J., Capell, K., Matias, S., Hanson, M. & Odom, S. (1999). »Can I play with you?« Peer culture in inclusive preschool programs. *The Journal of the Association for Persons with Severe Handicaps, 24,* 69-84.

Wölfl, J., Wertfein, M. & Wirts, C. (2017). *IVO – Eine Studie zur Umsetzung von Inklusion als gemeinsame Aufgabe von Kindertageseinrichtungen und Frühförderung in Bayern.* München: Staatsinstitut für Frühpädagogik. https://www.ifp.bayern.de/imperia/.../projektbericht_30_ivo_barrierefrei_okt_17.pdf.

Xie, Y., Potmesil, M. & Peters, B. (2014). Children who are deaf or hard of hearing in inclusive educational settings: A literature review on interactions with peers. *Journal of Deaf Studies and Deaf Education, 19,* 423-437.

Yoshinaga-Itano, C., Sedey, A., Coulter, D. & Mehl, A. (1998). Language of early- and later-identified children with hearing loss. *Pediatrics, 102,* 1161-1171.

Yu, S.-Y., Ostrosky, M. & Fowler, S. (2015). The relationship between preschoolers' attitudes and play behaviors toward classmates with disabilities. *Topics in Eraly Childhood Special Education, 35,* 40-51.

Yude, C., Goodman, R. & McConachie, H. (1998). Peer problems of children with hemiplegia in mainstream primary schools. *Journal of Child Psychology and Psychiatry, 39,* 533-541.

Zettl, M., Wetzel, G. & Schlipfinger, V. (2001). Qualität der Integration von Kindern mit erhöhtem Förderbedarf im Kindergarten. Hält der Inhalt, was die Verpackung verspricht? *Behinderte in Familie, Schule und Gesellschaft,* 3/4.